马克思社会形式分析方法研究

高建民　著

中国社会科学出版社

图书在版编目（CIP）数据

马克思社会形式分析方法研究／高建民著. -- 北京 ：中国社会科学出版社， 2025. 4. -- ISBN 978 - 7 - 5227 - 4629 - 6

Ⅰ. A811. 64

中国国家版本馆 CIP 数据核字第 2024FD4860 号

出 版 人　赵剑英
责任编辑　孙　萍　涂世斌
责任校对　王　龙
责任印制　李寡寡

出　　版　中国社会科学出版社
社　　址　北京鼓楼西大街甲 158 号
邮　　编　100720
网　　址　http：//www. csspw. cn
发 行 部　010 - 84083685
门 市 部　010 - 84029450
经　　销　新华书店及其他书店

印刷装订　北京市十月印刷有限公司
版　　次　2025 年 4 月第 1 版
印　　次　2025 年 4 月第 1 次印刷

开　　本　710 × 1000　1/16
印　　张　18
插　　页　2
字　　数　236 千字
定　　价　98. 00 元

凡购买中国社会科学出版社图书，如有质量问题请与本社营销中心联系调换
电话：010 - 84083683

目　录

导　　言

本书关注的主要问题是马克思的社会形式分析的方法。具体讲，是马克思的社会形式分析方法的制定背景、主要内容、主要思路、证成过程、逻辑布展以及理论价值。

历史唯物主义基本原则确立的160年以来，资本的叙述逻辑与马克思对这一逻辑的阅读深刻影响了人类社会和世界历史。资本同一性运动潮起潮落，对其进行马克思式的阅读亦此起彼伏。在这一过程中，中外学界围绕着如何解读资本的逻辑这一根本问题，逐渐形成了“历史辩证法”与“体系辩证法”、“主体”与“结构”之间关系的争论。

传统马克思主义者反对“历史辩证法”与“体系辩证法”的二分，认为二者统一于历史唯物主义，主张以其中蕴含的逻辑与历史相统一的方法把握资本的逻辑，这一主张坚持了唯物史观的基本原理，承认资本主义生产方式的历史性和科学社会主义运动的合理性，但由于未能详细阐明历史唯物主义认识论证成的内在逻辑，其立场和观点略有武断论色彩，一定程度上掩盖了马克思主义理论的科学性。与此同时，当代一些西方学者对马克思的文本进行断章取义或望文生义，断然否定马克思支持逻辑与历史相统一的观点，反对以历史辩证法对《资本论》进行解读，主张以“体系辩证法”重新阅读《资本论》。客观上来讲，这些学者对价值形式辩证法的阐释，对于揭示马克思将政治经济学和唯物辩证法融合的路向、具体过程，以及对于展现《资本论》的广阔的理论空间具有极大的助益，但其遮蔽唯物史观的历史性视域进而强调资本主义社会共时性结构永恒性掩盖了马克思主义哲学的革命性，损害了马克思主义学说的整体性和科学性。与这一争论紧密相关的是另一学术分歧，即西方左翼学者对于资本主义社会结构与革命主体之间关系的不同理解。体系辩证法阐释范式的一些支持者，将《资本论》与《逻辑学》在叙述逻辑上进行对勘，突出价值形式的同一性运动而否定革命主体的解放向度，认为资本主义社会是一个由经济、政治和精神共同构筑的，独立的、抽象的和单向度的宰制工人阶级的社会结构。虽然科尔施的《马克思主义与哲学》和卢卡奇的《历史与阶级意识》有所不同，但它们有共同的主题和旨归都是力图阐明辩证法与革命的关系，通过辩证法中的历史性视野使革命主体上升为自觉的历史主体，从而勘破资产阶级的意识形态。值得一提的是，自治主义的马克思主义在主体解放的叙事中反对一切形式的辩证法，他们以《1857—1858 年经济学手稿》为依据，强调其中贯穿的工人对资本的对抗的实践逻辑，不再强调工人与资本之间的辩证矛盾，从而否定对资本主义社会结构这一客体的辩证逻辑阐释路向。自治主义的马克思主义这种主体自治的哲学虽然强调了工人运动和共产主义实践的合理性，但由于否定历史辩证法与革命之间、历史规律与阶级斗争之间的内在关联，不可避免地沦为无政府主义。

实际上，这些争论中蕴含的关键问题就是如何理解马克思的唯物辩证法与政治经济学批判之间的关系。具体而言，即马克思是否将唯物辩证法融入政治经济学批判中？以及如何将二者融为一体的？对于前一个问题，国内外多数学者都认为，马克思正是在实现政治经济学批判和唯物辩证法的内在整合中，才实现哲学革命和政治经济学革命的。对第二个问题的回答，当前学界大致存在三种阐释路向：一是传统的哲学史上的阐释范式，即将政治经济学批判理解为马克思唯物辩证法在其中的“应用”“推广”或“验证”；二是通过描述马克思思想发展史的方式澄清马克思政治经济学和唯物辩证法融合的关键历史阶段和重要文本进而呈现其融合的历史脉络；三是将二者的融合阐释为马克思在对政治经济学的持续批判中为历史唯物主义“打开了历史特定性和开放性维度”，进而建构了一种新型的“特定性哲学”。三种阐释模式虽然都对政治经济学批判和唯物辩证法的内在整合问题的澄清具有一定的推进作用，但都不能融通马克思在《1857—1858 年经济学手稿》前半部分导言和《政治经济学批判。第一分册》（1859）的《序言》中关于政治经济学批判方法的论述，也无法从唯物辩证法的视角说明马克思如何将价值等经济范畴还原到一定社会形式下的劳动的，因而实际上也就不能在真正意义上说明政治经济学批判和历史唯物主义融合的内在逻辑，从而不能从根本上澄清上述思想争论。

众所周知，马克思在《1857—1858 年经济学手稿》和《政治经济学批判。第一分册》（1859）的《序言》中关于政治经济学批判方法的论述恰恰主要集中于经济范畴的社会形式批判。这意味着经济范畴的社会形式分析在实现政治经济学革命中具有基础性的地位。从词频的统计看，马克思在政治经济学批判手稿中使用“社会形式”概念的频率明显提高，尤其是在《1859—1861 年经济学手稿》中。鲁宾（Isaak Illich Rubin）曾指出，“政治经济学不是分析资本主义生产过程的物质技术层面，而是分析其社会形式，即构成资本主义经济结构的生产关系总体”①。实际上，国内外马克思主义哲学界已经逐渐意识到马克思社会形式分析方法的重要性，相关论述成果不断增多。笔者认为，马克思对经济范畴的社会形式分析，

① Isaak Illich Rubin, *Essays on Marx's Theory of Value*, Black Rose Books, 1972, p. 2.

不仅关系到政治经济学和唯物辩证法的融合问题，而且关系到历史唯物主义认识论证成和马克思主义学说的整体性问题，即马克思将历史唯物主义、政治经济学和社会主义理论整合为一体的问题，从而有助于澄清上述学术分歧。

“社会形式”概念译自德文 Gesellschaftsform 及其复数形式 Gesellschaftsformen，为了方便，后文的分析主要以 Gesellschaftsform 为主。这两个德文词在构成上与 Gesellschaftsformation 类似。Gesellschaftsformation 一般中文译为“社会形态”。

显然，Gesellschaftsformation 一词是由 Gesellschaft 与 Formation 两个名词构成，其含义是 die Formation der Gesellschaft，即社会的形态。Gesellschaft 属于阴性词，其含义为“社会”。Formation 是马克思在 1851 年阅读英国农业化学家 James Finaly Weir Johnston 的著作《农业化学与地质学讲义》时发现的一个词语，Johnston 将 Formation 视为比 system 更小的地质层单位。根据日本学者大野节夫的推断，马克思创制的 Gesellschaftsformation，正是从马克思接触到的地质学术语“地层”（Formation）引申出来的。这一点可以在马克思的《给维·伊·查苏利奇的复信》[初稿]中得到求证：

> 把所有的原始公社混为一谈是错误的；正像在地质的层系构造（geologischen Formationen）中一样，在历史的形态（historischenFormationen）中，也有原生类型、次生类型、再次生类型等一系列的类型。①

由这段论述可知，Gesellschaftsformation 更加突出社会发展的历史阶段性，或者不同发展阶段的社会。关于这一点，还可以从马克

① Marx K. & Engels F., *Marx/Engels: Werke*, *Band* 19, Berlin: Dietz Verlag, 1987, s. 386.

思使用的“古代社会形态”（die archaische Formation der Gesellschaft）①和“一定历史社会形态”（einer bestimmten historischen Gesellschaftsformation）②等概念中得到证实。马克思更是直接表达了这一观点：“我的观点是：社会经济形态的发展是一种自然历史过程。”③“大体说来，亚细亚的、古代的、封建的和现代资产阶级的生产方式可以看作是经济的社会形态演进的几个时代。”④

马克思是在《关于费尔巴哈的提纲》第七条中首先使用 Gesellschaftsform 一词的。

> 因此，费尔巴哈没有看到，“宗教感情”本身是社会的产物，而他所分析的抽象的个人，是属于一定的社会形式（Gesellschaftsform）的。⑤

从这段论述来看，马克思此时将“社会形式”理解为人类社会的一般结构。这样的理解在《德意志意识形态》中也存在：

> 一定的工业关系和交往关系如何必然地和一定的社会形式，从而和一定的国家形式以及一定的宗教意识形式相联系。⑥
>
> 共产主义组织对当前的关系在个人中引起的愿望有两方面的作用；这些愿望的一部分，即那些在一切关系中都存在、只是因各种不同的社会关系而在形式和方向上有所改变的愿望，

---

① Marx K. & Engels F., *Marx/Engels: Werke*, *Band* 19, Berlin: Dietz Verlag, 1987, s. 398, 403.

② Marx K. & Engels F., *Marx/Engels: Werke*, *Band* 25, Berlin: Dietz Verlag, 1964, s. 822.

③《马克思恩格斯全集》第23卷，人民出版社1972年版，第12页。

④《马克思恩格斯选集》第2卷，人民出版社1995年版，第33页。

⑤《马克思恩格斯文集》第1卷，人民出版社2009年版，第501页。

⑥《马克思恩格斯全集》第3卷，人民出版社1960年版，第162页。

在这种社会形式下也会改变，只要供给它们正常发展的资料；另一部分，即那些只产生在一定的社会形式、一定的生产和交往的条件下的愿望，却完全丧失它们存在的必要条件。①

显然，根据这些论述可知，这里的“社会形式”概念与一定的生产与交往形式相关。在1946年12月28日，马克思在给安年科夫的信中写道：

社会——不管其形式如何——是什么呢？是人们交互活动的产物。人们能否自由选择某一社会形式呢？决不能。在人们的生产力发展的一定状况下，就会有一定的交换［commerce］和消费形式。在生产、交换和消费发展的一定阶段上，就会有相应的社会制度形式、相应的家庭、等级或阶级组织，一句话，就会有相应的市民社会。②

蒲鲁东先生混淆了思想和事物。人们永远不会放弃他们已经获得的东西，然而这并不是说，他们永远不会放弃他们在其中获得一定生产力的那种社会形式。恰恰相反。为了不致丧失已经取得的成果，为了不致失掉文明的果实，人们在他们的交往［commerce］方式不再适合于既得的生产力时，就不得不改变他们继承下来的一切社会形式。③

由这些论述可知，马克思认为，社会形式是由一定生产力发展状况和交往形式共同决定的由生产、交换、消费和分配等形式构成的社会结构。因此，马克思使用的“社会形式”（Gesellschaftsform）

① 《马克思恩格斯全集》第3卷，人民出版社1960年版，第287页。
② 《马克思恩格斯文集》第10卷，人民出版社2009年版，第42—43页。
③ 《马克思恩格斯文集》第10卷，人民出版社2009年版，第43—44页。

概念，更加强调具有一定内在结构的社会整体类型生成的形式规定性。然而这并不是表明，“社会形态”概念没有内在结构的维度，或者说，“社会形式”概念没有历史的维度。

像资本一样，雇佣劳动和土地所有权也是历史规定的社会形式；一个是劳动的社会形式，另一个是被垄断的土地的社会形式。而且二者都是与资本相适应的、属于同一个经济的社会形态的形式。①

显然，在马克思这里，社会形态和社会形式的区分，又不是那么绝对的。二者都具有历史与结构的双重维度。只不过，从文本的语境来看，“社会形式”概念更加强调社会的内在结构，即社会赖以建立的形式和方式。这一内涵，在《1857—1858 年经济学手稿》中更加明确了：

在一切社会形式中都有一种一定的生产决定其他一切生产的地位和影响，因而它的关系也决定其他一切关系的地位和影响。这是一种普照的光，它掩盖了一切其他色彩，改变着它们的特点。这是一种特殊的以太，它决定着它里面显露出来的一切存在的比重。②

在土地所有制处于支配地位的一切社会形式中，自然联系还占优势。在资本处于支配地位的社会形式中，社会、历史所创造的因素占优势。③

---

① 《马克思恩格斯文集》第 7 卷，人民出版社 2009 年版，第 923 页。
② 《马克思恩格斯全集》第 30 卷，人民出版社 1995 年版，第 48 页。
③ 《马克思恩格斯全集》第 30 卷，人民出版社 1995 年版，第 49 页。

根据这两段论述可以推断，此时马克思对“社会形式”概念的理解又进一步发展了，因为在这里，他所理解的社会的内部结构，不仅意味着包括生产、交换、分配和消费诸环节内在联系的形式结构，而且是以一定的生产资料所有制为核心的形式结构。然而，马克思有时又将“社会形式”概念指称为表现交换价值的商品或货币。

> 商品成为货币。但是商品只有通过流通过程才转化为这后一规定，并且它继续保持着同流通的关系。在这后一规定中，商品作为对象化的一般劳动时间，即以它的社会形式继续向前发展。所以，从这后一方面也必然产生出起初表现为商品的交换价值、然后表现为货币的那一社会劳动的进一步的规定。交换价值就是社会形式本身；因此，交换价值的继续发展，就是把商品抛到自己表面上来的社会过程的进一步发展或者说深入到这个社会过程中。①

因此，现在看来，马克思是在双重维度上使用“社会形式”概念的：其一是作为处在交换和流通层面的交换价值的表现形式的商品和货币；其二是以生产资料所有制为核心的，包含生产、交换、分配和消费诸环节的具有内在联系的社会结构。“社会形式”概念的这种双重维度在《1861—1863 年经济学手稿》的第四部分中的一段表述中不仅同时存在，而且阐明了马克思的基本意图：

> 我们现在从作为资本主义生产的基础和前提的商品——产品的这个特殊的社会形式——出发。我们考察个别的产品，分

① 《马克思恩格斯全集》第 31 卷，人民出版社 1998 年版，第 380 页。

> 析它们作为商品所包含的，也就是给它们打上商品烙印的形式规定性。……只有在资本主义生产的基础上，商品才成为产品的普遍形式，而且资本主义生产越发展，产品就越是在商品形式上作为组成部分进入资本主义生产过程。[①]

由这段论述可知，在马克思看来，作为一定社会形式存在的商品，其特定的形式规定性，是由资本主义生产方式决定的。实际上，根据《1857—1858 年经济学手稿》（前半部分）中关于政治经济学方法的论纲可知，马克思政治经济学批判的意图，恰恰就是将商品、货币、资本等范畴还原为一定的社会形式基础。或者说，追溯商品、货币和资本等价值形式的资本主义生产方式基础。说得更具体一点，马克思就是要将作为社会形式的表面现象与社会形式的深层本质之间的内在联系加以阐明。在《资本论》第一卷中，马克思在阐述了价值形式的四个阶段后，不仅在“商品的拜物教性质及其秘密”部分分析强调了资产阶级经济学的各种范畴的客观形式基础就是特定的社会生产方式，而且尖锐地指出资产阶级政治经济学恰恰就是没有对这些经济范畴（或思维形式）进行社会形式批判，或者说没有将社会形式的现象与社会形式的深层本质内在地关联起来。

> 诚然，政治经济学曾经分析了价值和价值量（虽然不充分），揭示了这些形式所掩盖的内容。但它甚至从来也没有提出过这样的问题：为什么这一内容采取这种形式呢？为什么劳动表现为价值，用劳动时间计算的劳动量表现为劳动产品的价值量呢？一些公式本来在额上写着，它们是属于生产过程支配

---

① 《马克思恩格斯全集》第 35 卷，人民出版社 2013 年版，第 119 页。

人而人还没有支配生产过程的那种社会形态的，但在政治经济学的资产阶级意识中，它们竟像生产劳动本身一样，成了不言而喻的自然必然性。因此，政治经济学对待资产阶级以前的社会生产有机体形式，就像教父对待基督教以前的宗教一样。①

显然，在马克思看来，资产阶级政治学对待经济范畴和价值形式，就像教父对待基督教一样，将其视为永恒的，没有对其社会形式基础进行批判性反思。根据马克思的这段论述，政治经济学批判的任务，恰恰在于对《资本论》第一卷第一篇中阐述的价值形式进行社会形式批判。也可以说，对货币、资本等经济范畴的经济形式进行社会形式批判。因为，在马克思看来，只有这样，才能将经济范畴的思维形式还原为客观的社会形式基础，揭示拜物教的生成机制和内在结构，而且能够阐明资产阶级生产方式的运行规律和重建科学的政治经济学，为建立科学的社会主义理论指明新的方法论方向。因此，以“社会形式”概念为切入点对马克思方法论的研究，是切合马克思政治经济学批判旨归的。因而，探讨马克思的社会形式分析的方法，具有如下的理论意义。

第一，有助于准确辨识马克思政治经济学批判的研究对象。通过前面的分析可知，马克思主要研究的是价值、商品和货币等经济范畴的社会形式规定性。在《1857—1858 年经济学手稿》（前半部分）中，将这种特殊的研究对象比喻为“普照的光”和“特殊的以太”。在《1857—1858 年经济学手稿》（后半部分）笔记本Ⅶ中明确地阐明了这一点。

政治经济学所研究的是财富的特殊社会形式，或者不如说

① 《马克思恩格斯全集》第 44 卷，人民出版社 2001 年版，第 98—99 页。

> 是财富生产的特殊社会形式。财富的材料，不论是主体的，如劳动，还是客体的，如满足自然需要或历史需要的对象，最初对于一切生产时代来说表现为共通的东西。因此，这种材料最初表现为单纯的前提。这种前提完全处在政治经济学的考察范围之外，而只有当这种材料为形式关系所改变或表现为改变这种形式关系的东西时，才进入考察范围。关于这方面的通常的一般论述，只限于一些抽象概念。这些抽象概念在政治经济学的最初尝试中还有一些历史价值，那时人们还在极其艰难地把各种形式材料上剥离下来并竭力把它们作为特有的考察对象固定下来。后来，这些抽象概念成了索然无味的老生常谈，它们越是自命不凡地以科学的面貌出现，就越使人讨厌。德国经济学家们在“财物”的范畴下惯于发表的一切空谈，就属于这种情况。①

根据这段论述可知，马克思不仅清楚地表明了政治经济学研究的对象是经济范畴的社会形式，而且还指出了古典政治经济学和庸俗经济学之所以无法成为科学的理论就在于它们无法捕捉这一对象。鲁宾说：“马克思的‘价值形式’理论（即劳动产品的社会形式）是一定的劳动形式的必然结果。”② 正是在这个意义上，马克思认为以斯密和李嘉图为代表的古典劳动价值论之所以陷入困境，就是因为他们仅仅将劳动理解为具体劳动，而不能将其理解为劳动的一定社会形式。马克思在批判李嘉图时指出：“李嘉图没有研究的，是劳动借以表现为商品的统一体的特殊形式。”③ 换句话说，马克思正是将政治经济学范畴还原为一定社会形式下的劳动，才克服

① 《马克思恩格斯全集》第31卷，人民出版社1998年版，第266页。

② Isaak Illich Rubin, *Essays on Marx's Theory of Value*, Black Rose Books, 1972, p. 70.

③ 《马克思恩格斯全集》第35卷，人民出版社2013年版，第148页。

了古典政治经济学的困境，从而建构了科学的政治经济学。因而，把握这一研究对象，才能理解马克思政治经济学批判的目的、思路、论证过程及其理论价值。

第二，有助于厘清马克思将辩证法与政治经济学贯通起来的逻辑理路。众所周知，唯物辩证法与政治经济学融合贯通标志着马克思主义哲学的真正成熟。巴克豪斯在《价值形式的辩证法》一文中提出，马克思正是在关于价值形式的讨论中建立起了辩证法与经济理论之间、经济理论与社会理论之间的逻辑过渡。因为在巴克豪斯看来，在价值形式中，存在着一种对象性的辩证结构。例如，20码麻布 =1 件上衣，在这一价值形式中，20 码麻布的价值是通过 1 件上衣的使用价值表现的。也就是说，价值的对象性结构中，包含着使用价值与价值辩证矛盾。而劳动产品中蕴含的使用价值与价值之间的辩证矛盾展开则是由生产力的发展状况决定的。

> 劳动产品只是在它们的交换中，才取得一种社会等同的价值对象性，这种对象性是与它们的感觉上各不相同的使用对象性相分离的。劳动产品分裂为有用物和价值物，实际上只是发生在交换已经十分广泛和十分重要的时候，那时有用物是为了交换而生产的，因而物的价值性质还在物本身的生产中就被注意到了。从那时起，生产者的私人劳动真正取得了二重的社会性质。①

从马克思的这段论述可知，马克思认为，在价值形式中，存在的交换中形成的价值对象性结构，是由一定生产力发展状况或者说一定的生产方式决定的，因而这一对象性结构具有历史的特征。也

① 《马克思恩格斯全集》第 44 卷，人民出版社 2001 年版，第 90 页。

可以换句话说，在商品交换的对象性结构和辩证结构中，蕴含着生产的历史性维度或生产的辩证法。因而，可以说，价值形式是将经济理论与社会生产理论、政治经济学与辩证法贯通起来的核心架构。然而，马克思是如何发现价值形式，又是如何通过价值形式分析框架揭示拜物教结构，并如何从作为社会形式现象的价值形式具体地还原到作为社会形式深层本质的生产方式的呢？对于这些问题的把握，都离不开马克思社会形式分析方法的制定和论证。因而，研究马克思的社会形式分析方法有助于全面准确把握马克思将政治经济学和辩证法、体系辩证法和历史辩证法贯通起来的逻辑理路。

第三，有助于科学完整地理解马克思学说。马克思将经济范畴的社会形式作为政治经济学研究对象，首先实现了认识论革命。马克思以一定社会形式下的劳动拒绝古典政治经济学的劳动价值论，实际上也是对古典政治经济学经验主义方法论的拒斥。传统认识论预设的是主体—客体二元论的框架，强调认识主体与认识客体之间的符合或观念、印象与客观对象的一致，这种认识方式正是马克思所批判的旧唯物主义和旧辩证法的思维方式。然而，马克思坚持的是意义表现机制。具体来说，就是“价值”“商品”“货币”等经济范畴表征了一定生产力发展状况决定的社会形式。或者说，这些范畴是被一定的社会形式或占支配地位的生产方式“赋形”的。在这种情况下，这些经济范畴所表现的既包括一定的社会性质属性，又包括生产的历史性维度。显然，这种认识路线不再设定近代认识论所坚持的内外之别，也改变了认识对象的给予方式，因为在这种认识方式中，对象是现实的社会运动不断生产并给予意义的。从这个意义上来说，马克思解构了近代认识论的符合论框架，认识的对象第一次被置于社会形式和历史视野之内了。其次，马克思主义哲学是反对单纯的经验主义方法论的。马克思虽然通过“具体到抽象”的方法，锚定了作为现象层面的价值形式通向作为深层本质的社会形式的“先验结构”，但是，马克思的“具体到抽象”的方法，既以经验实证的方法为基础，又超越了经验主义的方法。因为马克思通过经验的方法分析出“一些有决定意义的抽象的一般的关系”。在《资本论》第1卷中，马克思不仅指出他要在充分地占有材料的基础上，研究出具有形式内在联系的“先验结构”，而且强调研究这种形式内在联系时，需要用抽象力，显然这种抽象力是超越经验归纳的方法的，因为抽象出的内在必然联系的形式关系具有普遍性和必然性，这是归纳方法所无法实现的。当然，通过将“具体到抽象”的方法与“抽象上升到具体”的方法结合起来，实现辩证法与政治经济学方法融合，也是超越了唯心辩证法的。因为，马克思的辩证法是以经验方法为基础的。

> 因此，黑格尔陷入幻觉，把实在理解为自我综合、自我深化和自我运动的思维的结果，其实，从抽象上升到具体的方法，只是思维用来掌握具体、把它当作一个精神上的具体再现出来的方式。但决不是具体本身的产生过程。……具体总体作为思想总体、作为思想具体，事实上是思维的、理解的产物；但是，决不是处于直观和表象之外或驾于其上而思维着的、自我产生着的概念的产物，而是把直观和表象加工成概念这一过程的产物。①

这表明，马克思的辩证法是以直观和表象为前提的，但遵循的并不是主观认识符合客观对象或主观意识“统摄”“加工”客观对象的认识路线。马克思正是坚持这样的认识论原则，才将辩证法融入价值形式中，然后融入经济学中，并最终创立科学的政治经济

① 《马克思恩格斯全集》第30卷，人民出版社1995年版，第42—43页。

学。在这个意义上，马克思将空想社会主义发展为科学的社会主义理路，与马克思实现的认识论革命，与马克思将政治经济学与辩证法融合起来是分不开的。这说明，马克思的哲学方法、政治经济学和科学社会主义理路是一个整体，必须从整体上把握三者之间的内在联系。然而，这一切，都与马克思对经济范畴进行社会形式批判是分不开的，只有沿着这一核心线索，才能准确把握马克思实现哲学革命和政治经济学革命并最终创立科学社会主义理论。

从国外的研究情况来看，很多西方学者主要以价值形式为研究课题，只有为数不多的西方左翼学者直接以社会形式为主要研究课题。巴克豪斯在《价值形式的辩证法》一文中，关于价值形式的讨论，主要关注的是价值二重化为商品和货币的客观机制以及拜物教生成的机制问题，并没有由此从交换层面深入到生产层面并最终深入到对资本主义生产方式运行规律的分析。价值形式学派的另一个重要代表赖希尔特在《论马克思资本概念的逻辑结构》中主要研究的是货币逻辑结构与资本的内在联系问题，同样弱化了对资本主义生产方式的批判。体系辩证法学派对价值形式的关注，主要是价值形式在交换层面的辩证结构，即一个由形式决定的辩证结构。在他们看来，价值形式框架中蕴含的价值与使用价值之间的矛盾，同样蕴含着普遍与特殊、形式与内容二重化的辩证结构，而这一形式结构与黑格尔《逻辑学》中的“纯思”一样，是一个自我独立运动的结构，是一种“纯粹形式”的辩证法。虽然莫伊舍·普殊同在《时间、劳动与社会统治：马克思的批判理论再阐释》一书中，认为资本主义生产方式中的雇佣劳动是价值形式运动的前提，但他并没有对这一特殊劳动进行历史唯物主义的批判反思，这致使他认为由价值形式运动构建的抽象的、单向度的、异化的社会统治结构是无法通过阶级斗争消解的。苏联经济学家鲁宾在《马克思的价值理论论文集》中对价值形式理论的探讨虽然关涉到了“社会形式”

概念，但他所理解的价值形式不是《资本论》中讨论的偶然的、扩大的和一般的价值在发展中取得的诸形式，而是直接等同于马克思的“社会形式”概念。

> 价值形式（form of value）不是指那些价值的发展过程中所采取的诸多形式（例如，原始的形式，扩大的形式，等等），指的是从价值的社会形式的角度所考察的价值，即作为形式的价值（value as form）。[①]
>
> 此处及以后，价值形式（德译：Wert form）并不是指价值在它自身的发展中所获得的诸形式（比如，偶然的、扩大的和一般的价值形式），而就是指价值自身，即被看作是劳动产品的社会形式。换言之，这里我们考虑的不是价值的诸形式（forms of value），而是价值本身作为形式（value as form）。[②]

显然，鲁宾在这里讨论的价值形式是通向生产层面的。实际上，这是因为鲁宾没有在社会形式的现象（即处于交换层面的价值形式）与社会形式的本质（即处于生产层面的生产方式）之间作出真正的区分。此外，鲁宾虽然将价值形式看作社会劳动创造的价值的表现形式，将价值的“实体”还原为抽象劳动和社会劳动，但他同样没有在此基础上分析资产阶级社会形式的运行规律。

直接以“社会形式”为研究课题的西方马克思主义学者主要包括赫尔穆特·布伦塔尔（Helmut Brentel）、沃纳·博纳费尔德（Werner Bonefeld）和英格·埃尔贝（Ingo Elbe）。

布伦塔尔在《社会形式与经济对象》（Soziale Form undökono-

---

① Isaak Illich Rubin, *Essays on Marx's Theory of Value*, Black Rose Books, 1972, p. 68.

② Isaak Illich Rubin, *Essays on Marx's Theory of Value*, Black Rose Books, 1972, p. 112.

ßlisches Objekt）一书中，不仅从社会形式的视角揭示了马克思对古典政治经济学和庸俗经济学进行详细批判的理论和实践意义，而且阐述了马克思形式分析方法的策略、逻辑、过程和意义。就目前掌握的文献来看，这一著作是介绍马克思社会形式分析方法最全面系统的著作，为把握马克思的社会形式分析方法提供了坚实的理论和文本基础。然而，遗憾的是，布伦塔诺对社会形式的分析，并没有打通价值形式的“结构”与社会形式生产的“历史”之间的辩证法，因而导致他坚持强调马克思与恩格斯在“历史”与“逻辑”之间关系上的根本区别，而且对马克思的历史与逻辑相统一的方法持模棱两可的态度，这最终导致他未能对资本主义生产方式的运行规律和自否性原理进行分析。博纳费尔德在《政治经济学与社会构成：论批判理论的意义》（Political Economy and Social Constitution: On the Meaning of Critique）一文中，不仅揭示了马克思的政治经济学批判本质上是对经济学范畴的批判，而且指出对经济范畴的批判需要一种关于经济形式的社会构成理论，也就是说与资本主义生产方式有关。然而，这篇文章并没有对马克思的社会形式分析方法进行系统的论述。埃尔贝在《社会形式与历史》（Soziale Form und Geschichte）一文中，虽然一方面指出“社会形式”概念是马克思实现科学革命的核心，在价值形式的结构中指认了劳动的社会形式具有历史性的特征；但另一方面，埃尔贝并没有对资产阶级社会形式的历史维度进行更深入的分析。

因此，总体上来说，西方左翼学者对社会形式的研究，主要停留在交换层面形成的对象性和辩证的结构上，虽然有少数学者深入到社会形式的生产层面，但都未能对资产阶级社会形式的历史性和自否性进行实质性的分析。

最近几年，国内关于马克思社会形式分析的研究不断增多。首先，国内学术界关于价值形式学派和马克思新阅读学派的批判性介绍，关于马克思价值形式分析理论的地位、历史演进、内容和价值的研究，在文章的数量上和质量上都有极大提升。具有代表性的主要包括《价值形式：马克思商品拜物教批判的理论定位》（2020）、《〈资本论〉语境中"价值形式"分析的主体困境》（2020）、《价值形式辩证法讨论的贡献与困境——从巴克豪斯〈价值形式的辩证法〉出发的批判性反思》（2020）、《马克思价值形式理论研究的历史演进与当代展望》（2022）等。另外，国内学界直接以"社会形式"为主题研究马克思方法论的文章也呈现出快速增长趋势。例如，刘召峰在《社会形态、经济的社会形态、社会形式——马克思社会形态理论的核心概念考辨》一文中，对社会形态和社会形式之间的概念区分作了详细的考察。翁寒冰博士在《马克思对"商品的社会形式"之内在危机特性的探讨——一种超越抽象同一性维度的思考》一文中，在强调了马克思的价值理论超越资产阶级政治经济学的独特视域的基础上，指出从社会形式中蕴含的"否定性"维度，必然地导致资本主义生产方式的普遍危机，这一视角可谓极具深刻性。于沫博士在《社会形式与物质生产 ——对〈大纲〉中马克思政治经济学批判思想的解读》的文章中指出，在强调社会形式对劳动、商品、货币等经济范畴具有"赋形"的力量和功能时，同时突出了社会形式具有"赋形"力量的前提和根据——一定的生产方式。袁立国教授在《认识与社会形式：一种对历史唯物主义的社会认识论阐释》一文中提出，马克思变革近代认识论传统的关键在于形成了对先验意识自身如何可能的历史唯物主义阐释，使意识与对象的认识论关系还原为意识与其发生结构的本体论关系，而对这一关系的分析就从先验认识论上升到了社会认识论。由这些研究成果可知，当前国内学界不仅将马克思的政治经济学批判方法聚焦于社会形式分析，而且逐渐认识到马克思的社会形式方法所具有的革命性意义正在于其通向社会生产。然而，虽然国内学界对马克思社会形式分析方法的研究不断深化，但是关于社会形式方法的一些关键问题仍然未加触及，譬如社会形式分析方法的论证思路、实施策略、论证步骤等。因而这一课题，仍有研究的空间。

综上国内外关于马克思社会形式分析方法的研究情况可知，虽然马克思的社会形式分析方法逐渐进入广大学者的研究视野，并且关于社会形式的概念、分析策略、理论地位和价值等重要问题的研究不断深化，但是当前全面系统地研究社会形式方法的制定背景、方法论依据、生成过程、主要思路、逻辑布展以及理论和实践价值的文章可谓是少之又少，著作更是难得一见。

正是在这一背景下，本书将全面系统地探讨马克思社会形式的分析方法。加上导言，本书共六部分。导言主要解决三个问题，首先提出本书研究的问题，并对“社会形式”概念进行简要的辨析；其次，分析马克思社会形式分析方法的价值，考察国内外关于这一课题的研究现状，并提出全面研究这一问题必要性；最后，简要勾勒出本书写作思路。

第一章旨在介绍马克思对社会形式分析方法的制定。本章共三个部分。第一部分主要从历史唯物主义的方法论视野、马克思在《哲学的贫困》中对蒲鲁东的批判、马克思摘录的《伦敦笔记》三个方面梳理马克思制定社会形式分析方法的方法、理论和现实根据。第二部分主要阐述马克思在《1857—1858 年经济学手稿》（前半部分）导言中制定的社会形式分析方法的纲领：即对经济范畴进行社会形式还原的历史与结构的双重路向。在第三部分中，主要廓清马克思从最抽象的价值形式“过渡”和“发展”到资产阶级社会形式的结构与历史性维度的思路。

第二章旨在厘清马克思社会形式分析的逻辑布展。将经济范畴这一思维形式还原为特殊社会形式下的劳动客观性是社会形式分析方法的核心和关键。因此本章主要廓清马克思是如何将货币、资本等经济范畴内在地还原为一定社会形式下的劳动，以及马克思根据资本劳动之间的辩证关系揭示资本叙述的逻辑、利润和剩余价值等范畴产生的社会形式基础。第一部分主要阐述马克思以经验实证的方法揭示货币与社会劳动之间关系的原因、过程及重要成果。第二部分主要阐明马克思将价值这一经济学范畴还原到一定社会形式下的劳动的内在逻辑，揭示唯物辩证法和政治经济学融合的过程和历史唯物主义认识论由外在论证到内在论证的过程。第三部分主要阐述马克思按照从抽象到具体再到抽象的具体、从本质到现象再到资本主义社会总体现实的生成过程的分析，阐明马克思在对资本主义社会形式内在结构分析的基础上，是如何厘清经济范畴的转化生成机制、勘破资本主义社会物象化拜物教结构生成的叠层嵌套机理、揭示资本主义社会内在运行规律和有限性的。

第三章旨在阐明马克思社会形式分析的理论价值。本章主要包含三个部分。第一部分主要阐明马克思对资本主义政治经济学范畴和政治经济学体系的社会形式批判的完成，实现了历史唯物主义认识论的最终证成。第二部分主要是表明，马克思将政治经济学与唯物辩证法融合标志着马克思主义哲学革命的实现和科学的政治经济学的建立。在前面两个部分的基础上，本章在第三部分旨在表明马克思学说整体性的证成，即是体系辩证法与历史辩证法的统一，是辩证法与经验主义方法的统一，是唯物辩证法、政治经济学和科学社会主义理论的统一。

第四章主要是从马克思社会形式分析的视角重新审视当前西方学术界对马克思主义哲学方法论的误读。本章由三个部分构成。第一部分是以“现实抽象”概念为例，对西方左翼学者关于马克思社会形式方法的“剪裁和窄化”的批判。第二部分旨在以马克思的平均利润率为切入口，从社会形式分析方法的视角，对马克思主义政治经济学进行经验主义和形式逻辑错误解读的批判。第三部分是对后殖民主义的批判，主要是阐明后殖民主义对马克思主义政治经济方法的解构主义的改造是对马克思社会形式分析方法的误读。

附录主要包括两篇书评。主要是从马克思社会形式分析的视角，对华东师范大学孙亮教授的《政治经济学批判与人的存在观念重构》《重思资本逻辑的同一性——约翰·霍洛威的批判思想引论》两部著作进行了开放式的介绍和评价。

第一章

马克思社会形式分析方法的制定

一 马克思社会形式分析方法形成的背景

历史唯物主义是马克思在对工人运动理论和实践相互印证中走向成熟的。作为革命的和批判的科学理论，它必须既能回答重大理论问题，又能指导科学社会主义运动实践。蒲鲁东在《贫困的哲学》中发展的政治经济学的形而上学和乌托邦社会主义理论，以及1848年大革命的失败，使马克思意识到，必须通过对资本主义社会形式的深入分析，对政治经济学进行系统的批判并完善自己的革命理论。基于此，19世纪50年代，马克思将自己的研究重点转向了政治经济学。1957年美国爆发货币危机并引发欧洲金融危机，马克思认为必须为有极大可能出现的社会主义革命运动提供理论武器，因而加速总结其政治经济学理论并计划撰写“政治经济学原理”。“我现在发狂似地通宵总结我的经济学研究，为的是在洪水之前至少把一些基本问题搞清楚。”[①] 显然，这里的“洪水”就是指工人运动，而马克思要提供的政治经济学的理论武器则是指用于揭示国民经济学的虚假性、资本主义社会形式的运行机制和规律的科学的政治经济学。上述现实的和理论上的事件，为马克思进行政治经济

① 《马克思恩格斯全集》第50卷，人民出版社2021年版，第259—260页。

学批判和社会形式分析，完成政治经济学和哲学革命奠定了坚实基础。

首先，《德意志意识形态》中的科学世界观和历史唯物主义的基本原则构成了马克思进行经济范畴社会形式批判的理论视野和基本前提。虽然在这一时期，历史唯物主义和政治经济学还未相融，但马克思、恩格斯基本上形成了社会存在决定社会意识的历史唯物主义观点和立场。

> 思想、观念、意识的生产最初是直接与人们的物质活动，与人们的物质交往，与现实的生活语言交织在一起的。人们的想象、思维、精神交往在这里还是人们物质行动的直接产物。表现在某一民族的政治、法律、道德、宗教、形而上学等的语言中的精神生产也是这样。人们是自己的观念、思想等等的生产者，但这里所说的人们是现实的、从事活动的人们，他们受自己的生产力和与之相适应的交往的一定发展——直到交往的最遥远的形态——所制约。意识［das Bewuβtsein］在任何时候都只能是被意识到了的存在［das bewuβteSein］，而人们的存在就是他们的现实生活过程。如果在全部意识形态中，人们和他们的关系就像在照相机中一样是倒立成像的，那么这种现象也是从人们生活的历史过程中产生的，……①
>
> 因此，道德、宗教、形而上学和其他意识形态，以及与它们相适应的意识形式便不再保留独立性的外观了。它们没有历史，没有发展，而发展着自己的物质生产和物质交往的人们，在改变自己的这个现实的同时也改变着自己的思维和思维的产

---

① 《马克思恩格斯文集》第1卷，人民出版社2009年版，第524—525页。

物。不是意识决定生活，而是生活决定意识。①

根据这些论述，政治经济学作为意识形态中的一种，也是由一定的社会存在或交往关系决定的。毫无疑问，在马克思看来，政治经济学中的概念和范畴也是由一定的分工、交往关系和生产力状况决定的。然而，范畴形式与社会存在（或社会形式）之间的具体关系是怎样的呢？彻底的历史唯物主义必须能够解答这一问题。但是《形态》时期的马克思显然还无力回答这一问题。因为，此时的马克思受经验历史主义方法论的影响，他理解的社会还只是事实性和实证主义的。

在思辨终止的地方，在现实生活面前，正是描述人们实践活动和实际发展过程的真正的实证科学开始的地方。关于意识的空话将终止，它们一定会被真正的知识所代替。对现实的描述会使独立的哲学失去生存环境，能够取而代之的充其量不过是从人类历史发展的考察中抽象出来的最一般的结果的概括。②

我们仅仅知道一门唯一的科学，即历史科学。历史可以从两方面来考察，可以把它划分为自然史和人类史。但这两方面是相互联系的；只要有人存在，自然史和人类史就彼此相互制约。③

显然，《形态》时期的马克思，拒绝对社会关系的哲学化和本质主义的理解，反对在社会关系中寻找一种"先验公式"。这实际上决定了他此时是无法通过生产力和交往形式（社会关系）的矛盾

① 《马克思恩格斯文集》第1卷，人民出版社2009年版，第525页。

② 《马克思恩格斯文集》第1卷，人民出版社2009年版，第526页。

③ 《马克思恩格斯全集》第3卷，人民出版社1960年版，第20页注①。

关系把握社会发展的内在规律的。正如唐正东所指出的：

> 在我看来，《形态》实际上并没有完成历史唯物主义哲学的整体建构，它至多只能说开始了这种建构的过程。它树立了历史唯物主义的基本原理，即生产力和社会关系的矛盾运动的原理，但由于马克思此时在交往形式、社会关系等概念的理解上还尚未摆脱经验主义思想的影响，这使他实际上还没有真正进入历史唯物主义的生产关系的理论视域。[①]

不能进入生产关系的理论视域，也就意味着马克思无法说明生产关系与经济范畴之间的内在关联，因而此时的历史唯物主义还带有武断论的色彩。换句话说，要实现历史唯物主义的证成，就必须使对社会关系的认识深入到生产关系的深层，进而完成政治经济学的批判。在某种意义上说，马克思将政治经济学与哲学勾连起来，正是由蒲鲁东引发的。

其次，蒲鲁东在《贫困的哲学》中发展的政治经济学的形而上学对马克思的思想触动。众所周知，蒲鲁东在《贫困的哲学》中，试图将人类经济社会的关系和范畴设成一个逻辑和历史的关系系统。

> 因此，首先要弄清什么是社会科学。一般地说，科学就是对现存事物的理论的和系统的知识。把这个基本定义运用于社会，我们就可以说，社会科学并不是关于社会过去情况或未来情况、而是关于社会的整个生存过程、亦即关于社会的整个不

---

① 唐正东：《从斯密到马克思：经济哲学方法的历史性诠释》，江苏人民出版社2009年版，第332—333页。

断变迁情况的理论和系统的知识。因为只有在社会科学里才能有理论和系统。这门科学的对象包括的不仅是某一个时期的人类秩序，也不仅是其中的某一些因素，而是社会存在的一切原则和全部希望，就好像一切时期和一切地点的社会进化一下子都集中在一起，固定在一个完整的画面上，从而使各个时代的联系和各种现象的次序一目了然，我们可以从中找出它的系列关系和统一性。①

对蒲鲁东来说，这种超历史的制度设计既是对政治经济学的批评，也是对政治经济学的积极适应。换句话来说，只要不能用政治经济学证明不同的社会劳动组织的科学性，社会主义就是一个幻想，纯粹就是乌托邦。言外之意，社会主义之所以可能，即在对政治经济学进行批判，以逻辑和历史的方法重建其中的范畴系统。这一看法看起来似乎不错，但是接下来的论述，其政治经济学的形而上学方法本质就暴露无遗了。

这里我们论述的不是与时间次序相一致的历史，而是与观念顺序相一致的历史。各种经济阶段或范畴在出现时有时候是同时代的，有时候又是颠倒的……不过，经济理论有它自己的逻辑顺序和理性中的系列，值得夸耀的是，经济理论的这种次序已经被我们发现了。②

对此，马克思进行了深刻的批判。在马克思看来，经济学家们把分工、信用、货币等资产阶级生产关系说成是固定的和永恒的范

① 蒲鲁东：《贫困的哲学》上卷，余叔通等译，商务印书馆1998年版，第46页。
② 《马克思恩格斯文集》第1卷，人民出版社2009年版，第598页。

畴，而蒲鲁东力图说明所有这些范畴、原理、规律、观念、思想的形成情况和来历，其方法就是把这些原理、范畴和抽象的思想重新编排一下次序。马克思尖锐地指出：

> 经济学家的材料是人的生动活泼的生活；蒲鲁东先生的材料是经济学家的教条。但是，既然我们忽略了生产关系（范畴只是它在理论上的表现）的历史运动，既然我们只想把这些范畴看做是观念、不依赖现实关系而自生的思想，那么，我们就只能到纯粹理性的运动中去找寻这些思想的来历了。[①]

马克思这一段话有两层含义，一是他认为蒲鲁东根据“纯粹思维的活动”设计范畴之间的次序，是一种典型形而上学方法和唯心主义；二是应该根据生产关系的运动考察范畴之间的内在联系。接下来，马克思更明确地表达了这一点：

> 经济学家蒲鲁东先生非常明白，人们是在一定的生产关系中制造呢绒、麻布和丝织品的。但是他不明白，这些一定的社会关系同麻布、亚麻等一样，也是人们生产出来的。社会关系和生产力密切相联。随着新生产力的获得，人们改变自己的生产方式，随着生产方式即谋生的方式的改变，人们也就会改变自己的一切社会关系。手推磨产生的是封建主的社会，蒸汽磨产生的是工业资本家的社会。
>
> 人们按照自己的物质生产率建立相应的社会关系，正是这些人又按照自己的社会关系创造了相应的原理、观念和范畴。
>
> 所以，这些观念、范畴也同它们所表现的关系一样，不是

---

① 《马克思恩格斯文集》第1卷，人民出版社2009年版，第599页。

永恒的。它们是历史的、暂时的产物。[①]

与《形态》时期相比，这段论述从生产力和生产关系的辩证运动中来考察社会关系与经济范畴之间的关系，显然更加具体了，历史唯物主义基本原理获得了更为精准的表述。可以说，在对蒲鲁东的《贫困的哲学》的批判中，马克思逐渐意识到作为资产阶级意识形态的国民经济学中普遍存在着黑格尔思辨唯心主义的残余，这为马克思进一步将历史唯物主义和政治经济学融合起来迈出了重要一步。叶险明教授更加明确地指出了这一点，他认为蒲鲁东的经济学给马克思把哲学批判推向经济学领域提供了一个契机。“如果我们能够这样来理解马克思当时思想发展的逻辑，那么，在彻底批判思辨唯心主义和德国哲学的纯思辨形式在经济学领域内的表现形态的过程中，马克思为经济学革命奠定‘最初的方法论基础’并使政治经济学批判在构建科学的政治经济学理论方面取得最初的成果，就是顺理成章的事情了。”[②] 实际上，在《哲学的贫困》中，就已经有了马克思即将批判经济学中的思辨唯心主义的暗示。

谁用政治经济学的范畴构筑某种意识形态体系的大厦，谁就是把社会体系的各个环节割裂开来，就是把社会的各个环节变成同等数量的依次出现的单个社会。其实，单凭运动、顺序和时间的唯一逻辑公式怎能向我们说明一切关系在其中同时存在而又互相依存的社会机体呢？[③]

---

① 《马克思恩格斯文集》第1卷，人民出版社2009年版，第602—603页。

② 叶险明：《马克思哲学革命与经济学革命的内在逻辑及其启示》，《中国社会科学》2010年第3期。

③ 《马克思恩格斯文集》第1卷，人民出版社2009年版，第603—604页。

显然，马克思这段话已经把批判的矛头指向了整个国民经济学。在马克思看来，正是古典经济学和庸俗经济学中存在的思辨唯心主义方法论导致其理论陷入悖论。这一点，马克思后来在《1857—1858 年经济学手稿》中的《导言》的“政治经济学的方法”部分一开始，就进行了说明。他指出，例如人口、阶级等概念，如果不考察其赖以存在的雇佣、资本和货币关系，那就什么都不是。因为在马克思看来，19 世纪 40 年代中期以来大量的经济学研究工作，包括古典经济学、庸俗经济学和形形色色的乌托邦社会主义政治经济理论，要么因其理论体系的内在矛盾而无法彻底揭示资产阶级社会的固有矛盾，要么忙于“证明现存社会关系永存与和谐”，根本上来讲，都是源于这种唯心主义的方法论。马克思认为，国民经济学家们未经考察地使用经济范畴是资产阶级与工人阶级之间的经济剥削关系以及接连爆发的货币或信贷危机的根源被遮蔽的重要原因。具体讲，在马克思看来，经济范畴的这种“软弱无力”，是因为它们的社会形式基础没有被充分阐明，或者说它们不是建立在对历史的、现实的、具体的经济社会关系科学抽象基础上的。也就是说，国民经济学家们要么将只适用于特定历史时期的规定性运用到一切历史阶段，如斯密和李嘉图关于自然人的假定和生产一般范畴的运用，要么将只适用于社会形式某个层面或环节的规定性判定为社会形式总体的规定性，如那些将货币范畴仅仅解读为交换手段而忽略其价值尺度规定性的庸俗经济学家们所做的那样，要么被颠倒的社会迷惑错用经济范畴从而搞乱社会形式的内部联系，如经济学家们将工资、利润、地租看作价值的源泉因而颠倒生产同分配之间的关系，无论哪种情况，都是以表象的方式把握现实世界而导致的结果。因为马克思与黑格尔一样认为，表象的思维方式虽然可以把握世界的客观性，但由于这种思维方式容易沉浸于客观世界的表现（现象）层面，而无法勘破现实世界的内在必然联系。正是基于这一方法论洞见，马克思对国民经济学家们进行了深刻批判：

古典经济学把利息归结为利润的一部分，把地租归结为超过平均利润的余额，使这二者以剩余价值的形式一致起来；此外，把流通过程当作单纯的形式变化来说明；最后，在直接生产过程中把商品的价值和剩余价值归结为劳动；这样，它就把上面那些虚伪的假象和错觉，把财富的不同社会要素互相间的这种独立化和硬化，把这种物的人格化和生产关系的物化，把日常生活中的这个宗教揭穿了。这是古典经济学的伟大功绩。然而，甚至古典经济学的最优秀的代表，——从资产阶级的观点出发，只能是这样，——也还或多或少地被束缚在他们曾批判地予以揭穿的假象世界里，因而，都或多或少地陷入不彻底性、半途而废状态和没有解决的矛盾之中。①

庸俗经济学无非是以学理主义的形式来表达这种在其动机和观念上都囿于资本主义生产方式的外在表现的意识。而庸俗经济学越是肤浅地抓住现象的表面，只不过又加以某种程度的条理化，它就越觉得自己“合乎自然”，而与任何抽象的空想无关。②

当庸俗经济学家不去揭示事物的内部联系却傲慢地鼓吹事物从现象上看是另外的样子的时候，他们自以为这是作出了伟大的发现。实际上，他们所鼓吹的是他们紧紧抓住了外表，并且把它当做最终的东西。这样一来，科学究竟有什么用处呢？③

借助于某种极廉价的抽象过程，任意地时而抛掉特殊关系的这一方面，时而抛掉那一方面，来把这种关系化为简单流通

---

① 《马克思恩格斯全集》第46卷，人民出版社2003年版，第940页。
② 《马克思恩格斯全集》第35卷，人民出版社2013年版，第344页。
③ 《马克思恩格斯文集》第10卷，人民出版社2009年版，第290页。

的抽象规定，从而证明，个人在生产过程的比较发达的领域中所处的那种经济关系，只不过是简单流通的关系，等等。巴师夏先生就是用这种方式拼凑出他的经济学的神正论——《经济的和谐》。①

因而流通的直接存在是纯粹的假象。流通是在流通背后进行的一种过程的表面现象。②

在这些批判中，可以清晰地看到，无论是古典经济学还是庸俗经济学都是因为表象的思维方式只能在资产阶级生产方式的表面现象的漩涡中打转转，无法把握其内在联系而陷入矛盾。对马克思来说，这些古典政治经济学和庸俗经济学发展的是一种经济范畴的拜物教理论，因为这些范畴未经批判地考察。当然，这不是说这些范畴毫无客观性，而是说这些范畴的客观性只是一种表象的客观性，而不是社会形式内容的客观性。在这些经济范畴中，资本主义社会关系被物化，即表现为事物的自然属性。

这只是人们自己的一定的社会关系，但它在人们面前采取了物与物的关系的虚幻形式。因此，要找到一个比喻，我们就得逃到宗教世界的幻境中去。在那里，人脑的产物表现为赋有生命的、彼此发生关系并同人发生关系的独立存在的东西。在商品世界里，人手的产物也是这样。我把这叫作拜物教。劳动产品一旦作为商品来生产，就带上拜物教性质，因此拜物教是同商品生产分不开的。③

---

① 《马克思恩格斯全集》第31卷，人民出版社1998年版，第364页。

② 《马克思恩格斯全集》第31卷，人民出版社1998年版，第367页。

③ 《马克思恩格斯全集》第44卷，人民出版社2001年版，第89—90页。

根据马克思对拜物教的解释可知，所谓拜物教就是将生产者之间的关系理解为生产者之外的物与物之间的关系。而“经济范畴的拜物教”也是一种比喻，即将经济范畴意指的生产关系理解为经济范畴自身所拥有的固有内涵，就会产生范畴拜物教。在马克思看来，一旦产生范畴拜物教，就会导致范畴与社会关系之间的错乱。马克思在《资本论》第一卷第一篇中揭示了范畴形式与社会形式之间的这种关联：

> 这种种形式恰好形成资产阶级的各种范畴。对于这个历史上一定的社会生产方式即商品生产的生产关系来说，这些范畴是有社会效力的、因而是客观的思维形式。因此，一旦我们逃到其他的生产形式中去，商品世界的全部神秘性，在商品生产的基础上笼罩着劳动产品的一切魔法妖术，就立刻消失了。[①]

也就是说，政治经济学中的各种经济范畴是有其适用限度的，这个限度就是一定社会形式下的生产关系基础，脱离这个基础，经济范畴就不再具有客观的社会效力。在这段论述之后，马克思就以价值范畴为例，在三种社会形式中对其内涵进行了考察。实际上，在这个意义上，《资本论》三卷的一个重要任务就是经济范畴的拜物教批判。从上述引文可以看出，之所以产生这种经济范畴的拜物教，就在于资产阶级经济学家的陷入日常生活的表象思维方式，将经济范畴理解为资本主义生产方式最表面现象（即简单流通）上的产物。

这里马克思所称的表面现象或外表主要是指资产阶级社会中的流通环节，更准确地讲，是简单流通，即与资本增殖的源泉和总过程相割裂的流通。马克思认为，资产阶级经济学范畴大多是基于这

---

① 《马克思恩格斯全集》第44卷，人民出版社2001年版，第93页。

种简单流通的形式抽象，因此政治经济学批判的任务就是要驳斥从古典经济学到庸俗经济学和乌托邦社会主义的经济理论中常见的简单的社会形式抽象概念和范畴，包括人们习以为常的“收入”“占有”“所有权”等经济范畴。

> 以自己的劳动为基础的所有权，在流通中成为占有他人劳动的基础。其实，如果我们仔细考察一下流通过程，就会看到，它的前提是交换者表现为交换价值的所有者，即物化在使用价值中的劳动时间量的所有者。……他们怎样成为私有者，即怎样占有对象化劳动，这种情况看来根本不属于简单流通的考察范围。……流通仅仅表明，这种直接占有怎样通过某种社会行动的中介，使对自己的劳动的所有权转变为对社会劳动的所有权。……于是，就会产生这样一个奇怪的结果：资产阶级社会的占有规律的真实性竟不得不被搬到这种社会本身还不存在的那个时代去，而所有权的基本规律不得不被搬到还没有所有权的那个时代去。……但是不管怎样，呈现在社会表面上的流通过程并不知道其他占有方式，如果在研究过程中会发生矛盾，那么这种矛盾也像最初通过劳动进行占有这一规律一样，必定是从交换价值本身的发展中产生的。①

因此，马克思的这种批判针对的是所谓简单经济范畴的独立性和自圆其说的经济理论暗示，或者说，针对的是想远离确定的社会形式而确定其基本科学概念的理论形成。亚当·斯密的经济理论是这种方法论的典型代表，同时为以后的庸俗经济学开辟了道路。马克思认为，斯密理论体系的矛盾源于其分析方法上的缺陷，即他是

---

① 《马克思恩格斯全集》第 31 卷，人民出版社 1998 年版，第 348—350 页。

本能地客观反映资产阶级社会现实的。一方面，斯密力求揭示资产阶级社会隐蔽着的内在联系，这个时候他确实能够获得具有科学价值的认识，如他把利润和地租都表述为工人超出他补偿自己工资的那部分劳动之上所完成的劳动，即揭示了剩余价值的真正起源。然而另一方面，他又醉心于以表象的方式描写资本主义社会的现象或外在表现，这个时候他就只能达到对资产阶级生产方式的肤浅认识，如他把社会总产品的价值归结为工资、利润、地租三种收入的总和，这一看法至少存在着两个方面的错误：其一是将社会总产品的价值中的不变资本（即消耗掉的生产资料）忽略了，其二是这种收入决定价值的理论因颠倒生产形式和收入形式（或分配形式）的关系从而引起了再生产分析上的混乱。斯密这一贯穿整个政治经济学的荒谬教条[①]被马克思冠以“斯密教条”，在马克思看来，“斯密教条”之所以导致一切古典经济学家和庸俗经济学家在社会再生产分析上的混乱，就在于斯密以及后来的国民经济学家没有把剩余价值概念作为一个专门范畴同它在利润、地租和工资上所具有的特殊形式区别开来。斯密和李嘉图理论中的许多错误观点都是由此而来，在斯密那里他将工人的无偿劳动部分等同于利润和地租之和，而李嘉图直接将剩余价值等同于平均利润，将剩余价值率等同于平均利润率，这种错误在李嘉图的后继者的著作中依然存在。马克思在评价李嘉图处理价值与工资价格、利润价格和地租价格的关系时一针见血地指出了其方法论缺陷：

另一方面是，他直接把表现形式理解为一般规律的证实或表现；他根本没有揭示这种形式。……他的抽象是形式的，本

① 《马克思恩格斯全集》第46卷，人民出版社2003年版，第953页。

身是虚假的。①

显然李嘉图的后继者们也未能克服这一问题。

> 对于这一切，李嘉图学派企图用烦琐论证的办法，靠玩弄词句来加以解决（我们在后面关于利润那一篇中将会看到这一点）。……粗俗的经验主义变成了虚伪的形而上学，变成了烦琐哲学，它绞尽脑汁，想用简单的形式抽象，直接从一般规律中得出不可否认的经验现象，或者巧妙地论证它们是同一般规律相一致的。②

在马克思看来，国民经济学家们的这种“粗俗经验主义”之所以无法穿透资产阶级生产方式的迷雾，就在于表象的思维方式固化在事物的自然属性中，既无力勘破这个物化的、颠倒的资产阶级社会，也缺乏反思利润等经济范畴的社会形式基础的自觉和意识。因为从表象的思维形式（或者以物象化的角度）看，这个着了魔的、颠倒的、倒立的资产阶级社会，资本“先生”和土地“太太”直接地获得了物的存在形式，好像脱离具体的社会形式，依靠自身的自然属性就能在流通（或交换）中取得利润和地租。在这样的运思逻辑下，斯密很自然地认为投资一定数量的预付资本就要获得超出预付资本总价值，这个超出预付资本总价值之上的余额就是利润。但这种单纯建立在简单流通形式基础上的观点，在现实中却难以回答何以等量资本难以取得等量利润的问题。当然，在马克思看来，那是因为资本的有机构成不同，即可变资本和不变资本的比例不

---

① 《马克思恩格斯全集》第34卷，人民出版社2008年版，第115页。

② 《马克思恩格斯全集》第33卷，人民出版社2004年版，第66页。

同。然而，沉浸在表象世界里的国民经济学家，只能从资本的物理折损角度，即用流动资本和固定资本两个范畴试图解释这一切，从根本上来说这是由于他们没有科学的劳动价值论，即不能理解雇佣劳动的社会形式。虽然李嘉图抽掉竞争的表面现象试图用平均利润解释这一难题，但抛开资本有机构成的平均利润理论注定无法解决斯密面临的政治经济学难题。作为第一个系统阐述李嘉图理论的穆勒，为了摆脱李嘉图理论上的困难，他将工人和资本家的关系看作为出借的资本家或从事贴现业务的资本家对产业资本家的关系，显然这是以生息资本的存在为前提解释利润的产生的，这就割断了劳动同利润的内在联系。马尔萨斯干脆将利润看作商品出售时买者为购买商品所支付的劳动量高于商品本身包含的劳动量，即“让渡利润”，这种观点同穆勒在本质上是一样的，二者都将利润的起源推回到流通领域。这不仅没有超过李嘉图，甚至倒退到斯密和重农学派以前的理论，因为重农学派、斯密和李嘉图至少都认为利润源于劳动（即生产环节）而不是流通领域。英国经济学家赛·贝利反对斯密和李嘉图追求具有物象化特征的绝对实体主义的价值的做法，他将价值看成相对价值，即定义为两物相互交换或将要相互交换的比率，将价值尺度发展为货币并进一步将货币作为价格尺度，这样一来价值的内在尺度被连根拔除，这种只停留在交换现象学上的价值理论最终导致了主观价值论的产生。

蒲鲁东第一次对政治经济学大厦的基础——财产权这一基本范畴——进行批判性考察而对马克思的政治经济学批判提供了关键性的推动力，然而一方面，他虽然从法权的角度提出了财产权就是资本家对工人的劳动成果的盗窃的口号而反对大资产阶级的所有制，但他又支持小资产阶级的个人所有制，这种矛盾观点本质上也是一种建立在简单流通（交换）形式上的“物权”和占有观念，因为简单交换的前提是交换者即劳动者完全占有自己的劳动产品；另一方面，后来蒲鲁东又从“以一换一”的交换价值概念，以及建立在供求平衡基础上和商品的使用价值和交换价值和谐统一基础上的“构成价值”出发，认为劳动的直接支出即是商品的价值标准，主张劳动与货币直接兑换，这样一来货币就单纯地变成了代表符号和交换手段，货币代表的具体社会劳动和生产关系属性就被抹去了，这就又回到了庸俗经济学家的老路，因此，蒲鲁东对国民经济学的批判和重建并未在真正意义上完成。他一方面看似与古典政治经济学家一样支持劳动价值论，但他实际上支持的是从法权角度和建立在简单交换基础上的劳动占有观和财富观；另一方面，他与庸俗经济学家一样坚持物相化地理解货币。也就是说，蒲鲁东虽试图对国民经济学的基本经济范畴进行批判性考察，但他与国民经济学家们一样限于表象的思维方式只能在简单交换的基础上用政治经济学范畴把握资本主义工业生产的现实。可以说，用未经彻底反思批判的基于简单抽象的社会形式上的政治经济学范畴是不可能把握资本主义生产方式总体的内在联系的，这是国民经济学家们陷入拜物教客观性的共同原因。

毫无疑问，蒲鲁东的工作确实推动了马克思彻底重新定义社会形式与范畴之间的关系这一批判与重建工作。因为一方面，蒲鲁东追求的社会主义乌托邦与他的经济学重建方案的和解公式破产了；另一方面作为资产阶级日常经济交往形式表象、基于简单交换形式理解且具有拜物教客观性的范畴，系统性地掩盖了真实的社会关系，譬如掩盖了资本家和雇佣工人之间的剥削关系等，那么这些范畴的真正社会形式基础是什么？它们在资本主义这一特殊总体社会形式中又应该如何去被把握？要回答这些问题不仅必须剖析和阐明这些范畴的社会形式前提基础及其内在关联，而且必须在具体的社会形式中抽象出能够表现资产阶级社会现实的新范畴。马克思在《哲学的贫困》时期，还未形成完整的对经济范畴的批判方法论，这是因为他还未真正找到历史唯物主义与政治经济学批判融合的路径。

最后，马克思的《伦敦笔记》是马克思制定社会形式分析方法的重要文本和思想基础。1848 年革命的失败，使马克思意识到必须从资本主义生产方式的固有矛盾中寻求革命的理论。他在 1850 年 11 月完成的《国际评论（三）》中指出：

> 在这种普遍繁荣的情况下，即在资产阶级社会的生产力正以在整个资产阶级关系范围内所能达到的速度蓬勃发展的时候，也就谈不到什么真正的革命。只有在现代生产力和资产阶级生产方式这两个要素互相矛盾的时候，这种革命才有可能。……新的革命只有在新的危机之后才有可能。但它正如新的危机一样肯定会来临。①

这就表明，革命失败后，马克思重新思考政治经济学问题时，面临的一个急迫问题就是资本主义社会中的经济危机与革命的关系问题。在这一背景下，马克思于 1850 年 9 月开始，在英国不列颠博物馆阅览室开启了他第三次的政治经济学研究阶段，他大量摘录政治经济学、历史学和科学文化等领域的文献和材料。到 1853 年 8 月，马克思写下了大量摘录笔记和手稿片段，共 24 本，形成著名的《伦敦笔记》。依据张钟朴先生的观点，《伦敦笔记》的前面第Ⅶ部分主要研究的是货币理论问题，“通货原理”和“银行理论”是讨论主体。第Ⅷ到第Ⅹ部分，主要研究的是李嘉图体系解体的相关问题。在第Ⅺ和第ⅩⅢ的笔记本中，主要研究的对象是雇佣劳动和资本的关系，或者说工人阶级生活状况问题。从Ⅻ到ⅩⅩⅣ的笔记

① 《马克思恩格斯全集》第 10 卷，人民出版社 1998 年版，第 596 页。

中，马克思的主要研究内容包括农业问题、资本主义以前的生产方式、科学技术、工人阶级状况、资本主义以前的历史、文化史和妇女史、印度等问题。从制定社会形式分析方法的视角看，马克思在《伦敦笔记》中做出的主要突破主要包括两个方面：一是马克思区分了货币的不同职能，将货币视为一种历史性规定；二是提出了“剩余价值”概念，在破解剩余价值之谜的道路上迈出了重要一步。

1847 年秋，资产阶级工商业危机全面爆发，资本主义整个经济进入萧条状态。当时，面对危机的发生，大多数资产阶级学者将其归结为货币和信用政策上的失误，并试图在流通范围内寻求危机的原因以及用货币政策来制止危机的手段。在危机爆发前后，英国经济学界围绕货币、信用和流通问题展开了激烈的争论。争论的焦点是 1844 年通过的《皮尔法案》，争论的一方是以李嘉图的“货币数量论”为圭臬的“通货原理”派，另一方则是奉行托马斯·图克和富拉顿的货币理论的“银行理论”派。《皮尔法案》体现的是“通货原理”派的观点，遵循的是李嘉图所坚持的“货币数量论”。通货学派认为，作为各国一切商品价值的一般尺度，其数量由各国生产的贵金属的价值决定，银行券和黄金之间必须存在充分的可兑换性，这种兑换性是由公共权力保障的。从这种观点出发，通货学派认为物价变动的主要原因是通货数量的变化。例如，李嘉图认为，货币（即金属铸币）的价值与货币的数量多少成反比，而物价则与货币数量成正比：当一国内的货币数量多了，商品价格自然会上升；货币数量减少，则价格会降低。

从李嘉图开始，劳埃德先生和其他一切人的理论如下：假定实行纯金属流通。如果这里货币流通过多，物价就会上涨，因此商品出口就会减少。国外的商品进口就会增加。进口就要超过出口。因此，就出现贸易逆差和不利的汇率。就要输出硬

> 币，货币流通就会减少，商品价格就会下降，进口就会减少，出口就会增加，货币就重新流入，总之，重新恢复原来的平衡。①

根据这一论述，银行券、支票等金融工具的发行，正是导致价格上涨的原因。遵循图克和富拉顿的理论的“银行学派”对“通货学派”的理论进行了激烈批判。例如，图克就认为，银行中的黄金储备即“金块”是“资本”而非“货币”，只有在市场流通的铸币才算作货币。在切断了货币与黄金之间的必然联系后，他们还认为价格上涨的原因并非由货币数量变动所决定，而主要是由市场需要所决定的。在“银行学派”的启发下，马克思认识到李嘉图的“货币数量论”存在着两个方面的问题。一是李嘉图的货币理论存在着循环论证并且背叛了自己的劳动价值论。一方面，李嘉图认为，由于货币的价值由生产黄金的费用决定，所以货币的价值由它的数量决定；另一方面，他又认为货币的数量又由它的价值决定。这样一来，就造成了“劳动决定货币的价值”与“货币的数量决定劳动的价值”之间的“悖论”。二是在马克思看来，在“通货学派”那里，货币被拜物教化了，其中各种职能之间的区分被掩盖了。一方面，货币的价值被归结为流通的需要；另一方面，货币在资产阶级工商业活动中承担不同职能时，却又被简单理解成“金银条块”。

当然，这并不意味着马克思完全赞同“银行学派”的观点。事实上，马克思在“反思”一文中，对“银行学派”的核心观点也进行了批判。他认为，“银行学派”并不能区分货币与资本。银行券作为价值的代表，并没有价值，危机的本质是商品即资本本身无

---

① 《马克思恩格斯全集》第 48 卷，人民出版社 2007 年版，第 175 页。

法兑现，但“银行学派”认为缺乏的是货币，而非资本。马克思指出，“问题恰好在于资本即商品同货币之间的区别”[①]。当商品过剩无法变现为货币时，资本便无法实现自己的增殖。但“银行学派”将危机的原因归结为货币制度，要求改变货币制度放开银行券和票据的发行以解决流动性问题，这样便是南辕北辙了。

> 在货币制度的存在中不仅包含着［商品与货币］分离的可能性，而且已经存在着这种分离的现实性，并且这种情况证明，正是由于资本同货币相一致，资本不能实现其价值这一状况已经随着资本的存在，因而随着整个生产组织的存在而存在了。[②]

在这里，实际上马克思认为正是资本主义生产关系的发展，促使商品与货币的分离由可能性转为现实性。因而，在马克思看来，“银行学派”将“资本的不能兑现”这一危机的表现与货币制度及其所代表的现实性、生产组织的存在对立起来，而看不到货币制度在本质上与资本相一致。在《伦敦笔记》的第二个笔记本中，马克思摘录艾利生的《自由贸易与受束缚的货币》一书时，阐述了银行学派对危机的认识：

> 自由贸易可能是一件非常好的事情，至少对某些社会阶层来说是这样，但它需要一种可膨胀的通货（currency）……当前的危机不是由于缺乏必要的资金来完成我们手头的一切，而是错误的货币制度，它阻止了这些资金的必要比例转换成可以

---

① 《马克思恩格斯全集》（第一版）第44卷，人民出版社1982年版，第158页。
② 《马克思恩格斯全集》（第一版）第44卷，人民出版社1982年版，第159页。

转手的方便和必要的货币形式。……自从有人类的记忆以来，商业困境和困难时期都被扩大发行的纸币（paper）所克服，它会随着大量外国进口的影响而消失。①

艾利生在批判通货学派的主张的同时，强调了货币作为信用货币的作用。与银行学派不同，马克思认为货币之所以作为信用货币承担支付手段的职能，是资本主义生产方式发展的必然趋势，表面上看是由信用货币引发的经济危机，而实质上是由资本主义生产方式固有矛盾引发的。马克思在 1851 年 2 月 3 日给恩格斯的信中写道：

第一，这样一来，从根本上推翻了整个流通理论。第二，这证明，信用制度固然是危机的条件之一，但是危机的过程所以和货币流通有关系，那只是因为国家政权疯狂地干预货币流通的调节，会更加加深当前的危机，就像 1847 年那样。②

也就是说，在马克思看来，流通中的信用危机，既不是缺乏货币也不是信用不足，而是资产阶级生产关系固有矛盾展开的具体表现。通过对银行学派的批判，马克思不仅认识到了货币的信用作用，而且发现了货币危机与资本主义制度的关系，这为后面《1857—1858 年经济学手稿》的研究奠定了十分重要的基础。

马克思对剩余价值的逼近主要集中于他对李嘉图的专题摘录中。在《伦敦笔记》的第六个笔记本中，马克思记录了威克菲尔德等人对李嘉图的批判："商品的价格或价值，与投入其中的劳动的

---

① *Marx-Engels-Gesamtausgabe* (MEGA2), IV/7, Berlin: Dietz Verlag, 1983, s. 113 - 114.

② 《马克思恩格斯全集》第 48 卷，人民出版社 2007 年版，第 176 页。

价格或价值之间，存在的差额构成利润或余额（surplus），这是李嘉图根据他的理论无法阐明的。”[①] 在马克思看来，“劳动创造的价值”和“劳动本身的价值”这两个概念是根本不同的，马克思后来举例证明，那个“余额”只能是工人劳动创造的价值与其工资价值量的差额。现在已经非常明确，马克思认为价值只能来自劳动，而劳动创造的超出工资价值量的“多出来的价值”就是“剩余价值”。这为后来进一步提出剩余价值理论奠定了重要的理论基础。

当然，在《伦敦笔记》中，马克思花了很多精力摘录其他问题，例如工艺学和殖民问题等。对这些问题的研究，对马克思后来提出物质生产过程中的劳动塑形理论、原始积累理论等具有十分重要的意义。总的来看，《伦敦笔记》是马克思后来写作《1857—1858 年经济学手稿》《资本论》及其手稿的重要文本基础和理论宝库，是马克思非常重要的一次思想实验，为他突破《德意志意识形态》时期的理论视野，制定社会形式分析方法奠定了重要的基础。

大约在 1854 年底和 1855 年初，马克思再次恢复了他的政治经济学研究。通过回顾以前的手稿，他撰写了 20 页的新笔记，马克思将其命名为《引文。货币的本质，信用的本质，危机》。

> 我有四五天不能给任何人写信，也不能给你写信，因为眼睛严重发炎……我的眼病是由于翻阅自己的经济学笔记引起的，我这样做，即使不是为了撰写著作，至少也是为了掌握材料，为进一步加工做好准备。[②]

从马克思重新阅读的资料可以看出，此时马克思主要关注的是

① *Marx-Engels-Gesamtausgabe*（MEGA2），IV/7，Berlin：Dietz Verlag，1983，s. 558.

② 《马克思恩格斯全集》第 49 卷，人民出版社 2021 年版，第 649 页。

货币与危机的关系问题。实际上，马克思在这之后一段时期内为《纽约论坛报》撰写的评论文章基本上也是关于危机问题，如1855年撰写的《英国工商业的危机》和1856年10月撰写的《欧洲的金融危机》等。1857年，美国金融危机爆发。危机从纽约迅速蔓延到美国其他地方，并在几个星期内，蔓延到欧洲、南美洲和东方的世界市场的所有中心，成为历史上首次世界性的金融危机。随着危机不断地蔓延和深入发展，马克思瞥见了新一轮社会起义的可能性，并为即将到来的革命做好了经济分析上的理论准备。

二 马克思社会形式分析方法的主要内容

通过上面的分析可知，马克思认为，资产阶级社会的弊病不是通过改变银行制度或建立合理的货币制度所能消除的，因为仅仅改变货币形式不会从根本上触动生产关系和由它决定的其他社会关系。据此，马克思在《1857—1858年经济学手稿》中的笔记本I部分就对以蒲鲁东为代表的社会主义者的观点进行了批判。他认为这些社会主义者力图通过改变流通工具而使现存的生产关系和与这些关系相适应的分配关系的观点是荒谬的，因为这种学说不了解“生产关系、分配关系和流通关系之间的内部联系”①。

通过《雇佣劳动与资本》和《伦敦笔记》中的研究，马克思坚信危机的中心问题是雇佣劳动问题。因而这里的关键是如何把金融危机中暴露出来的货币问题还原为生产环节中的雇佣劳动问题。从这个视角出发，就清楚了马克思在《1857—1858年经济学手稿》（导言）中以分析“生产、消费、分配、交换（流通）”之间的内在联系作为开始部分的原因了。实际上马克思的《导言》是1857

---

① 《马克思恩格斯全集》第30卷，人民出版社1995年版，第69页。

年8月底开始撰写的，这个时候正是美国金融危机爆发的时候，这也从侧面佐证了马克思对货币问题与生产关系之间的思考。

金融危机的爆发表明了资本主义社会形式的历史性。因而，马克思在《导言》中分析的第一个主题就是“生产一般”。基于历史唯物主义的理论视野，马克思认为生产总是一定社会发展阶段上的生产。虽然生产在一切时代有某些共同的标志和共同的规定，但是生产是由多个环节和部分构成的，有些部分和环节在不同的时代具有不同的规定或特殊的规定性内容。因而必须反对经济学家们在“生产一般”概念上玩弄的神秘化。在这部分最后总结时，马克思写道：

> 一切生产都是个人在一定社会形式中并借这种社会形式而进行的对自然的占有。①
>
> 就是说，每种生产形式都产生出它所特有的法的关系、统治形式等等。粗率和无知之处正在于把有机地联系着的东西看成是彼此偶然发生关系的、纯粹反思联系中的东西。……总之：一切生产阶段所共有的、被思维当作一般规定而确定下来的规定，是存在的，但是所谓一切生产的一般条件，不过是这些抽象要素，用这些要素不可能理解任何一个现实的历史的生产阶段。②

显然，马克思认为，如果对生产一般的抽象，没有与某种表现任何历史现实的特征的规定联系在一起，那么生产就从一个特定的、有差别的现象变成一个永恒的、自我同一的过程，这就掩盖了

① 《马克思恩格斯全集》第30卷，人民出版社1995年版，第28页。
② 《马克思恩格斯全集》第30卷，人民出版社1995年版，第29页。

各种社会形式之间的“本质差别”，这些本质差别正是表现在这些现象里。因此，马克思认为，忽略这些本质差别，就会造成两种后果：其一，就是“证明现存社会关系的永恒性与和谐性”，这正是国民经济学家和那些社会主义者们所犯的错误。其二，无法从根本上认识和把握资产阶级社会的本质和运行规律。对马克思来说，不从历史性的视野出发，是绝不能把握资产阶级社会的特殊矛盾和特殊规定的。实际上，马克思在《导言》开篇就是要声明资本主义生产方式所具有的历史规定性，这与他后来在《资本论》及其手稿中多次强调资本主义生产方式的局限性、过渡性和历史性是一以贯之和不谋而合的。

金融危机的爆发，还表明了处于交换（流通）中的货币与资本主义生产之间具有某种内在的联系。我认为，正是基于这种看法，马克思在《导言》中力图阐明生产、消费、分配、交换（流通）之间的内在联系。在对生产和分配、交换、消费的关系分析的最后，得出两点结论：(1) 生产是由各环节构成的具有内在联系的整体；(2) 生产在这一总体中支配着其他三个因素。

> 我们得到的结论并不是说，生产、分配、交换、消费是同一的东西，而是说，它们构成一个总体的各个环节，一个统一体内部的差别。生产既支配着与其他要素相对而言的生产自身，也支配着其他要素。①

现在，对于马克思来说，就是将处于交换（流通）环节的货币问题还原为生产环节的问题。这就理解了在撰写《1857—1858 年经济学手稿》时为什么从《货币章》开始，而又为什么以批判阿

① 《马克思恩格斯全集》第 30 卷，人民出版社 1995 年版，第 40 页。

尔弗勒德·达里蒙的《论银行改革》开始。

通过《伦敦笔记》中对货币历史规定性的认识和在《导言》中对生产的历史规定性的研究，马克思认识到在特定的社会形式或一定的社会阶段，货币具有不同的历史规定和职能；通过对由生产、分配、交换和消费所构成的生产总体的分析，马克思向我们表明货币在一定的社会形式内部的不同环节亦具有不同的规定性，而且在这之中，货币与生产（劳动）之间的关系尤为关键。概而言之，马克思既要从历史的维度又要从一定社会形式的内在结构中说明货币与劳动之间的关系。从这之后马克思开展的政治经济学批判来看，这是其中一个具有决定性的议题。那么马克思到底是如何展开这一研究的呢？回答这一问题，必须将话题转到《导言》中的第三个议题（即政治经济学的方法）上来。马克思在撰写《1857—1858 年经济学手稿》期间曾致信斐迪南·拉萨尔，阐明了政治经济学批判的主要任务：

> 应当首先出版的著作是对经济学范畴的批判，或者，也可以说是对资产阶级经济学体系的批判叙述。这既是对上述体系的叙述，又是在叙述过程中对它进行的批判。①

显然，一方面，政治经济学批判的任务有三个方面：一是对资本主义经济范畴进行批判，二是阐明资本主义社会的经济学体系，三是对资产阶级经济学体系进行批判；另一方面，整个批判任务是以资本主义经济范畴的批判为基础的。为完成上述计划，马克思在《1857—1858 年经济学手稿》“导言”中详细阐述了他关于政治经济学批判的对象和方法。他首先阐明了政治经济学批判的总纲：一

---

① 《马克思恩格斯全集》第 50 卷，人民出版社 2021 年版，第 327 页。

是由具体表象蒸发为抽象的规定的研究方法，二是抽象上升到具体的叙述方法。对于这一总纲，我们将在后面部分进行详细探讨，为了分析的连贯性，接下来我将先阐述马克思对经济范畴进行批判的方法。

马克思在“导言”中强调了自己的“抽象上升到具体”的方法不同于黑格尔的纯思辨的方法之后，就进一步指明了从简单的范畴到具体复杂的范畴的叙述方法所应遵循的纲领：

> 可以说，比较简单的范畴可以表现一个比较不发展的处于支配地位的关系或者一个比较发展的整体的从属关系，这些关系在整体向着以一个比较具体的范畴表现出来的方面发展之前，在历史上已经存在。在这个限度内，从最简单上升到复杂这个抽象思维的进程符合现实的历史过程。①

这两句话对于理解马克思的政治经济学批判的方法至关重要，可谓是整个《导言》中提纲挈领和画龙点睛的核心论断。其含义有二：（1）从历史的角度看，一个比较简单的经济范畴，既可以存在于比较简单的社会形式中，也可以存在于较为发展的社会存在形式中，只是在比较不发展的社会形式中较为抽象，在较为发展的社会形式中较为具体；从抽象范畴到具体范畴的过渡，实际上意味着简单的社会形式向复杂社会形式发展的现实的历史过程；（2）从结构的角度看，比较简单的范畴在较为简单的社会形式中处于支配地位，在较为成熟和发展了的社会形式结构中处于从属和次要地位。紧接着，马克思就从历史和结构两个方面举例阐明了经济范畴“现象学还原”到社会形式的原则和思路。

① 《马克思恩格斯全集》第30卷，人民出版社1995年版，第43—44页。

首先，马克思从历史的角度论述了这一原则：

> 可见，比较简单的范畴，虽然在历史上可以在比较具体的范畴之前存在，但是，它在深度和广度上的充分发展恰恰只能属于一个复杂的社会形式，而比较具体的范畴在一个比较不发展的社会形式中有过比较充分的发展。①

显然，在马克思看来，比较简单的经济范畴虽然既可以存在于比较简单的社会形式中，也可以存在于复杂的社会形式中，但它不仅在不同的社会形式中具有不同的规定性，而且甚至只有在复杂的社会形式中其内涵才得到充分的发展和体现。马克思以“劳动”这一简单范畴为例对此进行了三点说明：（1）在重农主义和重商主义那里，由于社会形式的不同，劳动具有不同的规定性，前者把农业劳动看作创造财富的劳动，而后者把商业劳动或工业劳动看作创造财富的形式。（2）随着工业劳动的产生（即社会形式发生变化），亚当·斯密抛开了创造财富活动的一切规定性，将劳动范畴抽象为劳动一般。“亚当·斯密大大地前进了一步，他抛开了创造财富的活动的一切规定性，——干脆就是劳动，既不是工业劳动，又不是商业劳动，也不是农业劳动，而既是这种劳动，又是那种劳动。”②（3）在资产阶级的社会形式中，劳动不仅具有了更抽象的规定性，甚至“只有作为最现代的社会的范畴，才在这种抽象中表现为实际上真实的东西”。“另一方面，劳动一般这个抽象，不仅仅是各种劳动组成的一个具体总体的精神结果。对任何种类劳动的同样看待，适合于这样一种社会形式，在这种社会形式中，个人很容易从一种

---

① 《马克思恩格斯全集》第30卷，人民出版社1995年版，第44页。

② 《马克思恩格斯全集》第30卷，人民出版社1995年版，第45页。

劳动转换到另一种劳动，一定种类的劳动对他们说来是偶然的，因而是无差别的。这里，劳动不仅在范畴上，而且在现实中都成了创造财富一般的手段，它不再是同具有某种特殊性的个人结合在一起的规定了。”[①] 也就是说，现代经济学中劳动这一表现为适用于一切社会形式的最简单范畴，只有在资产阶级的社会形式中才得到充分发展。因此，对马克思来说，经济范畴虽然可以适用于一切时代，但就其抽象规定性而言，是与一定的社会形式和历史条件相适应的，有些范畴只是到了资产阶级社会形式中其规定性才得以充分展现。

至此，马克思从历史的角度转换到了社会形式内在结构的角度，并提出了在迄今为止最发达的资产阶级的社会形式中理解经济范畴应遵循的原则：

那些表现它的各种关系的范畴以及对于它的结构的理解，同时也能使我们透视一切已经覆灭的社会形式的结构和生产关系。资产阶级社会借这些社会形式的残片和因素建立起来，其中一部分是还未克服的遗物，继续在这里存留着，一部分原来只是征兆的东西，发展到具有充分意义，等等。人体解剖对于猴体解剖是一把钥匙。反过来说，低等动物身上表露的高等动物的征兆，只有在高等动物本身被认识之后才能理解。因此，资产阶级经济为古代经济等等提供了钥匙。但是，决不是像那些抹杀一切历史差别、把一切社会形式都看成资产阶级社会形式的经济学家所理解的那样。人们认识了地租，就能理解代役租、什一税等等。但是不应当把它们等同起来。[②]

---

① 《马克思恩格斯全集》第30卷，人民出版社1995年版，第45—46页。

② 《马克思恩格斯全集》第30卷，人民出版社1995年版，第46—47页。

> 在研究经济范畴的发展时，正如在研究任何历史科学、社会科学时一样，应当时刻把握住：无论在现实中或在头脑中，主体——这里是现代资产阶级社会——都是既定的；因而范畴表现这个一定社会即这个主体的存在形式、存在规定、常常只是个别的侧面。①
>
> 在一切社会形式中都有一种一定的生产决定其他一切生产的地位和影响，因而它的关系也决定其他一切关系的地位和影响。这是一种普照的光，它掩盖了一切其他色彩，改变着它们的特点。这是一种特殊的以太，它决定着它里面显露出来的一切存在的比重。②
>
> 把经济范畴按它们在历史上起作用的先后次序来排列是不行的，错误的。它们的次序倒是由它们在现代资产阶级社会中的相互关系决定的，这种关系同表现出来的它们的自然次序或者符合历史发展的次序恰好相反。问题不在于各种经济关系在不同社会形式的相继更替的序列中在历史上占有什么地位。……而在于它们在现代资产阶级社会内部的结构。③

马克思在这些分散的大段论述中，集中阐述了三个核心要点：(1) 在一定的社会形式中，经济范畴往往只表现社会形式结构中的某个侧面。(2) 一定社会形式中的经济范畴，其主要色彩都是由这一社会形式普照的光和特殊的以太决定的，换言之，都受这一社会形式中占支配地位的生产形式影响。(3) 一定社会形式（例如资产阶级社会）中的各经济范畴，其次序不是由其在历史上产生的次序（或起决定作用的先后次序）决定的，而是由它们在这一社会形

① 《马克思恩格斯全集》第30卷，人民出版社1995年版，第47—48页。

② 《马克思恩格斯全集》第30卷，人民出版社1995年版，第48页。

③ 《马克思恩格斯全集》第30卷，人民出版社1995年版，第49页。

式中内部结构中所处的地位和相互关系决定的。马克思指出，地租虽然存在于大多数社会形式中，但在不同的社会形式中的表现形式亦不同。在以农业为主要生产形式的封建社会，即便存在着工业或工业组织，但其主要表现形式也带有土地所有制的性质；在游牧民族那里，由于耕作形式还没有完全固定下来，所以其土地所有制采取公有的形式。马克思特别强调，在资本处于支配地位的社会形式即资产阶级社会中，由于资本便是那“普照的光”，因此地租就具有了资本的性质，不懂得资本的规定性便不能把握地租的规定性，因为资本是资产阶级社会的支配一切的经济权力。为了说明一些经济范畴在不同的社会阶段有不同的地位，马克思又以股份公司为例进行了说明：股份公司还在“资产阶级社会初期就以拥有特权和垄断权的大商业公司的形式出现”[①]。综上可知，马克思正是要以历史和结构的双重维度揭示资产阶级社会中各经济范畴的现实前提和社会形式基础。他在《导言》中着重强调道：

> 如果说资产阶级经济的范畴适用于一切其他社会形式这种说法是对的，那么，这也只能在一定意义上来理解。这些范畴可以在发展了的、萎缩了的、漫画式的种种形式上，总是在有本质区别的形式上，包含着这些社会形式。[②]

显然，在马克思看来，资本主义社会中的经济范畴，在资产阶级社会以前的社会形式中就已经存在，只不过到了资本主义社会，有些范畴的规定性才得到充分发展，而有些范畴由于其反映的社会形式在资本主义社会中处于从属和被支配地位要么是萎缩了，要么

① 《马克思恩格斯全集》第30卷，人民出版社1995年版，第49页。
② 《马克思恩格斯全集》第30卷，人民出版社1995年版，第47页。

由于资产阶级社会形式这一哈哈镜的决定性影响只是漫画式的表现出来。至此，马克思的意图已经非常明显，就是要将资本主义社会中的各经济范畴破译为资本主义社会内部结构中的社会形式及其相互关系。

如前所述，马克思在《导言》中，论述政治经济学方法之前首先剖析了一般社会形式的内部结构，即生产、消费、分配、交换（流通）等形式之间的内在联系，这些分析虽然针对的是一般社会形式，但他的主要目的却是分析资产阶级社会这一特殊社会形式内在结构及其经济范畴之间的内在联系。因为马克思不仅一方面指出了生产在总体的各个环节中处于支配地位，即一定的生产决定一定历史条件下的消费、分配、交换以及这些要素之间的关系；而且另一方面现代经济学家们大多是将经济范畴进行了超历史形式或某种社会形式永恒化的解读。对马克思来说，政治经济学批判，就是将经济范畴破译为资本主义生产关系下生产以及由生产决定的其他活动必须采用的形式，即具体的社会形式，尤其是要将价值、商品、货币、资本和剩余价值等概念还原为一定社会形式下的劳动。因为只有这样，才能揭示货币与劳动之间、货币与危机之间的内在联系，才能说明资产阶级社会方式的运行规律和固有矛盾。

三　马克思社会形式分析方法的主要思路

马克思政治经济学批判的方向和目标确定后，经济范畴的社会形式还原的具体路径是什么呢？马克思的意图非常明显，只有当人们把经济客观性作为一种特有社会形式下的劳动客观性来把握，把经济范畴之间的关系和发展理解为社会形式之间的内在联系，才能理解。政治经济学批判的任务和方法决定了马克思必须以批判与建构相结合的方式展开分析。因为，如上所述，社会形式分析必须破译资产阶级对经济形式的理解，将其还原为仅仅是形式上的理解模式。通过提出经济客体的真正形式构成，并在分析过程中对其进行重构，马克思同时进行了对资产阶级社会的批判。具体讲，他运用批判的方法，旨在剖析国民经济学家们和乌托邦社会主义者们以简单社会形式为基础把握经济范畴及其整个资本主义经济体系时其经济学的无根性和矛盾性，从而揭示出重建政治经济学和主体解放方案必要性。通过建构的方法，他旨在以厘定经济范畴的社会形式基础为切入点和主线，完整还原和阐述资本主义生产方式的社会形式结构及内在矛盾，进而提出无产阶级及整个人类解放的方案。因此，批判与建构并不是彼此独立的，而是相互融合辩证统一的。批判中包含建构，建构是为了更好地批判。根据马克思的设想和安排，每一理论部分的后面，都附有一个理论史的评论。

> 按照《政治经济学批判》第一分册的先例，每一理论部分之后都有一个理论史附论。……实际上也将《资本和利润》部分的理论史附论包括进来。为了进一步批判斯密、李嘉图的价值理论，马克思又把平均利润、生产价格以及地租等等的理论部分也包括进理论史附论。①

从理论史的内容和阐述方式来看，主要是马克思通过社会形式分析的方法对以往相关理论的历史唯物主义批评。也就是说，马克思对社会形式的阐述是“建构”资本主义生产方式及其运行规律这一主体的过程，同时这种建构过程是在“批判”中布展的——即把

---

① 《马克思恩格斯全集》第32卷，人民出版社1998年版，前言第3页。

不适当的、未充分确定的国民经济学家的经济观点在重新建构资本主义这一社会形式和政治经济学中加以理解，并能够在其中合理地拒绝它们。或者说，马克思的阐述是对问题本身的辩证发展，同时也是对被批评的经济理论的充分理解的重建。

对这种方法的理解，即把政治经济学范畴的辩证发展作为对价值形式的具体决定的分析，只能在革命的马克思主义对经济学对象（即经济范畴和价值形式的社会形式基础）的理解中得到阐明。只有当人们把经济客观性作为一种特有社会形式下的劳动客观性来把握，把经济范畴之间的关系和发展理解为社会形式之间的内在联系，才能理解。对经济形式的分析过程必须把它们的实际内容、存在方式和作为形式的经济—社会根据提高到科学的批判意识中。依循此逻辑，马克思不仅要把国民经济学家们对经济范畴的理解破译为基于简单流通形式，又要批判经济范畴形式和简单流通形式的非独立性。因此，马克思的社会形式分析方法就是要否定它们所谓的独立性，否定作为“抽象形式”的经济形式。作为对抽象形式的前提性分析，对简单流通现象的破坏，社会形式分析追求的批判是一种“否定”的策略：即简单的抽象形式被否定。就是通过对孤立的、简单的形式的缺陷阐释的形式来实现的，这些形式缺陷实际上是就是缺乏前提性的社会条件。因为必须证明，作为一种简单的经济形式根本不会存在，它被否定是因为它的独立性被令人信服地被证明为一种孤立的、抽象的形式，即它可以被证明是非独立的。

货币还在它作为货币的具体规定中，即货币本身已经是对它自己作为单纯尺度和单纯铸币而存在的否定那种规定中，就在它原来被确立为货币的流通运动中被否定了。但是由此被否定的，只是把交换价值在货币上的独立化表现出来的抽象形式，以及这种独立化的过程的抽象形式。从交换价值的观点看，全部流通被否定了，因为它自身不包含自我更新的原动力。[①]

实际上，马克思所称的与简单流通相对应的抽象的经济形式是指 W—G、G—W、W—G—W 和 G—W—G 等这种与扩大再生产相割裂的形式。在这些形式中，商品和货币都只是单纯形式的，虽然二者互为中介实现自己，但这种相互转换只是形式上的，因为在这种运动中，只有商品的外部形式发生了变化，即交换价值交替承担的外部形式：它是在交替中设定的。变化的只是位置，它们交替作为商品和货币。

所以，商品作为一般交换手段，在流通中只是充当交换价值的持续存在的使用价值，而它的使用价值本身则消失。交换价值表现为价格，或交换手段表现为货币，这表现为［这些规定的］一种简单的形式上的变换。[②]

显然，在简单流通中，交换价值和使用价值之间的区别正如货币和商品之间的区别，只是一种作为表面上的和形式上的区别而存在。在马克思看来，资产阶级经济理论的形成正是基于这种表面上的形式特征。正如前面所分析的，基于简单流通这一社会形式生成的国民经济学很容易陷入拜物教思维。

在简单流通中，我们只有交换价值的两个形式上不同的规定——货币和商品价格；只有两种物质上不同的使用价值——

① 《马克思恩格斯全集》第 31 卷，人民出版社 1998 年版，第 379—380 页。
② 《马克思恩格斯全集》第 31 卷，人民出版社 1998 年版，第 375 页。

W—W，对于这两种使用价值来说，货币不过是交换价值的转瞬即逝的中介，是这些使用价值瞬息间采取的形式。交换价值和使用价值之间的现实的关系还不曾出现。在使用价值上，交换价值诚然也作为价格（观念的规定）而存在着；在货币上，使用价值诚然也作为货币的现实性，货币的材料而存在着。……所以商品本身——它的特殊的使用价值——只是交换的物质的动机，但是它本身处于经济的形式规定之外；或者说，这种经济的形式规定只是外表上的形式，只是形式上的规定，这种规定并没有深入到财富的真正实体的范围中，并且同这一实体根本不发生关系；因此，如果这种形式规定本身固定在贮藏货币上，它［形式规定］就不知不觉地转化为一种无差别的自然产品，一种金属，在这种金属上，它同流通的任何联系都消失了。金属本身当然不表现任何社会关系；在金属上，连铸币的形式，即金属具有社会意义的最后的生命符号，也消失了。[①]

针对 W—W、W—G、W—G—W 等经济形式，马克思在这段论述中阐明了，如果基于简单流通的理解，商品和货币中蕴含的社会关系，准确地说是一定社会形式下的劳动关系，就被掩盖了，很容易产生一种物象化的思维方式，最终在商品和货币的自然属性上去探寻其交换价值的本质。当然，在 G—W—G 的形式运动中，此类问题仍然存在：

在 G—W—G 的形式中表明，货币的独立化作为一个过程，既应表现为流通的前提，又应表现为流通的结果。但是这种形

① 《马克思恩格斯全集》第 31 卷，人民出版社 1998 年版，第 384—385 页。

> 式本身在简单流通中不具有任何内容，甚至不表现为内容方面的运动。……在简单流通中，独立化的交换价值，货币本身，总是表现为运动的结果，运动的残渣。①

在这种形式运动中，价值运动的形式似乎自身具有运动的动力，好像获得了独立。用马克思的话来说，交换价值最终不仅是商品的形式，而且表现为商品实体本身燃成的火。作为交换价值表现的货币成了目的本身。在这一形式运动中，货币既是前提，又是结果，它自身表现为动力源泉。这样一来，资本增殖的实质、资产阶级与工人阶级之间的剥削关系都被掩盖了。从形式上看，商品和货币作为形式的两极，总是已经被设定好了。

然而，马克思的社会形式分析就是要彻底扭转政治经济学内容和方法论上的抽象，在特定社会形式的具体生产关系中找到经济形式的真正内容和原因。或者说，社会形式分析——与对各种政治经济理论变体相反——证明所有从简单社会形式出发的经济客体论证的方法在原则上都是注定要失败的，每一种经济客体的论证都是简单的。换言之，就是从表面上只是最简单的经济形式，依据它的社会物质条件和它的形式的先决条件，引入它的内容（同时也是更为具体普遍的形式）从而"过渡"或"发展"到更为具体复杂的经济社会形式②，这一过程就是逐步建构资本主义生产方式同时也是否定和超越资本主义社会形式的过程。"过渡"或"发展"的关键是，充分地分析形式的具体性质，使其转化为实际内容，并证明形式本身就是实际内容。

---

① 《马克思恩格斯全集》第 31 卷，人民出版社 1998 年版，第 388 页。

② 显然这里借用了黑格尔关于形式与内容辩证统一的观点。据此，形式即内容，内容即形式。然而，这里所讲的形式过渡问题，与黑格尔在《逻辑学》中所讲的概念范畴的过渡不同，马克思在政治经济学批判和《资本论》中所表述的形式过渡，是以现实条件为根本依据的。

马克思认为，货币流通是“整个生产过程的最表面（意思是被推到表面上的）和最抽象的形式”①。这样一来，问题便转换为，首先对货币这一经济范畴进行政治经济学批判，将其还原为特殊社会形式下的劳动客观性。基于这种逻辑转换，马克思在《1857—1858 年经济学手稿》的开始部分就明确提出：

> 接下来应该研究，或者不如说应该提出一个普遍性的问题：货币的各种不同的文明形式——金属货币、纸币、信用货币、劳动货币（后者作为社会主义的形式）——能否达到对它们提出的要求，而又不消灭在货币范畴上表现出来的生产关系本身；另一方面，想通过一种关系的形式上的改变而摆脱这种关系的重要条件，这是否又是一个自行取消的要求？货币的不同形式可能更好地适应不同阶段的社会生产；一种货币形式可能消除另一种货币形式无法克服的缺点；但是，只要它们仍然是货币形式，只要货币仍然是一种重要的生产关系，那么，任何货币形式都不可能消除货币关系固有的矛盾，而只能在这种或那种形式上代表这些矛盾。②

马克思这段话不仅表明货币不同的形式规定与其对应的生产关系紧密关联，同时也表明了马克思以货币为切入点对经济范畴进行历史与结构的社会形式批判。

马克思又是如何将货币这一经济范畴从社会形式的流通层面还原到生产层面呢？对于这一问题的回答，必须再次回到马克思在《导言》中关于“从具体到抽象”和“从抽象上升到具体”两种不

① 《马克思恩格斯全集》第 31 卷，人民出版社 1998 年版，第 194 页。

② 《马克思恩格斯全集》第 30 卷，人民出版社 1995 年版，第 69—70 页。

同类型方法的论述。一般认为，前者为研究方法，后者为叙述方法。研究方法，是指将完整的表象蒸发为抽象的规定，目的在于“从分析中找出一些有决定意义的抽象的一般关系”[①]。叙述方法是指，将抽象的规定在思维行程中导致具体的再现，就是在思维中从对象的抽象规定性进展到更丰富的形式规定性的过程。对马克思来说，两种方法辩证统一，不可分割。因为马克思认为，后一种方法之所以是科学正确的方法，正在于它克服了黑格尔神秘主义的概念辩证法。换句话说，马克思这里的“从抽象上升到具体”的方法中的抽象，是建立在实证基础上的。

> 具体总体作为思想总体、作为思想具体，事实上是思维的、理解的产物；但是，决不是处于直观和表象之外或驾于其上而思维着的、自我产生着的概念的产物，而是把直观和表象加工成概念这一过程的产物。[②]

显然，这段论述中的“加工”，是要以直观和表象为基础的，实际上就是强调抽象必须建立在大量的感性材料或有充分的经验根据。对此，伊利延科夫正确地指出：

> 从抽象上升到具体的方法，首先是分析实际经验事实的方法。这种方法本身，有机地包含有作为自己的内在必然对立的“复归”运动，因为上升道路上的每一步不是别的，而是从可感知的具体上升到它的抽象理论表达的行动；因此思维中从抽象上升到具体的过程，同时也就是从直观和表象中的具体向概

---

① 《马克思恩格斯全集》第 30 卷，人民出版社 1995 年版，第 41—42 页。
② 《马克思恩格斯全集》第 30 卷，人民出版社 1995 年版，第 42—43 页。

念中的具体不断复归的运动。[①]

当然，伊利延科夫只强调了研究方法中的一个方面，因为马克思通过从具体到抽象的经验研究方法，还要分析出一个具有决定意义的“先验公式”。马克思明确指出：

> 当然，在形式上，叙述方法必须与研究方法不同。研究必须充分地占有材料，分析它的各种发展形式，探寻这些形式的内在联系。只有这项工作完成以后，现实的运动才能适当地叙述出来。这点一旦做到，材料的生命一旦在观念上反映出来，呈现在我们面前的就好像是一个先验的结构了。[②]

然而，由于《资本论》中，马克思主要采取的是从抽象上升到具体的方法，学界普遍注重对叙述方法的研究。实际上，离开研究方法，马克思是无法破解贯穿资本主义社会中那个具有决定意义的“抽象的形式规定”的。值得一提的是，最近有学者比较正确地阐明了马克思关于这两种方法的关系。例如，李佃来教授在《关于〈资本论〉创作方法的再探析》中强调，《资本论》的创作既包括研究方法，也包括叙述方法，二者共同构成了方法论上的整体。研究的方法是一种经验主义的认识方法，通过这种方法对研究工作中的材料进行占有、甄别、分析、概括和提升；而叙述的方法就是把研究出来的结论进行一种从抽象到抽象的具体的“在后”表达。

我们也就不难发现，在马克思政治经济学的研究中，反映

① ［苏］伊利延科夫：《马克思〈资本论〉中抽象和具体的辩证法》，林述舜译，福建人民出版社1986年版，第144页。

② 《马克思恩格斯全集》第44卷，人民出版社2001年版，第21—22页。

> “从感性认识到理性认识”的“从具体到抽象”，与作为辩证逻辑的“从抽象到具体”，……也不存在任何矛盾。[①]

因而，“从抽象到具体”的顺利开展，恰恰有赖于“从具体到抽象”方法的正确开展。现在马克思的思路更加明朗了：就是通过从具体到抽象的方法对货币这一经济范畴进行社会形式批判，以期在社会形式的生产环节与货币流通环节之间，或者具体说，在劳动与货币之间，分析出具有决定意义的抽象形式，或者说研究出那个“先验的结构”。然后，再根据这一“先验的结构”或“公式”，在“从抽象上升到具体”的方法中，对这一抽象出来的形式进行政治经济学和社会形式批判，进而锚定资产阶级社会中各经济范畴的形式基础、勘破资本主义社会中的拜物教结构，揭示资本主义社会的运行规律、局限性和历史性。从马克思的写作历程来看，也恰恰证实了这一点，他从撰写《伦敦笔记》时期就开始关注货币问题，摘抄记录大量相关资料，后来在《纽约论坛报》写作关于危机的评论文章时期研究的也是货币问题，一直到《1857—1858 年经济学手稿》（前半部分），都可以看作他对货币的形式运动与劳动之间的关系的经验主义和实证主义的研究。因为马克思直到《1857—1858 年经济学手稿》（后半部分）的最后和《1859—1861 年经济学手稿》中，才真正地将货币的形式运动与一定社会形式下的劳动内在地关联起来，对此我们将在下一章中进行探讨。

---

① 李佃来：《关于〈资本论〉创作方法的再探析》，《中国社会科学》2023 年第 11 期。

第二章

马克思社会形式分析的逻辑布展

实际上，马克思对货币的各种形式与劳动之间关系的“从具体到抽象”的研究，经历了一个从经验实证主义的外在证明到逻辑形式推理的内在证明过程。在第一阶段，马克思主要阐明了从劳动产品到商品、从商品到货币再到资本的发展过程。其中，马克思重点论述了货币的各种形式之间的转换及其功能。就研究方法而言，由于马克思还未能超越李嘉图的劳动价值论，因而主要是经验主义和实证主义。这可以从马克思此时对劳动的理解得到证明，虽然有时他也意指社会劳动，但并不是带有“普照的光”或“特殊的以太”的社会劳动。因而，劳动与价值、劳动与货币之间的关系，仍然是一种外在的关系，具有假定的色彩，并不具有内在的必然联系。然而，正是通过这种经验主义的研究，马克思厘清了货币形式的发展，尤其是较为充分地论证了货币到资本的发展，这为他以作为资本的货币为切入口进行经济范畴的形式批判提供了重要前提。在第二阶段，马克思主要是从资本的经济形式 G—W—G……的形式出发，对作为货币的货币即资本这一范畴通过逻辑形式推理的方法，进行社会形式批判，将其内在必然地回溯到资本主义社会形式中的劳动或资本主义社会形式中的生产层面。

一 货币与劳动之间关系的实证探索

将经济范畴这一思维形式还原为特殊社会形式下的劳动客观性是社会形式分析方法的核心和关键。“既然商品的交换价值实际上不过是个人劳动作为相同的一般劳动相互发生的关系，不过是劳动的一种特有社会形式的对象化表现。”① “生产交换价值的劳动则相反，它是劳动的一种特有的社会形式。”② 虽然，马克思在《哲学的贫困》中批判蒲鲁东时就已明确指出经济范畴只不过是生产的社会关系的理论表现，但这一认识显然仍然较为抽象，因为马克思此时并未详细阐明经济范畴的社会形式建构机制。基于此，马克思决定先按照“从个别上升到一般”③ 的方法进行研究，以唯物论而非唯心主义的方式弄清这样的说法：“产品（或活动）成为商品；商品成为交换价值；交换价值成为货币。”④ 当然，后面的研究表明这也包括商品和货币是如何成为资本的。这一证明同时就是将经济范畴（或经济形式）溯源为特殊社会形式下的劳动客观性的过程。

马克思在《伦敦笔记》中关于货币与劳动、货币与危机的关系我们在第一章中已经做了介绍，这里就不再做分析。在《1857—1858 年经济学手稿》中，马克思首先是从货币而非商品

① 《马克思恩格斯全集》第 31 卷，人民出版社 1998 年版，第 427 页。
② 《马克思恩格斯全集》第 31 卷，人民出版社 1998 年版，第 429 页。
③ 《马克思恩格斯全集》第 31 卷，人民出版社 1998 年版，第 411 页。
④ 《马克思恩格斯全集》第 30 卷，人民出版社 1995 年版，第 101 页。

进行分析的。[1] 马克思在指出达里蒙和蒲鲁东等人不了解生产、分配和流通之间的内部联系之后强调：

> 接下来应该研究，或者不如说应该提出一个普遍性的问题：货币的各种不同的文明形式——金属货币、纸币、信用货币、劳动货币（后者作为社会主义的形式）——能否达到对它们提出的要求，而又不消灭在货币范畴上表现出来的生产关系本身；另一方面，想通过一种关系的形式上的改变而摆脱这种关系的重要条件，这是否又是一个自行取消的要求？货币的不同形式可能更好地适应不同阶段的社会生产；一种货币形式可能消除另一种货币形式无法克服的缺点；但是，只要它们仍然是货币形式，只要货币仍然是一种重要的生产关系，那么，任何货币形式都不可能消除货币关系固有的矛盾，而只能在这种或那种形式上代表这些矛盾。[2]

马克思这段话至关重要，可谓是整个政治经济学批判中具有统领地位的问题，其含义大概有三点：其一是货币在不同的社会阶段具有不同的形式规定，其形式规定随着生产力和生产关系的发展有

---

① 笔者以为，这主要有三个方面的原因：其一，1854 年年底，马克思就恢复了中断已久的政治经济学研究，1856 年欧洲的金融危机和 1857 年美国爆发的金融危机进一步暴露了资本主义社会的固有矛盾，使他认为当前最迫切的任务就是分析有可能成为革命开端的经济现象；其二，从 1856—1857 年马克思的通信中可以发现，他在为《纽约每日论坛报》撰写评论文章时期，一直关注金融危机问题以及与货币相关的研究成果，并为此做了许多笔记；其三，货币流通“作为整个生产过程的最表面的（意思是被推到表面上的）和最抽象的形式”最引人注目，也最容易使人陷入表象（或物象）思维，这在蒲鲁东及其学生阿尔弗勒德·达里蒙的著作中表现得尤为明显，由于二者自诩为“社会主义者”，其错误观点更具危害，因而马克思将批判达里蒙的《论银行改革》为《1857—1858 年经济学手稿》的切入点，就变得容易理解了。当然，马克思后来也意识到应将商品范畴的研究补加在货币前面，但这正说明了他的研究是一个逐渐深化和成熟的过程。

② 《马克思恩格斯全集》第 30 卷，人民出版社 1995 年版，第 69—70 页。

一个辩证发展的过程；其二，货币范畴作为生产关系的表现，其中蕴含的矛盾是生产关系的固有矛盾，通过消除货币形式是不能解决的；其三，蒲鲁东和达里蒙等国民经济学家们未能把货币不同的形式规定与其对应的生产关系勾连起来，导致他们往往抓住货币的一种规定而忘记另一种规定，这导致他们提出的解决方案并不能解决资产阶级社会发生的危机。

正是基于对上述问题的持续思考，马克思立刻就在“货币的产生和本质”题目下思考商品、货币与劳动之间的关系。虽然在这部分中，马克思也得出了一些重要结论，如社会发展与货币之间的关系：

> 但是，随着生产的社会性的增长，货币的权力也按同一程度增长，也就是说，交换关系固定为一种对生产者来说是外在的、不依赖于生产者的权力。最初作为促进生产的手段出现的东西，成了一种对生产者来说是异己的关系。生产者在什么程度上依赖于交换者，看来，交换也在什么程度上不依赖于生产者，作为产品的产品和作为交换的产品之间的鸿沟也在什么程度上加深。货币没有造成这些对立和矛盾；而是这些矛盾和对立的发展造成了货币的似乎先验的权力。①
>
> 货币成了和其他商品一样的商品，同时又不是和其他商品一样的商品。货币虽然有它的一般规定，它仍然是一种与其他可交换物并列的可交换物。货币不仅是一般交换价值，同时还是一种与其他特殊交换价值并列的特殊交换价值，这里就是在实践中表现出来的矛盾的新的根源。②

---

① 《马克思恩格斯全集》第30卷，人民出版社1995年版，第95—96页。

② 《马克思恩格斯全集》第30卷，人民出版社1995年版，第100页。

马克思在这两段中表达出来的观点显然非常深刻，他不仅表达了货币内部蕴含着矛盾，而且将这种矛盾追溯到了生产力发展推动的社会发展，非常符合历史唯物主义的原则和精神。然而，马克思对此并不满意，因为他在得出这些结论后，马上就在后面进行了补充：

> 往后，在结束这个问题之前，有必要对唯心主义的叙述方式作一纠正，这种叙述方式造成一种假象，似乎探讨的只是一些概念规定和这些概念的辩证法。因此，首先是弄清这样的说法：产品（或活动）成为商品；商品成为交换价值；交换价值成为货币。[①]

显然，这段话表明了两点：一是马克思对前面的分析和论述方式是不满意的，在他看来整个论证过程过于抽象，因而带有唯心主义的色彩；二是马克思明确了接下来将要采取的论证思路，即先将产品与活动（劳动）关联起来，然后将商品的交换价值以及货币还原为产品，最后再还原为劳动。

马克思后面的研究，基本上就是按照这个顺序展开的，但是其探讨却不是一次完成的。例如，他关于货币的产生、货币的各种形式规定、货币向资本的转化等的论述，在《1857—1858 年经济学手稿》的笔记本Ⅰ、笔记本Ⅱ、笔记本Ⅲ、笔记本Ⅶ、笔记本 B'和《1859—1861 年经济学手稿》中有不同版本的论述。这说明，一方面，马克思对这些问题的研究是经验性的，带有思想实验的性质和色彩；另一方面，他对这些问题的研究是不断深入的，随着认识的深入，他对前面的论述总是感到不满并试图进一步修订和优化

---

① 《马克思恩格斯全集》第 30 卷，人民出版社 1995 年版，第 101 页。

完善。显然，《1859—1861 年经济学手稿》中的相关论述，在马克思看来，更加成熟一些。例如，马克思关于货币的产生证明，在《1857—1858 年经济学手稿》中是通过文字的分析和叙述展开的，而在《1859—1861 年经济学手稿》中他是通过价值形式分析框架阐明的。不仅如此，在这两个时期，马克思对劳动概念的理解存在着实质性的差异。学界一般认为，在《1857—1858 年经济学手稿》（前半部分）时期，马克思还未突破李嘉图的劳动价值论，此时马克思还未创立劳动二重性理论，只有到了《政治经济学批判。第一分册》（即《1859—1861 年经济学手稿》）中，马克思才建立科学的劳动价值理论和劳动二重性理论。[①] 从文本来看，马克思一直到了《1859—1861 年经济学手稿》中才特别强调劳动的一定的社会形式特征。

> 既然商品的交换价值实际上不过是个人劳动作为相同的一般劳动相互发生的关系，不过是劳动的一种特有社会形式的对象化表现，那么，说劳动是交换价值的、因而也是由交换价值构成的那种财富的唯一源泉，就是同义反复。[②]
>
> 生产交换价值的劳动则相反，它是劳动的一种特有的社会形式。[③]

虽然马克思在《1857—1858 年经济学手稿》中也谈到了社会劳动，但是那个时候马克思更多的是从社会分工的角度出发的，还没有突出强调劳动特有的社会形式。这说明，在《1857—1858 年

---

① 孙乐强：《自动化生产与劳动价值论的“悖论”：马克思的解决路径》，《山东社会科学》2023 年第 11 期。

② 《马克思恩格斯全集》第 31 卷，人民出版社 1998 年版，第 427 页。

③ 《马克思恩格斯全集》第 31 卷，人民出版社 1998 年版，第 429 页。

经济学手稿》(后半部分)，准确地说是在笔记本B’中，马克思关于货币和劳动之间关系的研究有一个至关重要的突破。正是基于上述思考，下面我们对马克思关于货币的形式规定和货币到资本的过渡的探讨将主要使用《笔记本B’》和《1859—1861年经济学手稿》。当然，马克思关于货币的产生的讨论，《1857—1858年经济学手稿》的笔记本I中的观点仍然具有非常重要的意义，这构成了马克思后面通过价值分析框架进行推理的实证基础。

马克思在笔记本I中的思路大概如下：随着生产力和分工的向前发展，劳动的对象化(或产品)出现剩余，并且变得越来越特殊化和多样化，物物交换出现且逐渐拓展，为交换而生产的劳动因此也被设定为社会劳动；随着特殊产品遇到特殊产品的困难增大因而陷入更大矛盾，于是就需要一种独立于每个人的特有生产之外的一般交换手段，因而也就需要一种特殊商品作为其他一切商品的一般代表(即一般等价物)，充当其他一切商品的一般尺度，这种作为一般等价物的商品就是货币，而货币实质上也就是生产一般商品的社会劳动时间。

> 货币的最初形式是与交换和物物交换的低级阶段相适应的，那时货币更多地还是出现在它作为尺度而不是作为实际的交换工具的规定性上。①
>
> 一定的劳动时间对象化在具有特殊属性与需要发生特殊关系的一定的特殊商品中；而作为交换价值，劳动时间必须对象化在这样一种商品中，这种商品只表现劳动时间份额或量而同劳动时间的自然属性无关，……这种矛盾只有通过矛盾本身的对象化才能解决，即只有使商品成为双重的东西才行：一方面

① 《马克思恩格斯全集》第30卷，人民出版社1995年版，第116—117页。

> 处于自己自然的直接形式中，另一方面处于作为货币的间接形式中。这后一种情况要成为可能，只有某种特殊商品成为比如说交换价值的一般实体才行，或者说，只有把商品的交换价值某一区别于其他一切商品的特殊实体，跟某一特殊商品视为同一个东西才行。也就是说，商品必须先同这种一般商品，同劳动时间的象征性的一般产品或化身相交换，然后才能作为交换价值随便同任何其他商品相交换，变形为任何其他商品。货币是作为一般对象的劳动时间，或者说，是一般劳动时间的对象化，是作为一般商品的劳动时间。①

货币产生后，一方面促进了绝对分工和交换超越地域限制，也就是促进了交换的普遍化；另一方面货币使交换分裂为 W—G（买）和 G—W（卖）两个行为，因而特殊商品之间的交换通过货币来实现，即 W—G—W，货币表现为商品交换的中介，执行流通手段（交换或购买手段）的职能。作为价值尺度的货币与作为流通手段的货币不同，前者只需要商品观念地转化为货币（价格）即可，后者则需要一定量的实在货币，因为在这种规定性上，货币本身的使命就在于通过自身的量、自身的数目实现流通。货币在流通手段职能上取得的形式，即铸币。马克思认为，市场上的铸币量与商品价格总额和变动的流通速度并不是总能保持一致，加上铸币在流通和使用过程中发生磨损，导致作为铸币的金和作为价格标准的金之间的矛盾凸显，进而造成金属铸币的名义含量和金属含量之间的绝对分裂，金属铸币逐渐采取无价值的纸币等单纯的价值符号的形式。

---

① 《马克思恩格斯全集》第 30 卷，人民出版社 1995 年版，第 118—119 页。

它不是由于磨损才流通，而是由于不断流通才磨损成一个象征。只有在［流通］过程中金货币本身才变成了它自己价值的单纯符号，单纯的价值符号才能够代替它。[1]

执行铸币职能的价值符号，如纸片，是用金的铸币名称表示的金量的符号，因此是金的符号。一定量的金本身并不表示一种价值关系，代替它的符号也是如此。……在 W—G—W 过程中，只要这个过程表现为只是两个形态变化的过程中的统一或直接的相互转化，——这个过程在价值符号发生作用的流通领域内就是这样表现的，——商品的交换价值在价格上得到的只是观念的存在，在货币上得到的只是代表性的、象征性的存在。这样，交换价值只是表现为想象的或用物代表的东西，它除了对象化着一定量劳动时间的商品本身以外不具有任何现实性。因此，表面上看来，价值符号直接代表商品的价值，它不表现为金的符号，而表现为在价格上只表示出来、在商品中才实际存在的交换价值的符号。但是，这个表面现象是虚假的。[2]

在马克思看来，货币的第三种形式规定是价值尺度和流通手段的统一，即作为货币自身，主要包括贮藏货币和支付货币两种具体形式。马克思认为，随着生产力的发展，剩余产品大幅增加，需要长时间保存，显然直接作为使用价值的商品自身不利于长时间保存，而作为一般交换价值和财富的一般物质代表的货币（尤其是金属货币）则是最好的保存形式，这样作为商品世界统治者的货币从流通中静止而独立出来的就是贮藏货币。

① 《马克思恩格斯全集》第 31 卷，人民出版社 1998 年版，第 508 页。
② 《马克思恩格斯全集》第 31 卷，人民出版社 1998 年版，第 509—510 页。

> 但是，作为货币的金的使用价值，是去充当交换价值的承担者，是作为无定形的原料去充当一般劳动时间的化身。作为无定形的金属，交换价值取得了一种长久的形式。这样作为货币而静止下来的金银就是贮藏货币。[①]
>
> 商品生产越不发达，交换价值的最初独立化为货币即货币贮藏就越重要；因此，在古代各民族，在直到目前为止的亚洲，在交换价值尚未支配所有生产关系的现代农业民族中，货币贮藏起着重大的作用。[②]

随着生产和交换的进一步发展，商品交换不仅变得更为普遍，而且周期越来越快，一些商品所有者反复地作为卖者和买者交替出现，由于货币数量和生产周期的限制，期卖期买现象出现，商品所有者之间的买卖关系转化成债权人和债务人之间的关系，货币不再是作为流通的中介出现，而是在许多笔支付作为正数和负数相互抵销后的结果出现，此时货币执行的是支付手段的功能。

> 在卖的这一种形式中，商品变换自己的位置，流通着，可是它把自己的第一形态变化，即它自己向货币的转化推迟了。从买者方面说则相反，在第一形态变化完成之前，即商品向货币转化之前，就完成第二形态变化，即货币向商品逆转化。因此，在这里，第一形态变化在时间上晚于第二形态变化。因此，货币，或者说交换价值的独立发展，已不再是商品流通的中介形式，而是它的最终结果。[③]
>
> 货币作为一般支付手段，变成契约上的一般商品——这最

① 《马克思恩格斯全集》第31卷，人民出版社1998年版，第521页。
② 《马克思恩格斯全集》第31卷，人民出版社1998年版，第528—529页。
③ 《马克思恩格斯全集》第31卷，人民出版社1998年版，第536—537页。

初仅限于商品流通领域之内。可是，随着它的这一职能的发展，其他一切支付形式都渐渐地变为货币支付。货币发展成为唯一的支付手段的程度，表示交换价值在深度和广度上支配生产的程度。①

因此，货币作为支付手段的职能包含着一个矛盾：一方面，只要许多笔支付互相抵销，货币就只是在观念上作为尺度起作用，另一方面，只要支付必须实际进行，货币就不是作为转瞬即逝的流通手段进入流通，而是作为一般等价物的静止的存在，作为绝对商品，简言之，作为货币进入流通。②

上述段落大体上反映了马克思论证货币作为贮藏货币到作为支付手段的过渡。在马克思看来，无论是作为贮藏货币还是作为支付手段，货币作为财富的普遍物质代表和财富的一般形式，就是财富本身。尤其是当货币作为国与国之间的一般交换手段后，它就具有了世界货币的形式规定性。当然，货币充当一般国际购买手段，这并不是货币的新规定，而是货币本身的普遍性的表现，这种普遍性同它的概念的一般性是一致的。这是货币借以在事实上表现为普遍商品的最适当的方式。这样一来，货币摇身一变，就成了至高无上的存在，成了俗世的“绝对精神”或“上帝”，它不仅成了致富欲望的对象，而且成了致富欲望的源泉，即成了目的。此时，货币真正实现了价值尺度和流通手段两种职能的统一，即作为货币的货币。

二　资本与劳动之间关系的形式推理

马克思关于货币过渡到资本的论述，在《1857—1858 年经济

---

① 《马克思恩格斯全集》第 31 卷，人民出版社 1998 年版，第 538 页。

② 《马克思恩格斯全集》第 31 卷，人民出版社 1998 年版，第 540 页。

学手稿》中的笔记本 B’的阐述相对来说更为详细。虽然，在《1859—1861 年经济学手稿》《1861—1863 年经济学手稿》以及《资本论》等手稿中也有相关论证，但就逻辑的严密性、完整性和重要性而言，我个人以为，笔记本 B’中的论述都是略胜一筹的，因此下面的分析主要依据这一文本。

马克思指出，当将货币作为最适当的财富形式和交换价值形式（即当作目的）去追求时，在流通中就产生了 G—W—G 这一经济形式。因为在 W—G—W 的运动中，物质的东西表现为运动的真正内容，这种形式运动的目的是要满足个人消费，而不是社会劳动的物质交换和货币自身。然而，在 G—W—G 这种形式中情况就不同了，货币既是流通的起点和前提，又是流通的终点和结果。它既表现为货币设定自身的自为运动，也表现为交换价值通过流通过程同自己发生关系的单纯形式过程。交换价值在货币这一最适当的形式上实现独立化，在流通中保存并使自己增殖。

马克思是从商品的使用价值和交换价值这两个规定，开始论证的。在马克思看来，如果使用价值起支配作用，流通便以使用价值的独立化而结束，商品便成为消费对象。如果交换价值起支配作用，流通便以交换价值的独立化而结束。在后一种情况中，一方面，交换价值作为商品和作为货币二重地存在着；另一方面，为了使货币作为货币保存，货币应当像它表现为流通过程的沉淀物和结果那样，也应当能够重新进入这一过程。在马克思看来，此时，即便货币是作为商品而存在，也应当始终是货币，而不丧失交换价值；而当它作为货币存在时，它也始终存在着对使用价值的留恋。

> 因此，交换价值现在被规定为一个过程，而不再被规定为使用价值的单纯的转瞬即逝的形式，即这种对作为物质内容的使用价值本身漠不关心的形式，也不再规定为货币形式上的单

> 纯的物；它被规定为通过流通过程而同自己发生的关系。另一方面，流通本身不再被规定为商品借以经历自己的不同规定的那种单纯形式上的过程，而是交换价值本身，而且是用货币计量的交换价值，应当作为前提本身表现为由流通确立的东西，并且作为由流通确立的东西应当表现为流通的前提。①

这段话清楚地表明，流通本身表现为交换价值在货币形式上的独立化运动，这种单纯的形式运动对使用价值以及与之相应的物质性内容漠不关心。在马克思看来，货币作为一般财富的形式，作为独立化的交换价值，除了量上的运动，除了自身的增长外，不可能有其他的运动。因为，货币作为一定的价值量，其在量上的界限是与它的一般等价物的性质相矛盾的。

> 因此，作为财富，作为财富的一般形式，作为起价值作用的价值而被固定下来的货币，是一种不断要超出自己的量的界限的欲望；是无止境的过程。它自己的活力只在于此；它只有通过交换过程本身不断地倍增自己，才能保持自己成为不同于使用价值的自为的价值。②

这表明，独立化的交换价值的合乎目的活动本身只能是不断倍增的货币，即发财致富。与此同时，这一交换价值单纯的形式运动，又表现为不断决定使用价值的过程和交换价值与使用价值统一的过程。马克思指出，在流通中，交换价值出现两次，一次作为商品，另一次作为货币。而在简单流通中，交换价值的这两种形式规

① 《马克思恩格斯全集》第 31 卷，人民出版社 1998 年版，第 381 页。
② 《马克思恩格斯全集》第 31 卷，人民出版社 1998 年版，第 387 页。

定表现为分离的特征，此时货币只是交换价值的转瞬即逝的中介，是使用价值瞬息间采取的形式。

> 相反，使用价值本身并不变成交换价值，或者只有在使用价值的规定——是对象化的一般劳动——作为外在的尺度被用来计量使用价值的情况下，才变成交换价值。两者的统一还是直接分离的，两者的区别还是直接统一的。①

也就是说，在马克思看来，在简单流通中，交换价值和使用价值之间的现实的关系还未出现。此时，在使用价值上交换价值诚然作为价格——观念的规定性——而存在；在货币上，使用价值诚然也作为货币的现实性。在前一种情形中，交换价值只是观念的；同时在后一种情形中，使用价值也只是观念的。然而，在 G—W—G′ 这种货币不断倍增的交换价值的往复运动中，作为交换价值表现形式的货币成了目的，而使用价值只是交换价值的中介。或者说，使用价值通过交换价值而成为使用价值，使用价值的目的即作为交换价值的存在，因此在货币中使用价值和交换价值达到了真正的统一。在马克思这里，不仅是交换价值表现为独立的过程，而且表现为自行增殖的过程：

> 在流通中自行增殖的，即倍增的价值，是作为目的本身而通过了流通的自为存在的交换价值。这种价值增殖，价值的量的增长——价值本身所能发生的唯一过程——只是作为流通的对立物，即通过货币的自我扬弃而表现在货币积累中。流通本

---

① 《马克思恩格斯全集》第 31 卷，人民出版社 1998 年版，第 384 页。

身不如说应被设定为价值自我保存和自行增殖的过程。[1]

货币的增长，货币的倍增，……也就是说，自身独立化的、并在交换价值形式（首先是货币）上自行保存的价值，同时是价值增长的过程；它作为价值自行保存，同时就是它超越自己的数量界限的过程，即它作为价值增长的过程；此外，交换价值的独立化再没有别的内容。交换价值本身通过流通而保存，这同时表现为它的自我增长，而这种自我增长就是它的自行增殖，即能动地自我确立为创造价值的价值，自我再生产并在其中自行保存的价值，但同时是作为价值，即作为剩余价值而自我确立的价值。[2]

马克思认为，交换价值这种表现为独立的自我增殖运动，不仅是形式的，而且就是内容本身，马克思将这种准独立化的主体称为资本。

作为最适当的交换价值从流通中产生并独立化，但又重新进入流通，在流通中并且通过流通而使自己永久化和自行增殖（倍增）的货币，就是资本。[3]

不过，在流通中同时又已经确定的是：货币不管是作为货币本身还是作为商品价格而存在，它始终是货币。流通的运动应当不是表现为货币消失的运动，相反，这一运动应当表现为货币作为交换价值的现实的自我确立的运动，表现为货币作为交换价值而实现的运动。[4]

---

① 《马克思恩格斯全集》第 31 卷，人民出版社 1998 年版，第 382 页。
② 《马克思恩格斯全集》第 31 卷，人民出版社 1998 年版，第 385 页。
③ 《马克思恩格斯全集》第 31 卷，人民出版社 1998 年版，第 387 页。
④ 《马克思恩格斯全集》第 31 卷，人民出版社 1998 年版，第 383 页。

> 货币作为前提，在这里同时是流通过程的结果，货币作为结果，同时是流通过程的一定形式的、即已被规定为G—W—G的形式前提（在目前只是该形式的这种流通前提）。它［作为资本的货币］是商品和货币的统一，然而是这两者的过程中的统一，它既不是商品又不是货币，同时既是商品又是货币。①

依据以上论述可知，在交换价值的独立化运动中，货币作为货币保存自己，既在它作为货币的形式上又在它作为商品的形式上保存自己。即，货币在作为货币和商品两种规定的交替，都服务于货币的自我生存过程和自我增殖过程。因此，马克思指出，交换价值在这种形式变换中时而表现为商品，时而表现为货币，因此资本是商品和货币这两者，并且在两种规定的变换中保存自己。换言之，在流通中，资本交替地采取货币和商品两种形式，它是两者在流通过程中的统一，它既不是商品又不是货币，同时既是商品又是货币。通过对资本概念的这种形式分析，马克思实现了三重论证目标。

第一，将资本的经济形式客观性内在必然地还原为资本主义社会形式下的劳动客观性，实现了经济形式与社会劳动内容的真正统一。如果说马克思前面对货币的各种形式规定的社会形式还原还是外在的，那么他对作为资本这一经济形式的社会形式还原则是内在的，充满必然性的。因为如果不能证明经济形式，即交换价值是由作为一定社会形式下的劳动系统地、必然地设定和决定的，那么，劳动作为价值的内在尺度以及价值的内在基础的论断将仍然是一个外部论证。根据上面马克思关于货币到资本的论述，其内在论证明的逻辑大致如下：首先，资本表现为G—W—G持续独立的形式过

---

① 《马克思恩格斯全集》第31卷，人民出版社1998年版，第390页。

程，因此交换价值的独立和增殖同样表现为交换价值同使用价值对立的运动过程，或者准确地说，交换价值正是通过对使用价值的内在的否定，来证实自己对于使用价值来说是自我保存的东西，“来把使用价值的积极存在当作交换价值的证实”①。交换价值对使用价值的这种否定，不是单纯形式的那种否定，而是对使用价值的实在性的消费。因此，在这一过程中，商品的价值消费已经从属于交换价值的保存和增殖。

> 交换价值作为自我确立的运动，不再表现为预先存在的交换价值的单纯形式上的运动，而是同时表现为自我生产和自我再生产的东西。生产本身在这里不再存在于自己的结果之前，即不再是前提，相反，生产表现为本身同时又产生这些结果的东西；但是生产本身不再把交换价值确立为单纯导致流通的东西，而是确立为生产过程中同时发达的流通为前提的东西。②

显然，商品使用价值的消费和消失，成为再生产交换价值的手段，用马克思的话来说，这是一种生产性消费，即是为了使劳动对象化，为了创造更多交换价值而通过社会性劳动实现的消费。其次，在这一形式运动过程中，对货币来说，其使用价值只能是保存自己和增殖自己的使用价值，而对普通商品来说，与货币交换时并不增加价值。此外，货币与普通商品，作为对象化的劳动，其唯一的对立物是非对象化劳动，即与主体的活劳动对立。基于此，马克思强调，使货币变成资本的交换，不可能是货币同普通商品的交换，只能是同那种与它本身处于概念上特定的对立之中的商品进行

---

① 《马克思恩格斯全集》第31卷，人民出版社1998年版，第395页。

② 《马克思恩格斯全集》第31卷，人民出版社1998年版，第382—383页。

交换，这种商品就是劳动。

> 货币作为可能性上的资本，它可以交换的使用价值，只能是生成、生产和增殖交换价值本身的那种使用价值。而这种使用价值只能是劳动。交换价值只有当它不是同这种或那种使用价值，而是同与它本身相关联的使用价值相对立时，才能实现它自身。这种使用价值就是劳动。劳动能力本身是这样的使用价值：这种能力的消费同劳动的对象化，从而同交换价值的创造直接一致。对作为资本的货币来说，劳动能力是货币交换来的直接的使用价值。①

最后，既然货币转化为资本的条件是货币所有者能够用货币购买到他人的劳动能力，那么也就是说，工人自由地将自己的劳动能力出售给他人。其具体社会条件是：其一，工人是自由人，是自己的劳动能力的自由所有者，即能够把自己的劳动力当作自己的商品支配；其二，工人除了存在于他的活的身体中的活劳动能力之外，没有其他的商品可以出卖，自由得一无所有，即他已经同他的劳动条件相剥离和对立。显然，这样的社会就是资产阶级社会形态，正是这样的社会形式下的劳动，构成了资本（即价值独立化的增殖运动本身）的客观内容和基础。或者换句话说，以货币的增殖为表现形式的交换价值的增殖过程，其独立化的前提条件是资本主义社会形式下的劳动。这样一来，经济客观性的形式和内容，使用价值和交换价值，在这个劳动力商品中融为一体。换言之，商品的物质内容、使用价值方面和形式、交换价值方面不再是外在的对立。再具体一些，只有通过与劳动力商品的交换，商品的经济形式规定才不

---

① 《马克思恩格斯全集》第31卷，人民出版社1998年版，第397页。

只是表面上的和单纯形式的，而是深入到了财富的真正实体范围之中。这里，经济形式本身是由特定社会形式下的劳动真正构成的，因为后者是前者获取持续运动的动力源泉。换言之，通过货币（资本）和（工资）劳动的这种具体的实质性交换，G—W—G 这一经济形式才成为实际内容和目的本身。

这样，马克思在历史上首次成功地揭示了劳动——尤其是特定社会形式下的劳动：即只有特定的生产关系的劳动，死劳动和活劳动之间的特定中介关系中的劳动，才是交换价值的真正实质，才能将劳动产品变成商品、货币和资本。马克思内在地将经济形式还原为一定社会形式下的劳动，从根本上克服了以李嘉图和斯密为代表的古典政治经济学的具体劳动的劳动价值论，为后来进一步建立科学的劳动价值论奠定了极为重要的基础。

第二，将资本规定为自主运动的经济形式，马克思明确了价值表现的对象性结构和价值形式运动的内在动力。将资本规定为交换价值自主和自我确定的形式运动，表明 G—W—G 形式的无限运动，有一个从 W—G 到 G—W，再从 W—G—W 到 G—W—G 价值形式的必然生成过程，依此可以得出两个结论：其一，商品、货币和资本等经济范畴不只是作为物的存在，更是从流通中生成的价值形式存在。当然这一点只有当货币转化为资本，即在它作为货币的形式上，才能充分显示出来。因为，G—W—G 的形式运动独立之前，这种经济形式的运动只是潜在的，严格意义上说，此时货币的积累只有借助 W—G，即不断重复卖出商品，也就是说货币并没有完成其全部行程就作为物的存在退出了流通领域，因此交换价值形式的自主运动并没有真正完成，货币作为形式的存在是被遮蔽了的。相反，当货币执行货币职能时，货币就扬弃了一般劳动的想象材料而存在的货币形式和作为价值符号的铸币存在形式，从而成为相对于流通而保持独立的交换价值形式存在。

其二，从W—G到G—W—G价值形式的必然生成过程，说明在商品中内在地包含生成这一形式运动的基因和动力。这一动力，后来被证明为商品中包含的使用价值和交换价值、具体劳动和一般劳动、个人劳动和社会劳动的对立统一。如前所述，经济形式只有在与作为直接创造价值的物质的工资劳动的交换中变得独立，才能获得作为资本的独立存在。因为，劳动力商品这种使用价值消费实现了交换价值的保存和倍增。换句话说，使用价值和交换价值在劳动力商品中实现了统一。进而言之，劳动既创造使用价值又创造交换价值，即劳动具有二重性。也就是说，作为对象化劳动的商品，是使用价值和交换价值的统一体。这在G—W—G的形式运动中也能得到证明，从形式上看，货币和商品二重化地作为交换价值和使用价值；从内容上看，商品使用价值的消费是为了交换价值的持存。当然，在简单流通中，使用价值和交换价值的统一还没有充分显现出来：

> 两者的统一还是直接分离的，两者的区别还是直接统一的。……在简单流通中，我们只有交换价值的两个形式上不同的规定——货币和商品价格；只有两种物质上不同的使用价值——W—W，对于这两种使用价值来说，货币不过是交换价值的转瞬即逝的中介，是这些使用价值瞬息间采取的形式。交换价值和使用价值之间的现实关系还不曾出现。①

马克思认为，使用价值和交换价值的这种矛盾关系，造成了商品价值的对象性结构，即一个商品的交换价值必须在另一个商品的使用价值中表现出来。至此，马克思基本上就完全获得了在

① 《马克思恩格斯全集》第31卷，人民出版社1998年版，第384页。

《1859—1861 年经济学手稿》和《资本论》中运用的价值形式分析框架。在《1859—1861 年经济学手稿》中，马克思首次运用价值分析框架论证了从商品到货币的过渡。虽然此时马克思对价值形式还没进行具体的阶段划分，但价值分析的逻辑思路已经显现，劳动二重性理论也得到了首次表述。

> 因此，如果说商品在交换过程内部只有解脱了一切形式规定性，以直接的物质形态彼此发生关系，才变成互为使用价值，那么，它们为了彼此表现为交换价值，就必须采取新的形式规定性，必须发展成货币。……在货币上，它不过比在商品上表现得更加夺目而已。①
>
> 经济学家先生们一向都忽视了这样一件极其简单的事实……最简单的商品形式……就包含着货币形式的全部秘密，因此就包含着萌芽状态中的劳动产品的一切资产阶级形式的全部秘密。……只是当价值表现已经以发展的形式即作为货币表现出现时，我才对价值表现作应有的分析，从而避免了阐述中的困难。②

马克思在这两段话中同时表达了这样一种观点，商品中蕴含的使用价值和交换价值之间的对立统一关系，只有到了货币作为货币的阶段才充分表现出来。不仅如此，这些论述还意味着，正是在《1857—1858 年经济学手稿》的（后半部分）对货币的各种形式规定性的分析中发现了价值分析框架。马克思对价值分析框架的发现，科学地打通了研究方法与叙述方法之间的任督二脉，马克思后

① 《马克思恩格斯全集》第 31 卷，人民出版社 1998 年版，第 442 页。
② 《马克思恩格斯文集》第 10 卷，人民出版社 2009 年版，第 264 页。

来正是凭此分析了一定社会形式下的劳动产品是如何由于使用价值和交换价值的内在矛盾生成商品、货币、资本等价值形式的，为将经济范畴还原成经济形式，再还原成社会形式，揭示拜物教产生的社会形式根据，为从交换流通领域的分析深入生产领域的分析提供了理论中介。与此同时，基于价值形式的对象性结构分析，还有助于澄清价值和价值表现、价值和价值量之间的关系，从而避免从质的方面对价值的实体主义解读或者仅从量的方面对价值的主观主义解读。

第三，马克思在将表面上独立的经济形式回溯到资本主义社会形式下的劳动的基础上，表明资本的产生是社会形式辩证发展的结果。

> 劳动产品的价值形式是资产阶级生产方式的最抽象的、但也是最一般的形式，这就使资产阶级生产方式成为一种特殊的社会生产类型，因而同时具有历史的特征。因此，如果把资产阶级生产方式误认为是社会生产的永恒的自然形式，那就必然会忽略价值形式的特殊性，从而忽略商品形式及其进一步发展——货币形式、资本形式等等的特殊性。①

马克思在分析出资本这一经济形式生成的前提条件是自由工人的存在后，立即强调：

> 资本的存在是在社会的经济形态形成上所经历的长期历史过程的结果。这一点肯定地表明，叙述的辩证形式只有明了自己的界限时才是正确的。②

---

① 《马克思恩格斯全集》第44卷，人民出版社2001年版，第99页。

② 《马克思恩格斯全集》第31卷，人民出版社1998年版，第398页。

这句话一方面表明资本本身的生成基于社会形式的辩证发展，另一方面表明马克思后来所运用的叙述方法与社会形式的辩证发展之间存在着一定联系。

从前面的论述可知，资本作为准主体，其形式的生成和独立源于对象化劳动的使用价值和交换价值的矛盾的辩证发展，也可以说是一定社会形式下劳动内含的具体劳动和社会劳动之间的矛盾运动的展开。根本上来讲，具体劳动和社会劳动之间的矛盾，又是由生产的社会化程度（分工和所有制形式）决定的。显然，分工越发展，个人劳动在社会总劳动中就越孤立，个体对其他劳动者的产品需求就越多，因而个人同其他劳动者交换劳动产品——将自己劳动产品转化为社会劳动——的意愿就越强烈，这同时意味着包含在劳动产品中的使用价值和交换价值之间的矛盾展开。正如马克思在《资本论》中所展示的，二者矛盾的展开，首先表现为商品向货币形式的转换，然后是货币各种形式规定性的相继性发展，最后是货币向资本的转变。例如，马克思在论及货币各种形式规定性的发展中指出：

> 对某些货币形式，例如对货币作为贮藏货币的发展和货币作为支付手段的发展作进一步的考察，会显示社会生产过程的极不相同的历史阶段，显示只是来自于这些不同的货币职能的形式的历史差别；货币在贮藏货币形式上或支付手段形式上的单纯的存在，也同样表明它们属于任何稍微发达的商品流通阶段，因而不只是局限于某个一定的生产时期，它们既是资产阶级以前的生产过程阶段所固有的，也是资产阶级的生产所固有的。[①]

① 《马克思恩格斯全集》第 32 卷，人民出版社 1998 年版，第 43 页。

就所有制形式对经济形式发展的影响来说，在简单流通中表现得并不充分，因为此时所有权还只是表现为通过劳动占有劳动产品，以及通过自己的劳动占有他人劳动的产品。然而，到了资产阶级社会中，这种情况就立即变得不同了。

> 因此，在资产阶级社会制度内，价值之后紧接着就是资本。在历史上则先有其他的制度形成尚不充分的价值发展的物质基础。因为在这里交换价值在使用价值之旁只起次要的作用，所以表现为交换价值的真实基础的，不是资本而是土地所有权关系。①
>
> 商品的"价值"只是以历史上的发展形式表达了所有其他社会历史形式中也存在的东西，尽管是以一种不同的形式，即劳动的社会性质，只要它作为"社会"劳动能力的支出而存在。如果商品的"价值"因此只是存在于所有社会形式中的某种历史形式，那么"社会使用价值"也是如此，因为它是商品的"使用价值"的特征。②

马克思对社会形式的辩证发展与经济形式的辩证发展之间的对应关系的指认，既表现在他的直接论述中，也表现在他对国民经济学家的批判中。例如，他在《1859—1861 年经济学手稿》中考察货币主义时指出：

> 国民生产大部分还处在封建形式中，还是当作直接的生存源泉为生产者本身服务。产品大部分并不转化为商品，因而不

① 《马克思恩格斯全集》第 30 卷，人民出版社 1995 年版，第 207 页。

② Marx K. & Engels F. , *Marx/Engels*: *Werke*, *Band* 1, Berlin: Dietz Verlag, 1981, s. 375.

转化为货币，它们完全不参加普遍的社会物质变换，因而不表现为一般抽象劳动的化身，实际上不形成资产阶级财富。把货币当作流通的目的，就是把交换价值或抽象财富、而不是把财富的任何物质要素当作决定生产的目标和推动生产的动机。同资产阶级生产的萌芽阶段相适应，那些被忽视的预言家坚持交换价值的坚实的、可以捉摸的和闪闪发光的形式，坚持它同一切特殊商品对立的一般商品的形式。[①]

显然，在马克思看来，与劳动产品转变为商品最后发展为资本的经济形式的辩证发展过程相对应的，是社会形式的辩证发展过程。由此可以推定，社会形式是历史辩证发展的结果，因为资本是商品和货币的统一，还因为经济形式 G—W—G 是对形式 W—G—W、W—G 和 G—W 的扬弃，而不是全部否定，因而资本主义社会也是对以前的社会形式的辩证否定，也就是说资本主义社会的生成并不意味着以前的社会形式的绝对消亡。马克思在评述斯图亚特和李嘉图的劳动二重性理论时强调了社会形式历史辩证法的维度。

对他来说，这是劳动的资产阶级形式，是同劳动的古代形式和中世纪形式相对立的。[②]

看来，除了资产阶级社会形式以外，“欧文先生的平行四边形”是他所知道的唯一的社会形式。[③]

因此，马克思将资本的价值形式运动的现实基础回溯到资产

① 《马克思恩格斯全集》第 31 卷，人民出版社 1995 年版，第 553 页。
② 《马克思恩格斯全集》第 31 卷，人民出版社 1998 年版，第 452 页。
③ 《马克思恩格斯全集》第 31 卷，人民出版社 1998 年版，第 455 页。

阶级社会形式中的劳动，同时也就意味着将价值形式的辩证运动回溯到了社会形式生产的辩证运动。马克思在将价值形式中的辩证法同社会形式中的辩证法联系起来的同时，不仅意味着他成功地将辩证法融入了政治经济学中，而且也意味着作为经济形式运动的资本，具有社会历史规定性，是对它之前经济社会形式的扬弃和超越。

三 资本价值同一性运动的逻辑布展

如果说，通过前面的分析，马克思澄清了资本范畴的经济形式表达及其赖以产生的特定的历史社会形式基础，那么他还需要对资本主义社会形式的内在结构及其矛盾展开进行剖析，因为资本增殖的诸多具体的社会形式条件及其关系、基于资本一般这一普照的光生成的经济范畴、反映人与人之间真实关系的政治经济学理论尚未得到阐明。根据上述分析成果，马克思以资本主义社会形式下的劳动（即资本主义社会形式下的生产）为核心线索和抓手，按照从抽象到具体再到抽象的具体、从本质到现象再到资本主义社会总体现实的生成过程的分析，不仅揭示了资本主义社会形式的共时性结构和内在矛盾、经济范畴的转化生成以及马克思主义政治经济学和历史唯物主义基本原理，而且破解了资本主义社会物象化拜物教结构生成的叠层嵌套机理，阐明了国民经济学家们所用范畴的无根性及其理论的虚假性。

马克思对资本主义社会内在结构的分析主要包括两个维度：一是生产、交换、分配、消费之间的关系，二是经济结构、政治结构、意识（或观念）结构之间的交织与互动。马克思对资本主义社会形式的内部结构的总体分析主要集中在《〈政治经济学批判〉（1857—1858 年手稿）前半部分》和《资本论》中，其阐明的总体线索是，直接的生产过程——包含直接生产和消费过程的流通过程——包含生产、流通、消费和分配的生产总过程。

马克思对资本主义直接生产过程的研究，是由表象客观性到社会形式客观性、由流通到资本主义社会“深层结构”研究的必然结果。马克思在对资本主义直接生成过程的总体再现中，再现了从“资本一般”到绝对剩余价值和相对剩余价值的生产再到资本的积累过程的矛盾辩证运动。对“资本一般”的分析，是马克思对资本主义生产方式历史性定在的本质规定，马克思将其界定为劳动过程和价值增殖过程的统一（或者说是劳动过程对资本主义社会形式的从属），以区别于其他社会形式。

> 资本只有在自己的发展过程中才不仅在形式上使劳动过程从属于自己，而且改变了这个过程，赋予生产方式本身以新的形式，从而第一次创造出它所特有的生产方式。①
>
> 因此，我们称为资本主义生产的是这样一种社会生产方式，在这种生产方式下，生产过程从属于资本，或者说，这种生产方式以资本和雇佣劳动的关系为基础，而且这种关系是起决定作用的、占支配地位的生产方式。②

在这一生产方式中，价值增殖表现为目的，劳动过程表现为手段。这些都是对资本主义生产方式不同于其他社会形式的质的规定性，即其历史性定在的具体规定。与此相应，马克思对绝对剩余价值和相对剩余价值的分析是对资本主义生产方式量的规定，他通过对延长工作日到协作再到分工和机器大工业的分析，

① 《马克思恩格斯全集》第32卷，人民出版社1998年版，第103页。

② 《马克思恩格斯全集》第32卷，人民出版社1998年版，第153—154页。

不仅厘定了从价值范畴到剩余价值（包括绝对剩余价值和相对剩余价值）范畴的生成转化，而且展现了劳动形式上从属于资本让位于劳动实际上从属于资本的过渡与发展，在生产层面揭示了拜物教结构的生成机理。资本主义生产方式控制并改变了劳动，工人的劳动成了资本生产力中的一部分。对此，马克思不惜花费大量精力在多个手稿中进行了分析，这主要包括《政治经济学批判（1861—1863年手稿）》第一部分、第六部分，《资本论（1863—1865年手稿）》以及《资本论》第一卷中。马克思通过对协作、分工和机器大工业的分析，描述了劳动的社会生产力到表现为资本的生产力的具体生成机制和过程。限于篇幅，这里我只选取马克思具有代表性的论断。

劳动的社会生产力，或直接社会的、社会化的（共同的）劳动的生产力，由于写作、工厂内部的分工、机器的应用，总之，为了一定的目的而把生产过程转化为自然科学、力学、化学等等的自觉的应用，转化为工艺学等等的自觉的应用，以及由于与这一切相适应的大规模劳动等等［只有这种社会化劳动能够把人类发展的一般成果，例如数学等，应用到直接生产过程中去，另一方面，这些科学的发展又以物质生产过程的一定水平为前提］，与在不同程度上孤立的个人劳动等相对立的社会化劳动生产力的这种发展，以及随之而来的科学这个社会发展的一般成果在直接生产过程中的应用，——所有这一切都表现为资本的生产力，而不表现为劳动的生产力，或者说，只有在劳动与资本相等同的意义上才表现为劳动的生产力，无论如何既不表现为单个工人的生产力，也不表现为在生产过程中结合起来的工人的生产力。资本关系本身中所包含的神秘性，现在比只存在劳动对资本的形式上的从属时所发生的能够发生的情况向前大大发展了。[①]

劳动的社会生产力表现为转移到资本身上的生产力；实际上以资本家的形态而存在的过去劳动和价值的独立化和人格化，构成资本实质的过去劳动对活劳动的统治，反过来，工人就其作为对象存在而言向单纯的物质劳动能力，向商品，向资本生产性的转化——所有这一切，都不表现为社会生产关系的结果，而是相反，社会生产关系倒表现为作为生产过程各特殊要素的上述诸对象和劳动之间的物质关系的结果。在资本的关系中——即使撇开资本的流通过程来考察这种关系——具有本质特征的是神秘化，是被歪曲的世界即主客体的颠倒，就像在货币上表现出来的那样。由于这种被歪曲的关系，必然在生产过程本身中产生出相应的被歪曲的观念，颠倒了的意识，而这些东西由于流通过程本身的变形和变态而完成了。[②]

同历史地发展起来的社会劳动生产力一样，受自然制约的劳动生产力也表现为合并劳动的资本的生产力。[③]

马克思是在分析绝对剩余价值和相对剩余价值的生产时阐述上述观点的。这些论断基本上都是马克思在揭示劳动对资本的形式从属到实际从属的同时，阐明了劳动的生产力如何从协作到机器大生产一步步地表现为资本的生产力的。经过这一转变和颠倒，剩余价值好像是由不变资本（或大机器）创造的，而不是由工人创造的。或者说，工人创造的“社会的东西”不仅在“想象中”，而且在“实际上”变成了同工人对立的异己的东西，作为对象化和人格化于资本中的东西，与工人相对立。可以说，资本的拜物教结构在生

① 《马克思恩格斯全集》第38卷，人民出版社2019年版，第108—109页。
② 《马克思恩格斯全集》第32卷，人民出版社1998年版，第413—414页。
③ 《马克思恩格斯全集》第44卷，人民出版社2001年版，第589页。

产环节基本形成。

由直接生产过渡到再生产（包括简单再生产和扩大再生产）是对资本主义生产的反思规定（Reflexion），是对资本主义生产的本质——即是对其所曾是（Gewesen）的研究。考察简单再生产后，马克思指出：

> 但是，起初仅仅是起点的东西，后来通过过程的单纯连续，即通过简单再生产，就作为资本主义生产本身的结果而不断重新生产出来，并且永久化了。……可见，工人本身不断地把客观财富当作资本，当作同他相异己的、统治他和剥削他的权力来生产，而资本家同样不断地把劳动力当作主观的、同它本身对象化在其中和借以实现的资料相分离、抽象的、只存在于工人身体中的财富源泉来生产，一句话，就是把工人当作雇佣工人来生产。工人的这种不断再生产或永久化是资本主义生产的必不可少的条件。①
>
> 可见，资本主义生产过程，在联系中加以考察，或作为再生产过程加以考察时，不仅生产商品，不仅生产剩余价值，而且生产和再生产资本关系本身：一方面是资本家，另一方面是雇佣工人。②

这表明，资本主义生产本质上是资本同一性运动，其中包含着死劳动与活劳动、资本家与雇佣工人之间的矛盾，即蕴含着向他物转变的倾向。据此，马克思从资本的同一性和非同一性的对立统一这一根据出发，进入对“资本主义生产方式实存”（即资本主义生

---

① 《马克思恩格斯全集》第44卷，人民出版社2001年版，第658—659页。

② 《马克思恩格斯全集》第44卷，人民出版社2001年版，第666—667页。

产方式从根据出发扬弃自身过渡到他物）的研究。这主要表现在《资本论》第一卷第二十三章马克思对资本主义积累规律的分析中，在这一章，马克思依据资本的有机构成这一概念，剖析了资本主义生产方式中积累的一般规律、相对过剩人口规律、相对过剩人口存在的各种形式，进而描述了资本主义生产方式的历史趋势。在《资本论》第一卷第二十三章中，马克思提出了资本的有机构成概念。他指出，从价值方面看，资本的构成是由生产资料的价值和劳动力价值即工资总额的比率决定的，这叫资本的价值构成；从在生产过程中发挥作用的物质方面看，资本的构成是由所使用的生产资料量和使用这些生产资料而必需的劳动量之间的比率来决定的，这叫资本的技术构成；由资本技术构成决定并反映技术构成变化的资本价值构成，叫资本的有机构成。

在马克思看来，资本积累的本性决定了劳动剥削程度的降低或劳动价格的提高威胁到资本关系的再生产和不断扩大的规模再生产。资本积累的本性和竞争决定了，资本家为了获取相对剩余价值，必然倾向于改良机器设备提高劳动生产率以至于最终提高资本的有机构成。

> 在其他条件不变和工作日已定的情况下，要剥削双倍的工人，就必须把投在机器和厂房上的不变部分和投在原料、辅助资料等上的不变资本部分增加一倍。①

马克思认为，作为劳动生产率增长的条件，采用机器还会推动劳动过程中的原料和辅助材料的量的增长，因而随着劳动生产力的发展，在资本有机构成中，长期来看，必然表现为生产资料（固定

① 《马克思恩格斯全集》第44卷，人民出版社2001年版，第466页。

资本）的量比推动它的劳动力（可变资本）的量相对增长。

> 但是，随着时间的推移，旧资本总有一天也会从头到尾地更新，会脱皮，并且同样会以技术上更加完善的形态再生产出来，在这种形态下，用较少量的劳动就足以推动较多量的机器和原料。由此必然引起对劳动需求的绝对减少，不言而喻，经历这种更新过程的资本越是由于集中运动而大量聚集，对劳动需求的绝对减少也就越厉害。①

在《资本论》之前，马克思在《1857—1858 年经济学手稿》（后半部分）、《1861—1863 年经济学手稿》中是用一般利润率的下降来表示资本主义生产方式的积累规律的。

> 随着资本已经越来越在对象化劳动形式上占有活劳动，从而，随着劳动已经越来越资本化，并因而在生产过程中越来越多地以固定资本的形式发挥作用，或者说，随着劳动生产力越来越增长，利润率就越来越下降。……换句话说，第二个规律就是，随着资本的发展，即随着资本的生产力的发展，随着资本已经表现为对象化价值的规模的发展，随着劳动以及生产力的资本化的规模的发展，利润率有下降的趋势。②

在《1861—1863 年经济学手稿》中，马克思对这一规律进行了第二次阐述，不仅对利润率的概念进行了更为准确的规定，而且给出了平均利润率公式。他认为，平均利润率就是总剩余价值与总

---

① 《马克思恩格斯全集》第 44 卷，人民出版社 2001 年版，第 724 页。

② 《马克思恩格斯全集》第 31 卷，人民出版社 1998 年版，第 165—166 页。

资本之比。即

$$P' = M/(v+c)$$

这里的 P′表示利润率，M 表示社会总剩余价值，v + c 表示预付社会总资本，其中 v 表示可变资本，c 表示固定资本。在马克思看来，资本主义的一般积累规律就是一般利润率的下降趋势。实际上，并不像一些西方学者所认为的那样，马克思后期放弃了这一规律，实际上在《资本论》第三卷中，准确地说在《1864—1865 年经济学手稿》中，马克思仍有明确的表述：

> 在资本主义生产方式发展中，一般的平均的剩余价值率必然表现为不断下降的一般利润率。因为所使用的活劳动的量，同他所推动的对象化劳动的量相比，同生产中消费掉的生产资料的量相比，不断减少，所以，这种活劳动中对象化为剩余价值的无酬部分同所使用的总资本的价值量相比，也必然不断减少。而剩余价值量和所使用的总资本价值的比率，因而利润率必然不断下降。①

无论是用资本的有机构成这一范畴，还是用利润率这一范畴，马克思在这里所揭示的都是活劳动与死劳动、可变资本与不变资本之间的关系，都是要揭示资本主义生产方式内在的固有矛盾和积累的不可持续性。只不过，在《资本论》第一卷中，马克思是为了从资本有机构成的角度说明相对过剩人口规律。相对过剩人口的存在又必然引发各种危机，并加剧资本与劳动之间的矛盾。马克思认为，资本与劳动之间的矛盾，作为资本逻辑布展的根据，其发展迟早导致资产阶级生产方式的灭亡。

---

① 《马克思恩格斯全集》第 46 卷，人民出版社 2003 年版，第 237 页。

> 资本的垄断成了与这种垄断一起并在这种垄断之下繁盛起来的生产方式的桎梏。生产资料的集中和劳动的社会化，达到了同它们的资本主义外壳不能相容的地步。这个外壳就要炸毁了。资本主义私有制的丧钟就要响了。①

马克思不仅分析了资本主义生产方式的发展和消亡，而且厘定了生产相较于分配、消费和交换中的支配性地位。在对直接生产过程分析的基础上，马克思转向了对包含直接生产过程的流通领域的分析。在这部分，主要再现了资本流通、资本周转、社会总资本的再生产和流通，总体分析了资本流通过程的形式、质料和内容。在对资本流通过程的分析中，马克思阐明了资本在总循环过程中依次经历货币资本、生产资本和商品资本，不是三种独立的资本种类，而是产业资本依次采取的三种特殊职能形式，从黑格尔《逻辑学》的视角看，这部分实际上可以被视为是在总体上对资本的“形式”研究。

> 因此，在这里，货币资本，商品资本，生产资本，并不是这样一些独立的资本种类，这些独立的资本种类的职能形成同样独立的、彼此分离的营业部门的内容。在这里，它们只是指产业资本的特殊的职能形式，产业资本是依次采取所有这三种形式的。②

通过对资本的三种职能形式的分析，马克思剖析出了具有决定性意义的生产剩余价值的阶段和形式，这一形式或形态就是产业资本。

---

① 《马克思恩格斯全集》第44卷，人民出版社2001年版，第874页。

② 《马克思恩格斯全集》第45卷，人民出版社2003年版，第63页。

> 产业资本是惟一的这样一种资本存在方式，在这种存在方式中，资本的职能不仅是占有剩余价值或剩余产品，而且同时是创造剩余价值或剩余产品。因此，产业资本决定了生产的资本主义性质；……随着产业资本支配社会的生产，技术和劳动过程的社会组织就会发生变革，从而社会的经济历史类型也会发生变革。①

在厘定产业资本的职能形式后，马克思接着分析了货币资本的循环形式。在马克思看来，在货币循环形式中，即在G—W…P…W′—G′的形态中，不仅产业资本的价值增殖动机被展现出来，而且使资本的总循环具有了欺骗的性质，因为在这里剩余价值的来源被掩盖了。

> 只要把G—W…P…W′—G′肯定为一次性的形式而不是流动的，不断更新的形式；从而只要把这种形式不是当作循环形式的一种，而是当作惟一的循环形式，它的虚幻的性质以及与它相适应的虚幻的解释就会存在。②

具有这种欺骗性质的还包括商品资本的循环形式。马克思将商品资本循环的总公式界定为：W′—G′—W…P…W′。在这一公式中，生产过程的一切要素好像都来自商品流通，只是由商品构成，因而发生在生产过程的具有决定性的要素和环节也容易遭到忽视。因此，马克思通过对处在流通阶段的货币资本和商品资本形式的分析，阐明了“物神”形象和拜物教结构的新的社会形式基础。

---

① 《马克思恩格斯全集》第45卷，人民出版社2003年版，第66页。

② 《马克思恩格斯全集》第45卷，人民出版社2003年版，第72页。

马克思认为，由这种虚幻的拜物教结构建立起来的一种典型表现是国民经济学家在对资本的周转研究中，根据物品的固有性质以及按照它们的价值转移到新的产品中的不同方式划分为固定资本和流动资本。马克思在《资本论》第二卷中对资本周转的研究，可以被看作从“质料”的维度对资本的总循环和资本的逻辑进行阐述。我以为，通过对生产资料中不同要素在资本周转中所起作用的分析，马克思旨在进一步揭示劳动在生产剩余价值中的作用，以及固定资本和流动资本等经济范畴的局限性及其根源。

在马克思看来，应该根据生产资本在价值增殖过程中独特的作用，将其划分为不变资本和可变资本。马克思认为，资产阶级政治经济学家们本能地坚持把“不变资本和可变资本”范畴和“固定资本和流动资本”范畴混同起来的做法，不仅导致了关于利润范畴的经验主义观念，而且遮蔽了资本主义生产的秘密。

> 撇开把固定资本和流动资本的范畴混同于不变资本和可变资本的范畴这一根本错误不说，经济学家们迄今为止在概念规定上所以陷入混乱，首先是由于下述原因：他们把劳动资料在物质上具有的某些属性，看成固定资本的直接属性，例如像房屋具有的物体不动性。但是我们也很容易证明，其他一些本身也是固定资本的劳动资料具有相反的属性，例如像船舶具有的物体可动性。或者，他们把那种由价值流通引起的经济的形式规定性，和物质的属性混同起来，好像那些就本身说根本不是资本，只是在一定社会关系内才成为资本的东西，就它们本身说天生就可以是具有一定形式的资本——固定资本或流动资本。①

① 《马克思恩格斯全集》第45卷，人民出版社2003年版，第180页。

显然，在马克思看来，坚持固定资本和流动资本划分是按照价值转移的方式和速度而进行的划分标准，而不是按照它们在产品价值的生产作用标准进行划分，死劳动与活劳动之间的区别就被抹杀了，因而也就意味着在价值增殖过程和剩余价值形成上的本质区别就被掩盖了，资本主义生产的全部秘密也就变得更加隐蔽。因为，在前一种情况下，人们很容易陷入事物性的思维方式，在事物的固有属性上寻求价值的源泉，而忽略价值的社会形式属性。马克思认为，资产阶级政治经济学在理论上的错误与此有着紧密联系。

> 于是我们就可以理解，为什么资产阶级政治经济学本能地坚持亚·斯密把“不变资本和可变资本”范畴与“固定资本和流动资本”范畴混同起来的做法，并且在一个世纪中一代一代不加批判地沿用这种做法。在资产阶级政治经济学那里，投在工资上的那部分资本，和投在原料上的那部分资本根本没有区别，而仅仅在形式上——看它是一部分一部分地，还是完整地通过产品而流通——和不变资本相区别。因此，对于理解资本主义生产的现实运动，从而理解资本主义剥削的现实运动来说，基础一下子就被破坏了。①

由此可见，马克思对资本周转的研究，仍然是强调了社会形式这一视角，而正是坚持这一视角，才最终克服了国民经济学的一系列错误。在这一部分中，马克思还研究了资本周转的时间对资本循环的意义和可变资本的周转。这些问题的研究，对从流通转向消费，进而转向社会总资本的再生产具有十分重要的奠基作用。

在对社会总资本的再生产和流通的分析中，马克思依据劳动的

---

① 《马克思恩格斯全集》第45卷，人民出版社2003年版，第244页。

二重性、可变资本和不变资本的科学划分，将社会总产品分为生产资料和消费资料两大部类，进而将消费分为生产消费和个人消费两种类型。马克思认为，以斯密为代表的资产阶级经济学家所持有的“三位一体”拜物教幻象（也可以还原为商品价值 = v + m）颠倒了社会形式内部生产与收入之间的内在联系。众所周知，亚当·斯密认为社会年产品的一切商品的交换价值由三个部分构成，或者说分解为：工资、利润和地租。这个教条还可以还原为：商品价值 = v + m，即等于预付可变资本的价值加上剩余价值。对此，马克思针对亚当·斯密的案例进行了较为深入的批判：

> 他在所举的例子中承认，谷物的价格不仅由 v + m 构成，而且也由生产谷物时所消耗的生产资料的价格，即由一个不是被租地农场主花费在劳动力上的资本价值构成。但是，他说，这一切生产资料本身的价格，和谷物的价格一样，也分为 v + m；不过亚·斯密忘记加上一句：此外，还分为生产这些生产资料本身所消耗的生产资料的价格。他引导我们由一个生产部门到另一个生产部门，又由另一个生产部门到第三个生产部门。商品的全部价格“直接地”或“最终地”分解为 v + m 这个论断，不过是一个空洞的遁辞，否则他就得证明，价格直接分解为 c（所消费的生产资料的价格）+ v + m 的商品产品，最后会由这样一类商品产品来补偿，它们全部“所消费的生产资料”，但它们本身相反地只需花费可变资本即投在劳动力上的资本就能生产出来。①

马克思进一步指出，斯密之所以犯有这种理论错误，其中一个

① 《马克思恩格斯全集》第 45 卷，人民出版社 2003 年版，第 414—415 页。

重要原因是他不能区分开年产品价值和年价值产品。后者是过去一年劳动的产品，而前者除此之外，还包括在生产年产品时消费掉的、然而是前一年生产的、一部分甚至是前几年生产的一切价值要素——生产资料。显然斯密把这两个范畴混淆了。在这个意义上，马克思强调：

> 把收入看成是商品价值的源泉，不把商品价值看成是收入的源泉，这是一种颠倒。按照这种颠倒的看法，商品价值好像是由不同种类的收入“构成”的；这各种收入是互不影响地决定的，而商品的总价值是由这些收入的价值量加在一起决定的。①

基于此，马克思将社会的总产品分成了生产资料和消费资料两大部类，并成功地阐明了简单再生产以及积累和扩大的再生产。

《资本论》第三卷是对包含直接生产、流通、消费与分配过程的资本主义现实总体的再现，深入具体地展现了生产到流通、分配、消费，再到生产的这种周而复始的实体关系，在此基础上阐明了从剩余价值到工资、利润、利息以及地租等各种范畴的转化形式，详细揭示了资本主义世界拜物教结构的“加固”，进一步批判了资产阶级经济学的庸俗性和虚假性。在《资本论》第三卷中的第一篇和第二篇中，马克思通过对生产部门之间分配关系的再现，阐明了从剩余价值到利润，从利润到平均利润，从平均利润到生产价格之间的转化过程和价值规律，指明了利润和成本价格范畴的起源以及物象化神秘化的特质，深刻批判了国民经济学家们那种将成本价格等同于商品价值、把利润率等同于剩余价值率的错误观念。

---

① 《马克思恩格斯全集》第45卷，人民出版社2003年版，第424—425页。

因此，实际上，剩余价值本身在它的这个转化形态即利润上否定了自己的起源，失去了自己的性质，成为不能认识的东西。①

现在，在各特殊生产部门内，利润和剩余价值之间——不仅是利润率和剩余价值率之间——实际的量的差别，把利润的真正性质和起源完全掩盖起来，这不仅对由于特殊利益在这一点上欺骗自己的资本家来说是这样，而且对工人来说也是这样。随着价值转化为生产价格，价值规定的基础本身就被掩盖起来。②

在此基础上，马克思依据对生产、流通、消费、分配之间周而复始的运动的正确剖析，阐明了由剩余价值到商品利润、货币经营利润、利息、企业主收入和地租的转化机理和过程。值得注意的是，通过对生息资本生成的社会形式基础和利息产生的机理的分析，马克思认为生息资本是拜物教观念的完成形式。

利息把单纯的资本所有权表现为占有他人劳动产品的手段。但是，它是把资本的这种性质表现为某种在生产过程之外属于资本的东西，而不是表现为这个生产过程本身的独特的资本主义规定性的结果。它不是把资本的这种性质表现为同劳动直接对立，而是相反地同劳动无关，只是表现为一个资本家对另一个资本家的关系，也就是说，表现为一种存在于资本对劳动本身的关系之外的、与这种关系无关的规定。因此，在利息

① 《马克思恩格斯全集》第46卷，人民出版社2003年版，第187页。
② 《马克思恩格斯全集》第46卷，人民出版社2003年版，第188页。

上，在利润的这个特殊形态上，资本的独立性质固然得到了独立的表现，但是表现成这样：这种对立在其中已经完全消失，完全抽掉。利息是两个资本家之间的关系，不是资本家和工人之间的关系。①

资本表现为利息的即资本自身增殖的神秘和富有自我创造力的源泉。现在，物（货币、商品、价值）作为单纯的物已经是资本，资本表现为单纯的物；总再生产过程的结果表现为物自身具有的属性；究竟是把货币作为货币支出，还是把货币作为资本贷出，取决于货币占有者，即处在随时可以进行交换的形式上的商品的占有者。因此，在生息资本上，这个自动的物神，自行增殖的价值，会生出货币的货币，纯粹地表现出来了，并且在这个形式上再也看不到它的起源的任何痕迹了。社会关系最终成为一种物即货币同它自身的关系。②

但是，在生息资本的形式上，资本拜物教的观念完成了。按照这个观念，积累的劳动产品，而且是作为货币固定下来的劳动产品，由于它天生的秘密性质，作为纯粹的自动体，具有按几何级数生产剩余价值的能力，以致像《经济学家》所认为的那样，这种积累的劳动产品，早已对自古以来世界所有的财富进行了贴现，依法据为己有。③

从剩余价值到各收入形式之间的转换，可以看成是从本质到现象的生成过程。正如马克思在第七篇中的总结："这些一定的分配形式是以生产条件的一定的社会性质和生产当事人之间的一定的社会关系为前提的。因此，一定的分配关系只是历史地规定的生产关

---

① 《马克思恩格斯全集》第 46 卷，人民出版社 2003 年版，第 429 页。

② 《马克思恩格斯全集》第 46 卷，人民出版社 2003 年版，第 441 页。

③ 《马克思恩格斯全集》第 46 卷，人民出版社 2003 年版，第 449 页。

系的表现。”① 这段话翻译过来就是，工资、企业主收入、利息以及地租等收入形式作为现象所反映的都是资产阶级社会生产关系的性质这一本质。更具体地讲，它们都源于剩余价值。因此，从资本主义的直接生产到流通，再到分配的各种社会形式的转换，从资本主义生产方式深层经由中层再到表层，可以看作是对从本质到现象再到两者的合题（现实）——即对资本主义现实总体的再现。

资本的叙述逻辑决定了资本主义生产是周而复始的，因此，马克思对资本主义社会形式中生产、流通、消费和分配之间的关系再现是动态的、辩证的和立体的。在这种再现中，马克思一方面阐明了人与人之间的各种经济关系，厘定了经济范畴的生成社会形式基础和经济范畴之间的转化生成，揭示了拜物教结构产生的叠层嵌套机制，分析批判了资产阶级经济学家利润、地租、利息等概念和理论体系；另一方面，马克思在廓清生产、流通、消费和分配诸环节基础上，展现了资本主义现实总体中经济结构、政治结构与意识（观念）结构的基本架构和生成逻辑。马克思虽然在《1857—1858年经济学手稿》的导言和《1859—1861 年经济学手稿》的序言中都表达了完成资本主义生产方式的叙述后对国家形式进行分析，但显然计划没有得以实现。然而，资本主义生产的逻辑是，让一切社会存在服膺于价值同一性运动。资本增殖逻辑对生产、流通、消费和分配诸环节的构型，必然体现在法律和政治制度上。在《资本论》中，这些主要体现在马克思关于工厂法、劳动法和银行法的论述中。

> 资本在它的萌芽时期，由于刚刚出世，不能单纯依靠经济关系的力量，还要依靠国家政权的帮助才能确保自己吮吸足够

① 《马克思恩格斯全集》第 46 卷，人民出版社 2003 年版，第 998 页。

数量的剩余劳动的权利，……因此，从14世纪中叶至17世纪末，资本借助国家政权的力量力图迫使成年工人接受的工作日延长程度，同19世纪下半叶国家在某些地方为了限制儿童血液变成资本而对劳动时间规定的界限大体相一致，这是很自然的了。①

马克思在《资本论》第一卷关于原始积累的论述表明，资本主义社会中的国家演变为资本的代理人，是一个必然过程。

殖民制度、国债、重税、保护关税制度、商业战争等等——所有这些真正工场手工业时期的嫩芽，在大工业的幼年时期都大大地成长起来了。②

显然，随着资本逻辑的布展，国家必然成为保证价值形式同一性运动顺利进行的政治形式。或者换句话说，随着价值同一性运动的往复进行，国家政权的物象化是一个必然过程。（学界争论和现实发展的证明）马克思认为，在资本主义生产逻辑的布展中，人们建构的观念结构是与拜物教结构纠缠在一起的。

在资本的关系中——即使撇开资本的流通过程来考察这种关系——具有本质特征的神秘化，是被歪曲的世界即主客体的颠倒，就像在货币上所表现出来的那样。由于这种被歪曲的关系，必然在生产过程本身中产生出相应的被歪曲的观念，颠倒了的意识，而这些东西由于流通过程本身的变形和变态而完成了。③

---

① 《马克思恩格斯全集》第44卷，人民出版社2001年版，第312—313页。

② 《马克思恩格斯全集》第44卷，人民出版社2001年版，第868页。

③ 《马克思恩格斯全集》第32卷，人民出版社1998年版，第413—414页。

可见，在马克思看来，在生产、流通、消费和分配辩证互动过程中形成的系统性的拜物教结构，构成了物象化的社会意识结构。资本主义社会，是以生产剩余价值为针，以价值形式加速运动为线，织就这个物象化世界的。缩短社会必要劳动时间的内驱力，改变了人们对时间、空间的认知，资本增殖的“合理性”制作了人们理解科学技术的脚手架，科学技术和社会协作被机器体系裁制并幻化成“资本的生产力”，工人劳动创造剩余价值的第一次遮蔽和物象化建构就这样完成了。流通环节是意识形式拜物教结构生成的关键环节，层次繁复，叠层高涨。首先，在普遍采取商品形式的社会中，在商品交换中，价值通过价值形式表现为交换价值，人与人之间的关系表现为物与物之间的关系，商品价值进一步颠倒表现为使用价值即物本身的自然属性。货币的形式运动（即 G—G′—G″……）和利息的生成，使物象化的普遍化和拜物教结构的建构基本完成。其次，单从商品交换看，交换双方的行为表现为自愿、自主和平等的特征，这构成了资本主义社会政治观念的拜物教。最后，基于“自由”和“平等”的“交换正义”的生成过程，以“契约”“权利”“财产权”为核心范畴的现代法权也随之被物象化地生成。在交换环节的基础上，价值的物化，经由人们对产品使用价值的关注过渡到主观价值论，马克思对鲁滨逊的思维方式和边际效用理论的批判，揭示了这种拜物教的消费理论。这样一来，拜物教的迷幻大阵，从生产领域，经过流通和消费领域，层层叠加，便形成了资本、土地和劳动分别为利息、地租和工资三种收入独立源泉的“三位一体”的日常观念和社会心理。资产经济学家和法学家们在这些观念拜物教结构的基础上通过“另一次方”的加工，又生成了为价值同一性运动保驾护航的意识形态。

随着资本主义生产在工厂手工业时期的发展，欧洲的舆论丢掉了最后一点羞耻心和良心。各国恬不知耻地夸耀一切当作资本积累手段的卑鄙行径。[①]

马克思对资本主义社会形式中的经济结构、政治结构和观念结构之间生成逻辑的总体再现表明，资本主义生产的逻辑不仅要周而复始地生产出价值和使用价值，还要再生产出为不断吸纳活劳动所需的经济条件、政治条件和观念条件。马克思对资本主义生产的叙述逻辑和现实总体的再现，绝不能简单地被理解为对历史唯物主义基本原理所进行的应用和验证，而是对资本主义这一颠倒了的、神秘世界的历史唯物主义的透视和还原。马克思通过历史唯物主义对资本主义生产方式从抽象到具体的再现，不仅将经济范畴还原成历史展开的、具体的社会形式下的劳动，而且从根本上阐释了观念的拜物教和资产阶级意识形态生成的社会历史基础，这是一种对从社会形式到思维形式具体生成机制的认识论证明。

表面上看，资本的同一性运动表现为自我生成和自我繁殖的主体，资本主义社会形式表现为一种单向度的、封闭的社会统治结构，主体不断被这个价值形式的结构赋形，毫无解放的可能。然而，对马克思来说，资本主义社会形式是历史地出场的，也必然历史地退场。

马克思从历史唯物主义基本原理的视角指出，“资本关系的形成从一开始就表示，资本关系只有在社会的经济发展即社会生产关系和社会生产力发展的一定的历史阶段上才能出现，它从一开始就表现为历史上一定的经济关系，表现为属于经济发展即社会生产的一定的历史时期的关系”[②]。显然，马克思是从生产力与生产关系的

---

① 《马克思恩格斯全集》第44卷，人民出版社2001年版，第869—870页。

② 《马克思恩格斯全集》第32卷，人民出版社1998年版，第42页。

辩证矛盾运动出发论证资本主义社会形式绝不是天然的和从来就有的，而是历史性地生成的。实际上，马克思同样是依据这一原理来论证资本主义生产方式的自我否定性的。对此，我们不得不大段引用马克思的论述：

> 我们的方法表明历史考察必然开始之点，或者说，表明仅仅作为生产过程的历史形式的资产阶级，超越自身而追溯到早先的历史生产方式之点。因此，要揭示资产阶级经济的规律，无须描述生产关系的真实的历史。但是，把这些生产关系作为历史上已经形成的关系来正确地加以考察和推断，总是会得出这样一些原始的方程式，——就像例如自然科学中的经验数据一样，——这些方程式将说明在这个制度以前存在的过去。这样，这些启示连同对现代的正确理解，也给我们提供了一把理解过去的钥匙——这也是我们希望做的一项独立的工作。另一方面，这种正确的考察同样会得出预示着生产关系的现代形式被扬弃之点，从而预示着未来的先兆，变易的运动。①

这段论述是马克思在《1857—1858 年经济学手稿》中研究“资本的原始积累”时作出的，虽然此时马克思还没有明确地指出其中的“方程式”是什么，但此时的马克思在方法论上是自觉的，就是要通过经验归纳的方法找到资本主义社会形式自我扬弃的根据。前面的分析表明，马克思后来找到了这一通达社会形式中内在矛盾的“方程式”，即价值形式。他通过对价值形式的批判，锚定了资本主义生产方式叙述逻辑中所蕴含的内在矛盾，既包括生产内部固有的矛盾，也包括生产与流通、消费和分配等领域的矛盾、死

---

① 《马克思恩格斯全集》第 30 卷，人民出版社 1995 年版，第 452—453 页。

劳动与活劳动（即资本的代言人资本家与工人之间的矛盾），这实际上仍可以概括为生产力与生产关系之间的内在矛盾。马克思在《资本论》第一卷第七篇中关于资本的积累过程的阐述中，从资本主义生产方式叙述逻辑的内在根据出发，勾画了作为自身与他物、同一与非同一辩证统一的资本主义社会形式扬弃自身过渡到未来社会形式的过程。“但资本主义生产由于自然过程的必然性，造成了对自身的否定。”[①] 虽然这一描述遭到了一些学者诟病，但这并不能证伪马克思的论证。因为，马克思在推演中，同时预测了资本主义生产方式有一个向世界蔓延和国际化的进程，也就是说它的退场有一个时间过程。

当然，马克思不同于黑格尔，在黑格尔的唯心主义辩证法中，矛盾辩证运动的内在根据为同一与差异的对立统一，而马克思的唯物辩证法将矛盾的内在根据指向了实践。因此，资本的叙述逻辑根源于主体的实践，资本逻辑的崩溃也根源于主体的实践。一方面，作为不断否定活劳动的资本主义社会形式，必然遭到抵抗；另一方面，随着这一社会形式内在矛盾的凸显、扩大，也必然生成变革这一社会形式的意识。

---

① 《马克思恩格斯全集》第 44 卷，人民出版社 2001 年版，第 874 页。

第三章

马克思社会形式分析的理论价值

马克思以货币与劳动之间的关系为切入口，通过“具体到抽象”的方法，锚定价值分析框架，然后通过逻辑推理和社会形式批判，成功将价值范畴还原到一定社会形式下的劳动，不仅实现了范畴形式与内容、思维形式与客观社会形式的统一，而且规定了资本的历史形式，发现了资本主义社会的“公式”或“先验结构”，即资本的逻辑。在此基础上，马克思通过“抽象上升到具体”的方法，以资本增殖的逻辑为根据，叙述了资本主义社会形式这一历史性定在从“定在”到“根据”、从“实存”到“现实”生成过程和自我否定的内在逻辑，厘清了资本主义社会形式中诸环节、诸领域之间的内在联系，阐明了经济范畴之间的转化生成和拜物教结构生成机制。在这一过程中，马克思不仅对资本主义社会形式中的各经济范畴内在必然地进行了社会形式的历史与结构的双重还原，而且勘破了现实的人与人之间的经济社会关系和资本主义生产方式的运行规律，实现了历史唯物主义认识论的真正证成。这一证成，同时是唯物辩证法、政治经济学和科学社会主义实现高度统一的过程，对马克思主义学说发展和人类解放具有极其重要的意义。

一　历史唯物主义认识论的证成

马克思对资本主义政治经济学范畴和政治经济学体系的社会形式批判的完成，实现了历史唯物主义认识论的最终证成。列宁指出，“使马克思的理论得到最深刻、最全面、最详尽的证明和运用的是他的经济学说”①。遗憾的是，列宁并未说明这里的“证明”是例证或验证，还是推理证明。因而长期以来，马克思政治经济学批判中蕴含的认识论问题被遮蔽了。值得称赞的是，阿尔都塞（Louis Pierre Althusser）提出以哲学的方式对《资本论》进行认识论的阅读，这重新唤起了学界对历史唯物主义认识论证成问题的关注。

> 作为哲学家阅读《资本论》，恰恰是要对一种特殊论述的特殊对象以及这种论述同它的对象的特殊关系提出疑问。这就是说要对论述一对象的统一提出认识论根据问题。正是这种认识论根据使这个统一区别于其他形式的论述一对象的统一。只有这种阅读才能对《资本论》在知识史中占有何种地位的问题作出回答。②

在阿尔都塞看来，马克思在《资本论》中对辩证唯物主义的深化，才使历史唯物主义变成科学的理论。然而，他的“症候式”阅读方法，错失了马克思政治经济学批判和唯物辩证法融合的具体路径，也就无法把握历史唯物主义认识论的证成逻辑，因而也就不能

---

① 《列宁选集》第 2 卷，人民出版社 2012 年版，第 428 页。

② ［法］路易·阿尔都塞、艾蒂安·巴里巴尔：《读〈资本论〉》，李其庆、冯文光译，中央编译出版社 2001 年版，第 3 页。

真正理解马克思哲学和政治经济学的真正的革命性意义。

实际上，索恩－雷特尔（Alfred Sohn-Rethel）和阿多诺关于思维形式和概念同一性问题的思考，使后来的学者不断接近马克思对历史唯物主义认识论的证成。索恩－雷特尔早在20世纪20年代就开始关注商品形式与思维形式之间的关系问题，后来受阿多诺启发，他在《脑力劳动与体力劳动：西方历史的认识论》一书中将思维抽象还原为交换抽象，将思维形式中的“先天综合统一”回溯为商品交换形式的社会综合统一。他认为，在商品交换中，商品获得了抽象的统一的量，即“这种统一性通过商品可交换性的结果，迫使人们在没有相互理解的情况下服从同一个世界的统一性”①。当交换抽象不断进行（即呈现为一种纯粹运动的抽象图式）时，它似乎变成了一种独立于时间和空间的抽象运动，并且整个生产、分配和消费活动最终也被这一抽象图式聚合在一起，由此商品交换就获得了时空上的社会综合实在性。索恩－雷特尔进一步指出，当商品交换以货币作为价值形式的表现，并承担这一社会综合功能时，货币的非实体性特征（即独立于物质材料的非物质性特征）使得交换抽象过渡到思维抽象成为可能。基于此，他将思维抽象回溯到商品交换抽象中，即交换抽象先于并决定着思维的抽象。

> 分散的个人之间的社会综合只有经由如下一点才是可能的：在他们相互的交往中，即在商品交换中，有一种行为越过不可通约的整个领域，并且只以彻底的抽象性为其标志特征；这正是交易过程中与任何对象的使用相分离的交换行为。但是，这种独特的行为，只有当它辐射（ausstrahlt）到所有承载

① ［德］阿尔弗雷德·索恩－雷特尔：《脑力劳动与体力劳动：西方历史的认识论》，谢永康、侯振武译，南京大学出版社2015年版，第41页。

着这个综合的人类关系上时，才能产生其社会后果。……知性是人的一种完全被事物化了（versachlichte）的能力；以从现实抽象转变到思维抽象的方式，交换行为的物理性过渡到了这些人的思维抽象之上，并转移到了其思维之中。[①]

然而，一些学者认为索恩－雷特尔坚持的不过是社会的形式结构构型思维图式的观点，因此康德的认识论基本结构被保留了。“从雷特尔到价值形式学派的新马克思阅读研究，实质上都是将康德的认识论框架从先天向社会化转换，不过，康德认识论框架本身则被保留了下来。”[②] 克里斯丁·洛茨（Christian Lotz）在《资本主义图式：时间、货币和抽象文化》中发展了这一观点，他认为应该将康德的先验论的认识论结构转换为货币的图式结构。一方面，他认为货币通过为其他实体赋予真实形式而建构了一种对象性关系，即它作为“准超验力量”将认识对象图式化为可理解的东西。也就是说，洛茨认为不能简单地把资本主义社会中的事物理解为物理意义上的事物，因为它们已经获得了一种替代康德先验形式的社会形式，这种社会形式具体表现为商品形式和货币形式。另一方面，货币作为资本主义图式构建了主体的过去、现在和未来的时间化的视域。在洛茨看来，基于资本增殖的目的，整个资本主义生产、分配、流通、消费都处于不断加速的过程中，这就与时间产生了紧密联系。他指出，货币以信用的方式规划了主体的未来（如房贷），影响着主体对未来生活的想象和期盼；以借贷的方式规划了主体的过去，因为借贷者无法自主地割裂与过去的社会关系；以致信用和

---

① ［德］阿尔弗雷德·索恩－雷特尔：《脑力劳动与体力劳动：西方历史的认识论》，谢永康、侯振武译，南京大学出版社 2015 年版，第 54—55 页。

② 孙亮：《“现实抽象”概念的“康德式结构”与政治经济学批判重审》，《学术研究》2022 年第 1 期。

借贷共同建构了主体现在的生活方式和状态。作为资本流通的货币，不仅构造了主体的时间视域，而且影响了主体的想象、希望、沮丧等情绪。虽然雷特尔和洛茨仍然坚持了一种“内外”之分的二元论的对象性的思维方式，并没有彻底摆脱传统认识论的框架，但他们用社会形式将康德进行马克思化，客观上有助于人们对马克思社会形式分析方法的关注。

将辩证法和政治经济学批判融合以及对价值形式进行研究是法兰克福学派重要的思想遗产。随着19世纪末20世纪初无产阶级革命在欧洲的失败，以卢卡奇和科尔施（Karl Korsch）为代表的西方马克思主义开始重新审视马克思主义与德国古典哲学之间的内在关联，以图激活辩证法中的革命的思想资源。虽然卢卡奇和科尔施研究重点有所不同，但二者都强调辩证法在克服物化意识（资产阶级意识形态）中的作用，即潜在地指向了辩证法与政治经济学批判方法之间的融合。阿多诺发展了法兰克福学派这一传统，他将经济范畴具化为社会范畴，将黑格尔概念辩证法中的同一性原则与资本的同一性（在商品交换中形成的同一化原则）勾连起来。他的学生汉斯－格奥尔格·巴克豪斯（Hans-Georg Backhaus）和海尔穆特·莱希尔特（Helmut Reichelt）在继承这些思想的基础上，结合鲁宾关于价值形式的讨论，创立了以“价值形式批判理论”为论题的新马克思阅读学派。巴克豪斯在《价值形式的辩证法》一文中重新评估了价值形式对马克思超越李嘉图庸俗的劳动价值理论的重要意义。在巴克豪斯看来，价值形式作为一种表现结构和机制，是马克思破解拜物教和进行经济范畴批判的重要框架，他还认为价值形式结构中商品和货币的二重化，源于商品中使用价值和价值之间的矛盾、具体劳动和抽象劳动、私人劳动和社会劳动之间的矛盾的外化。这样一来，马克思就将劳动价值论的证明与商品发展到货币的内在矛盾，即具体劳动和抽象劳动、私人劳动和社会劳动之间的矛盾——

关联起来了。应该说，巴克豪斯正确地勘破了唯物辩证法与政治经济学相融合、拜物教结构生成机制和进行经济范畴批判的关键切口。

但是，巴克豪斯阅读价值形式的文本依据是《资本论》第一卷德文第一版《商品》（1867），而不是《1857—1858 年经济学手稿》和《政治经济学批判。第一分册》（1859），这就意味着他错失了马克思所寻求的价值形式的方法、过程和目的，因此他虽然也强调对价值形式逻辑结构的分析离不开对历史、社会形式的分析，但他只能“隔海看山”，找不到通达社会历史性维度的真正路径，历史唯物主义未能真正呈现在他的视野之内。某种意义上说，后来以亚瑟和普殊同为代表的一些马克思阅读学派成员以体系辩证法否定历史辩证法，肯定价值形式构筑的抽象的统治结构而否定资本主义社会形式的自否性，与巴克豪斯对价值形式考察的不彻底有一定的关联。

实际上，马克思的价值形式分析通向的不只是一定社会形式下的劳动。如前所述，马克思是通过“从具体到抽象”和“从抽象到具体”两种方法的统一来阐释价值形式的。通过“从具体到抽象”的方法，马克思不仅将商品、货币和资本还原成经济形式，而且将资本的经济形式客观性内在必然地还原为资本主义社会形式下的劳动客观性。其意义不仅实现了内容与形式的统一，更重要的是实现了由经验归纳的外在性证明到形式演绎的内在性证明这一“惊险的一跳”。有了从“经验论”证明到“唯理论”证明这一具有革命性意义的跃升，马克思就找到了通向一定社会形式下生产的逻辑的道路。也就是说，马克思通过价值形式批判，不仅要锚定一定社会形式的劳动这一价值的根本内容和源泉，还要“抽象”出社会形式中生产的叙述逻辑（或规律）这一“根据”。通过“从抽象到具体”的方法，马克思不仅实现了拜物教批判和经济范畴的批判性还原，还实现了对资本主义社会形式及其表现形式（即价值形式运动）的自我否定的证明。从某种意义上说，对价值形式有限性的详细和完整的推演，完善了马克思在“具体到抽象”（即研究方法）时期关于价值形式历史性特征的论述和判断，因为那时候他的论述是经验的、概括的和不系统的。具言之，在对价值形式的研究阶段，马克思通过经验归纳的方法，将商品、货币、资本等范畴还原为经济形式，尤其是在对货币作为金属货币、纸币和信用货币等诸多形式的分析中，已经推定了价值形式的阶段性特征和历史性维度；在对价值形式的叙述阶段，马克思通过对资本这一特定的价值形式完整地描述和推演，更加充分地证明了上述结论。两个阶段，是统一不可分的。从认识论上看，马克思通过对价值形式的剖析，指向的是一定社会形式下的生产的逻辑，这样一来马克思之前在政治经济学的研究中总结出来的历史唯物主义基本原理不仅具有了社会形式结构的客观性，同时具有了历史客观性，而这里恰恰是新马克思阅读学派忽略的地方。

这样一来，商品、货币、资本和利息等经济范畴，既具有了一定的社会“形式”，又具有一定社会形式下的劳动“内容”，是形式与内容、灵魂与肉体的统一。因此，这些范畴，既不能简单地被经验性地直观或思维赋型，也不能简单地理解为社会存在决定社会意识，准确地说，它们是一定社会形式下经生产实践生成的。可以说，历史唯物主义对概念范畴和对象的把握，既源于经验论和唯理论，又超越经验论和唯理论。马克思对对象给予方式的阐明，不仅超越了传统认识论中的“内外”之分的二元论，而且超越了之前他人本学意义和李嘉图主义上的思维模式，真正实现了认识论上的革命性变革。从这个意义上说，阿尔都塞“眺望”到了马克思政治经济学批判对对象的特殊理解，但他的确错过了马克思最富有天才和科学论证的盛宴。

马克思正是在这种对对象的理解中，带领我们一起阅读了资本的叙述逻辑，揭开了这一颠倒的社会形式的面纱，破解了拜物教结构性迷阵，揭示了人与人之间的关系，厘清了经济范畴的社会形式基础，指认了社会形式的历史性特征。

二　马克思主义哲学革命的完成

马克思历史唯物主义认识论的证成，实现了马克思主义哲学革命和政治经济学革命。由上可知，从《1857—1858 年经济学手稿》到《资本论》，马克思以社会形式为切入点，在对政治经济学进行批判的过程中，实现了政治经济学批判与唯物辩证法的内在整合，在马克思主义哲学史上，准确地说，在历史唯物主义和辩证唯物主义认识论上，的确存在着质的飞跃。或者说，在《1857—1858 年经济学手稿》前后，马克思主义哲学在某种程度上说确实存在着“认识论”上的断裂。

实际上，历史唯物主义的这一深刻变化，在中国马克思主义哲学界已经取得基本共识，大多数学者反对将《德意志意识形态》的历史唯物主义到《资本论》及其手稿中建构的历史唯物主义的变化理解为从普遍到特殊的“推广”和应用，或者称验证。只不过，在具体指认这一变化时，不同学者的理解和描述亦有所不同。有的学者将其判定为从“广义历史唯物主义”到“狭义历史唯物主义”的过渡；[①] 有些学者将其辨识为“从一般形态历史唯物主义上升到更为具体深刻的特定形态历史唯物主义的思想综合过程”[②]。这些观

---

① 张一兵：《回到马克思：经济学语境中的哲学话语》（第三版），江苏人民出版社 2014 年版，第 557—559 页。

② 参见郗戈《走向“特定性哲学”——政治经济学批判对马克思哲学革命的深化》，《中国社会科学》2022 年第 5 期。

点都洞见到了历史唯物主义对资本主义社会中人与人之间经济关系的系统分析，对拜物教结构的准确透视，以及对经济范畴社会形式基础的厘定和对资本主义社会形式的科学批判。但是，由于这些作者缺乏对马克思实现这一成就的方法、过程和具体路径的完整阐释，因而也就不能准确理解这一变革对马克思主义哲学史的真正意义。

实际上，国外在关于《哲学的贫困》在历史唯物主义形成中的地位讨论中，在历史唯物主义成熟时期的判定上也存在着分歧。以马雷什和卢森贝为代表的一些学者认为在《哲学的贫困》中辩证唯物主义的原理第一次最充分最全面地被推广去说明社会的经济生活，在哲学上是完全成熟的著作。其理由有二：其一是“生产关系”概念已经非常规范，生产力与生产关系的辩证关系的基本原理得到概括；其二是马克思将经济的社会形态理解为一种自然史的过程。然而，以维戈茨基为代表的学者不同意卢森贝的看法，他认为他们对《哲学的贫困》成熟程度的估计过高。在他看来，在《哲学的贫困》中，马克思坚持的依然是李嘉图的价值理论，对古典政治经济学还没有在哲学上进行彻底的和科学的批判。

> 这时马克思还没有克服古典学派的经济理论，因而也还没有制定出他自己的理论。……在《哲学的贫困》中所包含的对资产阶级政治经济学的批判，只是涉及它的一般方法论原则，马克思在《哲学的贫困》中所得出的对价值的一切基本规定，同李嘉图所作的规定是一致的。[①]

---

① ［苏］维·索·维戈茨基：《〈资本论〉创作史》，刘品大等译，福建人民出版社1983年版，第3—4页。

同时，他还强调，马克思的货币理论是其价值理论成熟的重要标志，而马克思的货币理论是在《1857—1858 年经济学手稿》中成熟的。有趣的是，有些学者如梅林，其观点本身就是矛盾的，他们认为，如果从历史唯物主义方面看，《哲学的贫困》显然是马克思成熟的著作，而如果从政治经济学方面看，马克思显然还未完成政治经济学革命。

这些分歧实际上已经充分表明，马克思在《哲学的贫困》中还未能真正实现历史唯物主义和政治经济学批判方法的内在整合，因为如果实现了两种方法论的融合，显然不会出现这些争论，这些吊诡的争论其实已经表明，《哲学的贫困》时期的马克思，还缺乏从经济范畴通达社会形式基础的中介和环节。这可以从以下两点得到证明：其一是《哲学的贫困》后，马克思又投入了大量的时间对经济学进行研究，其成果主要是《雇佣劳动与资本》和《伦敦笔记》；其二是马克思在《1857—1858 年经济学手稿》前半部分和《1861—1863 年经济学手稿》中对蒲鲁东同一个观点进行的批判，其表述有着明显的不同。在《1857—1858 年经济学手稿》（前半部分）中，马克思强调：

> 可见，蒲鲁东恰恰是把社会的东西称为主观的东西，而把主观的抽象称为社会。产品和资本之间的区别恰恰在于：产品作为资本表示着属于某个历史的社会形式的一定关系。所谓从社会的角度来考察，只不过是把那些恰恰表示着社会关系（资产阶级社会关系）的区别忽略掉。社会不是由个人构成，而是表示这些个人彼此发生的那些联系和关系的总和。这就好比有人这样说：从社会的角度来看，并不存在奴隶和公民；两者都是人。其实正相反，在社会之外他们才是人，成为奴隶或成为公民，这是社会的规定，是人和人或 A 和 B 的关系。A 作为人

> 并不是奴隶，他在社会里并通过社会才成为奴隶。蒲鲁东先生在这里就资本和产品所说的话，意思指的是，从社会的角度来看，资本家和工人之间不存在区别；其实恰恰只有从社会的角度来看才存在着这种区别。①

这段论述到了《1861—1863年经济学手稿》中有了明显的变化：

> 他把一定的社会形式称为主观的东西，而把主观的抽象称为社会。产品本身属于任何劳动方式，而不论劳动方式的一定社会形式如何。产品只有在它表示一定的社会生产关系时才成为资本。蒲鲁东先生从社会的角度进行的考察，把那些恰恰表示着一定的社会关系或**经济的形式规定性的**区别忽略掉，抽象掉了。这就像有人说：从社会的角度来看，并不存在奴隶和公民；两者都是人。其实正相反，在社会之外他们才是人。是奴隶或是公民，这是A这个人和B这个人的一定的社会存在方式。②

显然，两个手稿中一个重要不同是笔者文中加黑的部分，即"经济的形式规定性的"，这说明经过《1857—1858年经济学手稿》（后半部分）的研究，马克思已经通过经济的形式打通了经济范畴与社会形式之间的任督二脉。因此，上述学者显然都没有注意到马克思制定的"从具体到抽象"和"从抽象到具体"方法论的意义，因而也就未能把握马克思从单纯经验观察和实证得出的历史唯物主

① 《马克思恩格斯全集》第30卷，人民出版社1995年版，第221—222页。

② 《马克思恩格斯全集》第32卷，人民出版社1998年版，第175—176页。

义基本原则与将经验归纳和形式逻辑推理的方法结合起来进行的历史唯物主义认识论的证成之间的区别。

马克思的哲学革命和政治经济学革命是同时实现的，这两种方法的整合，使马克思实现了历史唯物主义、政治经济学和科学社会主义理论的内在整合，因而必须从整体性上把握马克思学说。[①] 我们必须注意一个细节，马克思是在完成《1857—1858 年经济学手稿》后，才在《政治经济学批判。第一分册》（1859）的《序言》中完整表述历史唯物主义基本原理的，也是从这里开始马克思才从社会形式的角度自觉地对价值形式进行批判的。我认为，绝不能低估这个细节，因为在完整表述历史唯物主义基本原理之前，马克思在《序言》中还讲了这样一段话：

> 我面前的全部材料形式上都是专题论文，它们是在相隔很久的几个时期内写成的，目的不是为了付印，而是为了自己弄清问题，至于能否按照上述计划对它们进行系统整理，就要看环境如何了。
>
> 我把已经起草好的一篇总的导言压下了，因为仔细想来，我觉得预先说出要证明的结论总是有妨害的，读者如果真想跟着我走，就要下定决心，从个别上升到一般。[②]

这段表述至少蕴含着两层内涵：其一是在《1857—1858 年经济学手稿》完成之前，马克思的历史唯物主义及其在《导言》中依据历史唯物主义制定的方法论纲领，还尚待证明，只是为了“弄清问题”，即具有一定的假设性质，只能说明此时的马克思具备了

---

① 仰海峰：《政治经济学批判中的历史唯物主义》，《中国社会科学》2010 年第 1 期；叶险明：《马克思哲学革命与经济学革命的内在逻辑及其启示》，《中国社会科学》2010 年第 3 期。

② 《马克思恩格斯全集》第 31 卷，人民出版社 1998 年版，第 411 页。

历史唯物主义的视野和一般原则；其二是从个别上升到一般的方法所意指的应该是《1857—1858 年经济学手稿》中“具体到一般”的方法，其具体所包含的应不止源于经验总结的归纳方法，因为之前马克思历史唯物主义视野的获取，就是在对政治经济学的研究中靠经验观察逐步得到的，如果依然单独依靠这种方法证明，历史唯物主义认识论的证成仍然是外在论的和武断的。1859 年撰写序言时期的马克思，还未运用“从抽象上升到具体”的方法叙述资本的逻辑。这就表明，在从个别上升到一般或从具体到抽象的方法中，还存在着与经验归纳和叙述方法不同的重要方法，在我看来就是形式逻辑推理的方法。马克思正是通过将经验归纳与形式推理两种方法结合起来，才内在必然地论证了历史唯物主义基本原理的科学性和可靠性。

如前所述，通过这两种方法的结合，马克思一方面是对货币的各种形式和货币向资本的形式过渡进行了研究，将货币、资本等经济范畴还原成一定的经济形式和价值形式，继而将经济范畴还原为劳动的一定社会形式，对观念范畴怎样从现实的生产实践中生成的具体机制进行了详细的阐明和论证。从这个角度看，马克思在《1857—1858 年经济学手稿》中对政治经济学批判实现的认识论的证成，在马克思主义哲学史中，具有质性跳跃的特征，是真正意义上的马克思哲学革命。另一方面，马克思依据这一理论成就，通过“抽象上升到具体”的叙述方法，在《资本论》及其相关手稿中，全面系统地厘清了各经济范畴的社会形式基础及其相互转换生成关系，对古典政治经济学和庸俗政治经济学理论进行了科学的批判，使政治经济学的基本范畴和基本原理建立在了科学的基础上，实现了政治经济学革命。也就是说，没有对政治经济学的批判或政治经济学的革命，就没有马克思哲学革命；同时没有马克思的哲学革命，就根本不会有他的政治经济学革命。马克思完成政治经济学重建和历史唯物主义证成是同一个过程的两个面向。在这双重革命的基础上，马克思阐明了无产阶级的历史地位，揭示了资本主义生产方式运动规律和社会发展一般规律，从而创立了科学社会主义理论。恩格斯于1869年指出，《资本论》“所涉及的不是鼓动性的词句，而是严密的科学结论。任何人，不管他对社会主义采取什么态度，都不能不承认，社会主义在这里第一次得到科学的论述，而且正是德国终于有机会也在这方面作出这种贡献”①。从这个视角看，马克思在政治经济学批判中完成的历史唯物主义认识论的证成，不仅对马克思哲学和政治经济学意义重大，而且对整个马克思学说意义重大。因而，我以为，应该重新审视和评估历史唯物主义认识论证成在整个马克思主义发展史中的地位。

三　马克思学说的整体性的实现

以社会形式分析为切口揭示唯物辩证法和政治经济学批判方法融合过程，有助于科学完整地把握马克思学说。由上可知，历史唯物主义认识论证成的关键是，先将商品、货币和资本等经济范畴还原成经济形式，再将其还原为一定社会形式下的劳动，最后将剩余价值、利润和利息等经济范畴还原到社会形式内部具体的社会层面或环节。这个过程既是通达对经济范畴的客观基础和转化生成关系科学洞察的过程，也是对社会结构中的本质联系、社会形式的运动规律和人与人之间诸多关系的科学认识过程。从方法论视角看，历史唯物主义证成的过程，也是马克思以经验主义和实证主义批判黑格尔概念辩证法的过程和以辩证法批判政治经济学中经验主义和经验历史主义的方法论过程。

---

① 《马克思恩格斯全集》第16卷，人民出版社1972年版，第411—412页。

一方面，鉴于黑格尔基于对市民社会神秘主义的理解而发展的抽象的唯心主义辩证法，以及费尔巴哈发展的理论上抽象、实践上无能和逻辑上导向唯心主义的抽象人本主义，马克思在《德意志意识形态》中确立了以经验观察的方法，以物质生产实践为切入点，描述现实的生产过程以及市民社会不同历史阶段的交往形式，进而揭示观念形态或意识形式的历史基础的方法论原则和致思路向。但由于经验主义的方法论，使他无法从本质上理解社会生产力与生产关系之间的内在辩证矛盾，因而无法完成其计划。

> 我以为，《形态》中的马克思在批判“现代德国哲学”时，在很大程度上借鉴了英、法资产阶级的世俗经验主义方法论思路。尽管他清楚地意识到要对这些方法论的拜物教性质进行批判，但由于他此时事实上还不具备超越上述方法论的思想能力，因而，可以说，马克思在《形态》中对“历史科学”这一概念的理解还没有达到他后来的《资本论》中的那种深刻的理解水平。在《形态》中，现实社会关系的理论层面的确已经被凸显出来了，但问题是，这种社会关系只是一种经验性的社会关系，它所凸显的是一般性的人与人之间的关系的内容。[①]

蒲鲁东在《贫困的哲学》中借助黑格尔唯心主义辩证法和经济范畴简单拼凑发展的政治经济学的形而上学和乌托邦社会主义，进一步触发了马克思对社会生产关系与经济范畴之间关系的经验历史主义研究。虽然马克思在《雇佣劳动与资本》中初步考察研究了工人与资本之间的经济关系，但 1848 年革命的失败、经济危机的不

---

① 唐正东：《从斯密到马克思：经济哲学方法的历史性诠释》，江苏人民出版社 2009 年版，第 348—349 页。

断出现、美国加利福尼亚和澳大利亚金矿的发现，促使马克思决定“从头开始”钻研新的材料，他通过阅读大量经济学著作，围绕商品、货币、资本、雇佣劳动、土地所有制等主题摘录并撰写了大量文字，形成了《伦敦笔记》，这部笔记为马克思后来全面地归纳把握各种经济现象与资本主义生产方式的内在结构和运动规律之间的本质联系奠定了重要的基础。1857 年爆发了马克思基于多年研究货币和危机问题而预测的美国货币危机，他觉得总结自己的经济学研究时机已经成熟，因而迫切全面系统地总结归纳劳动与商品生产、商品流通、货币流通、资本生产、经济危机之间的内在联系，并最终从具体的经济现象中抽象出资本主义生产的逻辑，实现了历史唯物主义认识论上的突破。

另一方面，马克思的实证主义方法始终贯穿着辩证法的指导，因为只有辩证法中的矛盾和历史性要素才能阐明主体的异化和解放问题。因而，实际上马克思一开始便试图在客观现实中总结出一个“先验公式”以阐明社会的本质结构和运动规律，只不过在不同的历史阶段表现出不同的形式。如人本主义上的劳动异化和复归过程、物质生产与交往形式的辩证矛盾运动，劳动与资本之间的矛盾等。无论是哪一种形式，单靠经验实证的方法，都是无法通达社会现实的深层联系、基本矛盾、运动规律和发展趋势的，因为经验和实证的方法只能抓住事物的零散事实、表面现象和外在联系。然而，马克思所研究的“先验公式”不断完善的过程，恰恰又是其掌握的经验材料不断丰富的过程。也就是说，马克思的辩证法，实际上也离不开经验主义和实证主义方法的支撑。

因而，马克思的历史唯物主义是对唯心主义和实证主义两种方法的辩证否定和超越，实现了二者的辩证统一。所以，我们既不能因为马克思在《德意志意识形态》中使用“实证科学”的词语，而将其方法单纯地解读为经验和实证方法，也不能因为马克思的历史唯物主义包含辩证法就单纯地判定辩证法是其唯一的方法论要素。同时，这就意味着，不能将马克思学说简单地理解为历史学、社会学、政治学、经济学和哲学中的一种学说，而应该强调马克思学说的整体性和科学性。

此外，马克思从价值形式出发，在对其社会形式基础的历史与结构的双重分析中抽象出资本主义生产方式的内在逻辑充分表明，其方法就是逻辑与历史的统一，并不存在当代一些西方学者所谓的“体系辩证法”与“历史辩证法”，“结构”与“历史”的割裂和二分。

当然，以巴克豪斯为代表的价值形式学派坚决反对将马克思的方法解读为历史与逻辑相统一的方法，在他们看来，范畴的逻辑次序与在历史上出现的次序并不一致，马克思在《资本论》中阐述的价值形式的四个序列与历史编纂学亦不相符，价值形式的演绎发展并不能反映历史规律。因此，他们反对用历史与结构相统一的方法解读《资本论》。这种观点实际上是对历史唯物主义证成过程和内在要求的双重误读。马克思指出，

> 在研究经济范畴的发展时，……应当时刻把握住：无论在现实中或在头脑中，主体——这里是现代资产阶级社会——都是既定的；因而范畴表现这个一定社会这个主体的存在形式、存在规定、常常只是个别的侧面；因此，这个一定社会在科学上也决不是在把它当作这样一个社会来谈论的时候才开始存在的。这必须把握住，因为这对于分篇直接具有决定的意义。①

显然，马克思在这里实际上明确了逻辑与历史统一的方法的主

---

① 《马克思恩格斯全集》第30卷，人民出版社1995年版，第47—48页。

体是资产阶级社会。逻辑即特定社会形式的内在叙述逻辑，而历史就是社会形式的历史。具体来说，马克思在这里要求在资本主义生产方式内在逻辑结构中把握经济范畴的同时，亦要注意社会形式的历史性和经济范畴的历史性。显然体系辩证法的拥护者错指了马克思的逻辑，马克思意指的逻辑显然是资本的叙述逻辑而非价值形式的逻辑，而资本的生产逻辑显然是历史性的。对此，郗戈和荣鑫两位学者进行了较为中肯的评价：

> 马克思“逻辑与历史相统一”的思想包含三重含义：范畴的逻辑具体地再现了历史进程、历史趋势与社会共时结构。其中，“逻辑”是指范畴运动发展以形成理论体系的内在联系、思想逻辑。“历史”则表现为三个层面：历史进程、历史趋势与社会共时结构，这三者统一于历史的客观逻辑即历史规律，是历史规律的不同表现形式。①

二位学者不仅将“逻辑”还原到了社会共时结构，而且将其解释为历史趋势。这与马克思从特定社会形式的内在结构和社会形式发展的辩证法剖析经济范畴的运思路向是一致的。从两位学者在文章中的分析可知，他们所谓的“社会共时结构”即由生产、交换、分配和消费构成的内在联系，而“历史趋势”所意指的恰恰是由生产力和生产关系、经济基础和上层建筑之间的矛盾关系推动形成的社会历史规律。

当然，有些西方马克思主义者质疑马克思历史与逻辑相统一的方法是针对恩格斯在《卡尔·马克思〈政治经济学批判。第一分

① 郗戈、荣鑫：《重新理解“逻辑与历史相统一”——以〈“政治经济学批判”导言〉为中心的分析》，《马克思主义研究》2015 年第 1 期。

册〉》中作出的重要评述，他们认为恩格斯的论断显然是误解了马克思历史与逻辑相统一的方法。为了便于分析，我将大段引述恩格斯的论述：

> 对经济学的批判，即使按照已经得到的方法，也可以采用两种方式：按照历史或者按照逻辑。既然在历史上也像在它的文献的反映上一样，大体说来，发展也是从最简单的关系进到比较复杂的关系，那么，政治经济学文献的历史发展就提供了批判所能遵循的自然线索，而且，大体说来，经济范畴出现的顺序同它们在逻辑发展中的顺序也是一样的。这种形式表面上看来有好处，就是比较明确，因为这正是跟随着现实的发展，但是实际上这种形式至多只是比较通俗而已。历史常常是跳跃式地和曲折地前进的，如果必须处处跟随着它，那就势必不仅会注意许多无关紧要的材料，而且也会常常打断思想进程；并且，写经济学说史又不能撇开资产阶级社会的历史，这就会使工作漫无止境，因为一切准备工作都还没有做。因此，逻辑的方式是唯一适用的方式。但是，实际上这种方式无非是历史的方式，不过摆脱了历史的形式以及起扰乱作用的偶然性而已。历史从哪里开始，思想进程也应当从哪里开始，而思想进程的进一步发展不过是历史过程在抽象的、理论上前后一贯的形式上的反映；这种反映是经过修正的，然而是按照现实的历史过程本身的规律修正的，这时，每一个要素可以在它完全成熟而具有典型性的发展点上加以考察。[①]

一方面，恩格斯在这段论述中，确实提到了经济范畴在文献中

① 《马克思恩格斯文集》第2卷，人民出版社2009年版，第603页。

出现的顺序同他们在逻辑发展中的顺序一致，而这正是被体系辩证法学派明确反对和攻击之处，因为在他们看来，马克思在《1857—1858年经济学手稿》（前半部分）中明确地强调了经济范畴出现的历史顺序不等同于它们逻辑发展的顺序。正是在这个意义上，意大利学者马塞罗·默斯托在《马克思的〈大纲〉——〈政治经济学批判大纲〉150年》一书中指出：

> 马克思综合的方法的复杂性在下面的事实中清楚地显示出来：他的方法不仅被他的很多学生所误解，而且也被弗里德里希·恩格斯所误解。……总之，恩格斯认为在历史和逻辑之间存在着平行性，而这一点马克思在《导言》中予以断然拒绝。而且，由于这一观点是恩格斯加在马克思身上的，它后来就在马克思主义列宁主义的解释中变得更为贫乏和程式化。[①]

然而，另一方面，恩格斯在这一段中还表达了另外一层含义：经济范畴的逻辑发展与历史发展的现象与事实并不一致，即偶然的历史事件对经济范畴的影响不具有决定性的意义。这样一来，我们如何理解恩格斯这表面上看来前后“相互矛盾”的观点呢？实际上如果我们抓住文中两个关键之处，这里的矛盾自然迎刃而解。其一，恩格斯强调了经济范畴的发展是从最简单关系到比较复杂关系的过渡，显然这里的过渡不仅是历史的过渡和发展，更是一定社会形式中的经济关系的过渡和发展，即经济范畴从简单到复杂，其实也就意味着经济范畴在一定社会形式中的逻辑关系发生了变化。因而，从这一角度来说，这与前面马克思从结构的角度理解经济范

① ［意］马塞罗·默斯托主编：《马克思的〈大纲〉——〈政治经济学批判大纲〉150年》，闫月梅等译，中国人民大学出版社2011年版，第66—67页。

畴，以及郗戈等人从社会共时性结构理解经济范畴，是不谋而合的。也就是说，恩格斯并没有曲解马克思的本意。其二，这一段中还有一个细节，恩格斯在表述了前面看似错误的论断之后，马上表明这只是一种“通俗”的表达，即为了读者便于理解而非严谨规范的学术表达。也就是说，我们必须以这一段后半段的论述为准。显然，后面的论述是与马克思的论断相一致的。

第四章

对马克思社会形式分析方法的误读与回应

19 世纪中期，马克思通过对工人运动和政治经济学的共同关注，制定了对经济范畴在历史与结构双重维度上进行社会形式溯源的方法论方案。马克思以货币与劳动之间的关系为切入口，通过“具体到抽象”的方法，锚定价值形式分析框架，内在必然性地将价值范畴还原到一定社会形式下的劳动，不仅实现了范畴形式与内容、思维形式与客观社会形式的统一，而且发现了资本增殖这一逻辑“公式”。基于此，马克思通过“抽象上升到具体”的方法，叙述了资本主义社会形式的生成过程和自我否定的内在逻辑，厘清了资本主义社会形式中诸环节、诸领域之间的内在联系，阐明了经济范畴之间的转化生成和拜物教结构生成机制。在这一过程中，马克思不仅内在必然地勘破了各经济范畴的社会形式内容，而且揭示了现实的人与人之间的经济社会关系和资本主义生产方式的运行规律，实现了历史唯物主义认识论的真正证成。这一证成，同时是唯物辩证法、政治经济学和科学社会主义实现高度统一的过程，对于准确理解马克思的历史唯物主义和政治经济学批判的方法具有极其重要的理论价值。

然而，在西方马克思主义发展过程中，对马克思学说方法论的解读，由于这样或那样的原因，对马克思由社会形式分析方法证成的历史唯物主义和政治经济学批判方法的理解，存在着各种各样的误读。有些学者借助价值形式学派的核心观点，要么对马克思的社会形式分析方法的理解停留在交换和流通层面，即货币抽象，要么根据马克思的价值形式分析框架将资本主义社会形式理解为一个抽象的、单向度的统治形式，造成所谓的体系辩证法和历史辩证法的对立；有些学者对马克思的《资本论》中的方法进行了实证主义的剪裁；还有一些学者对马克思的方法进行了解构主义的处理，不一而足。针对这些错误的解读，本章将选取具有代表性的人物和观点进行辩证的解读和批判。

一　社会形式分析视域中的“现实抽象”概念

伊·伊·考夫曼在《卡尔·马克思的政治经济学批判的观点》中谈及《资本论》中的方法时指出：

> 如果从外表的叙述形式来判断，那么最初看来，马克思是最大的唯心主义哲学家，而且是德国的极坏的唯心主义哲学家。而实际上，在经济学的批判方面，他是他的所有前辈无法比拟的实在论者……决不能把他称为唯心主义者。①

考夫曼这段论述有两层含义：其一，如果单纯从马克思的叙述方法，即“从抽象上升到具体”的方法视角看，马克思在《资本论》中发展的辩证法表现为一种概念的辩证法，即带有神秘色彩的唯心主义辩证法；其二，如果整体上考察马克思的政治经济学批判

① 《马克思恩格斯文集》第5卷，人民出版社2009年版，第20页。

的方法，那么马克思的叙述方法则是通向资本主义社会形式的，也就是说马克思的“叙述形式”有其社会形式基础，因而马克思的方法恰恰是批判唯心主义方法论的。应该说，考夫曼的评判准确地把握到了马克思的方法论的核心。

然而，自以巴克豪斯和赖希尔特为代表的价值形式学派强调以价值形式分析框架重新解读《资本论》中的方法以来，西方左翼中的一些学者，对马克思的社会形式分析方法进行了简单化理解，要么将其简单地解释为仅仅停留在流通层面的货币的价值形式运动，要么借助这一分析框架将资本主义社会形式解读为一个不断由价值形式运动构建的独立的、抽象的、单向的统治结构。下面，笔者将以“现实抽象”为切入点，对这些简单化的解读进行剖析和批判。

根据目前的文献，“现实抽象”（Realabstraktion）概念最早是由西美尔（G. Simmel）在《货币哲学》中提出的。但正如赫尔穆特·赖希尔特（H. Reichelt）所指出的，西美尔并没有将此概念运用到主观的思维形式与客观的社会形式之间关系的分析上。一般认为，阿尔弗雷德·索恩－雷特尔（A. Sohn-Rethel）首先在《脑力劳动与体力劳动：西方历史的认识论》一书中充分发展了这一概念。他将现实抽象移入马克思的话语体系中用以阐释社会思维形式的起源问题，进而辨析康德先验论的认识论与马克思辩证唯物主义认识论之间的差异。这引出了一系列哲学问题：思维形式的现实基础到底是什么？什么是现实抽象？什么是抽象？什么是具体？这些问题不仅关乎我们如何理解马克思政治经济学批判方法的内涵，而且关乎如何理解历史唯物主义。因此，继索恩－雷特尔之后，国外学界对相关问题进行了深入的研究，主要包括阿多诺（T. Adorno）、莫伊舍·普殊同（M. Postone）、罗伯特·库茨（R. Kurz）、罗伯特·费内利（R. Finelli）、洛伦佐·西拉里奥（L. Cillario）、阿尔贝托·托斯卡诺（A. Toscano）、安瑟姆·贾佩（A. Jappe）、克里斯丁·洛茨（C. Lotz）等学者。2016 年以来，张一兵、周嘉昕、汪行福和孙亮等国内学者亦从不同角度对这些问题进行了阐发。然而，到底什么是现实抽象，学界对此概念的界定仍存在争论。

根据唯物史观，笔者认为，现实抽象不只是单一的社会形式抽象，而是包括了社会存在领域多种关系之间内在必然联系的历史规律。马克思的现实抽象理论应是认识论批判、社会形式批判和主体解放理论的统一。

（一）现实抽象：作为交换抽象

在索恩－雷特尔的认识论批判语境中，现实抽象意指社会存在的抽象过程，主要体现在交换抽象中。在他看来，交换抽象中存在着两种抽象：第一种抽象体现为商品交换行为在时间和地点上与商品使用活动的分离；第二种抽象发生在交换活动的执行过程中，它使得用于交换的商品数量化约为抽象的量。在第一种交换抽象过程中，借助交换行为与使用行为的分离：

> 一种严格形式的统一性便适用于所有的交换行为，无论其执行的内容是什么，无论其时间地点为何；凭借这种统一性（Einheitlichkeit），交换行为从自身出发形成了一种关涉联系（Bezugszusammenhang），以至于每一交易都会对不熟悉的商品占有者方面的其他交易的完成产生无数的反作用。[①]

在这段论述之后，索恩－雷特尔进一步指出，承担这种统一性和抽象性的载体就是价值及其表现形式，即充当一般等价物的

① ［德］阿尔弗雷德·索恩－雷特尔：《脑力劳动与体力劳动：西方历史的认识论》，谢永康、侯振武译，南京大学出版社 2015 年版，第 18 页。

货币。

> 对于交换过程使之转化为货币的那个商品，交换过程给予它的，不是它的价值，而是它的特殊的价值形式。[①]

在第二种交换抽象过程中：

> 商品以一种特定的合使用（gcbrauchsgcmäßig）的规定性而被带进市场，即按重量、个数或者数量，按照体积或者等级，等等。交换等式消解了这些属于使用价值的、彼此不可比较的数量规定。[②]

阿多诺的观点与索恩-雷特尔阐发的第二种交换抽象过程相似：

> 正是通过交换，不同一的个性和成果成了可通约的和同一的。这一原则的扩展使整个世界成为同一的，成为总体的。[③]

值得一提的是，洛茨关于现实抽象的看法有些复杂。他认为现实抽象是资本抽象，即他所谓的资本主义图式（capitalist schema）；但他又强调货币是资本主义图式具体的社会形式或核心，正是货币规范并抽象了资本主义社会中的各种关系，甚至建构了资本主义社

---

① ［德］阿尔弗雷德·索恩-雷特尔：《脑力劳动与体力劳动：西方历史的认识论》，谢永康、侯振武译，南京大学出版社2015年版，第19页。

② ［德］阿尔弗雷德·索恩-雷特尔：《脑力劳动与体力劳动：西方历史的认识论》，谢永康、侯振武译，南京大学出版社2015年版，第36页。

③ ［德］西奥多·阿多诺：《否定的辩证法》，张峰译，上海人民出版社2020年版，第126页。

会的时间和空间。

> 因此，抽象是内在的资本主义模式，正如我将论证的那样，它是由货币作为普遍的社会视野的建立构成的，现在调节着整体本身。[①]

可见，洛茨所理解的现实抽象实质上是货币抽象，根本上说还是交换抽象。也就是说，他未能真正超出索恩－雷特尔和阿多诺所主张的流通领域。“这种抽象最终只是一种抽象，即通过货币形式在交换中被确立为真正抽象的抽象。”[②] “本书主要关注的社会图式以马克思主义传统中分析为‘现实抽象’的原则为中心，这一原则发生在商品交换中。”[③]

从历史唯物主义的视角看，将现实抽象定义为交换抽象，具有两个方面的理论意义。

第一，将思维抽象还原为现实抽象，推动了对先验论的唯物主义的清算。众所周知，康德因将知识和真理的客观有效性归因于主体的先验结构而备受质疑，因为他无法解决知识和真理的客观有效性的来源是什么。对此，康德是从主体的先验结构加以论证的，但其无法证明自我意识的先验客观统一性。虽然黑格尔用绝对意识的辩证理性对康德哲学进行了批判，但他也未能跳出思维形式的先验论窠臼。“认识真理最完善的方式，就是思维的纯粹形式。”[④] 在索

---

① Lotz, Christian, *The Capitalist Schema: Time, Money, and the Culture of Abstraction*, London: Lexington Books, 2016, p. 44.

② Lotz. Christian, *The Capitalist Schema: Time, Money, and the Culture of Abstraction*, London: Lexington Books, 2016, p. 50.

③ Lotz. Christian, *The Capitalist Schema: Time, Money, and the Culture of Abstraction*, London: Lexington Books, 2016, p. 6.

④ ［德］黑格尔：《小逻辑》，贺麟译，商务印书馆1980年版，第87页。

恩-雷特尔看来，康德和黑格尔的先验哲学与资产阶级拜物教的意识形态紧密相连，阿多诺和霍克海默基于“劳动”概念所构建的社会批判理论及其弟子们依凭黑格尔的唯心主义辩证法所创建的价值形式学派都未能彻底完成资产阶级意识形态批判的任务，或者说，未能解决现实抽象与思维抽象之间的矛盾关系，因此必须依据历史唯物主义对思维形式的社会起源及其条件进行更详细的考察。他认为，商品交换形式具有一种社会综合功能。一方面，作为交往形式的交换迫使交换者彼此对立地采取实践上的唯我论，唯我论的立场使商品获得了价值对象性的预设结构，这一结构使得交换产品获得了“商品语言”，即交换价值；另一方面，在商品交换中，商品获得了抽象的同一的量，即“这种统一性通过商品可交换性的结果，迫使人们在没有相互理解的情况下服从同一个世界的统一性”①。当交换抽象不断进行（即呈现为一种纯粹运动的抽象图式）时，它似乎变成了一种独立于时间和空间的抽象运动，并且整个生产、分配和消费活动最终也被这一抽象图式聚合在一起，由此商品交换就获得了时空上的社会综合实在性。索恩-雷特尔进一步指出，当商品交换以货币作为价值形式的表现，并承担这一社会综合功能时，货币的非实体性特征（即独立于物质材料的非物质性特征）使得交换抽象过渡到思维抽象成为可能。基于此，他将思维抽象回溯到商品交换抽象中，即交换行为抽象先于并决定思维的抽象。

洛茨的资本主义图式论（或货币图式论）表面上看超越了索恩-雷特尔和阿多诺的观点，但本质上仍停留在交换抽象层面。洛茨认为，阿多诺将康德的先验图式回溯到社会图式的解读是不充分的，因为阿多诺未能从资本主义的社会形式（尤其是货币形式）的

---

① ［德］阿尔弗雷德·索恩-雷特尔：《脑力劳动与体力劳动：西方历史的认识论》，谢永康、侯振武译，南京大学出版社 2015 年版，第 41 页。

角度看待劳动概念和商品交换，因此有必要将康德的先验论的认识论结构转化成资本主义社会的图式结构。首先，货币作为资本主义图式具备了在社会总体中控制和构建所有关系和所有对象的一般模式。根据洛茨的分析，商品交换的社会不仅要求一种普遍的可交换性（即要求所有社会关系采取商品形式），而且要求用某种商品来表征这一社会关系总体，这种商品就是货币。换言之，货币作为社会总体的代表或一种具体的社会形式，建构了所有的社会关系。社会关系"是通过并仅通过使用货币代替普遍社会形式建立的。它把人们、他们的性格、行为和意见联系在一起"①。不仅如此，货币通过为其他实体赋予真实形式而建构了一种对象性关系，即它作为"准超验力量"将认识对象图式化为可理解的东西。也就是说，洛茨认为资本主义社会中的事物，不能被简单地理解为物理意义上的事物，因为它们已经获得了一种替代康德先验形式的社会形式，这种社会形式具体表现为商品形式和货币形式。其次，货币作为资本主义图式构建了主体的过去、现在和未来的时间化的视域。在洛茨看来，基于资本增殖的目的，整个资本主义生产、消费、分配、流通过程都处于不断加速的过程中，这就与时间产生了紧密联系。他指出，货币以信用的方式规划了主体的未来（如房贷），影响着主体对未来生活的想象和期盼；以借贷的方式规划了主体的过去，因为借贷者无法自主地割裂与过去的社会关系；以致信用和借贷共同建构了主体现在的生活方式和状态。作为资本流通的货币，不仅构造了主体的时间视域，而且影响了主体的想象、希望、沮丧等情绪。正是在此意义上，洛茨强调：

---

① Lotz. Christian, *The Capitalist Schema*: *Time*, *Money*, *and the Culture of Abstraction*, London: Lexington Books, 2016, p. 44.

> 过去、现在和未来的构成不是一种精神图式化；相反，它是由一个社会物质框架构成的，该框架调节对过去、现在和未来的心理关照。[①]

最后，货币使得主体的所有生活内容成为客观化和可测量的。洛茨认为，“面对一切事物的货币定义，个人变成了抽象的人，这在现代法律概念中得到了呼应，即人是合同的承担者”[②]。譬如，当我购买机票时，一般还会购买安全保险，因为它内蕴了抽象生产流程的控制以及飞行等风险活动所涉及的法律法规。这让我不必检查航班是否真的安全，航空公司是否在安全的基础上运营，以及我是否真的可以信任航空公司和售票者。

从历史唯物主义的角度看，索恩-雷特尔和洛茨确实对社会存在决定社会意识的逻辑结构和机制进行了较为详细的剖析和阐释，即阐明了“观念形式现实发生的微观机制”。然而，由于他们仅将现实抽象回溯到交换行为，因此未能彻底完成认识论批判的任务。因为，到底什么是利润、利息、地租和工资的真正社会基础，这类问题仍然是晦暗不明的。

第二，将思维抽象还原为现实抽象，揭示了马克思政治经济学批判方法是一种社会形式研究，避免了对历史唯物主义方法的实证主义理解。索恩-雷特尔明确指出，“精神形式与社会形式有一点是共同的，即它们都是‘形式’（Form）。马克思的思维方式的标志是一种形式的观点，这个观点将它与所有其他思维方式区分开

---

① Lotz. Christian, *The Capitalist Schema*: *Time*, *Money*, *and the Culture of Abstraction*, London: Lexington Books, 2016, p. 74.

② Lotz. Christian, *The Capitalist Schema*: *Time*, *Money*, *and the Culture of Abstraction*, London: Lexington Books, 2016, p. 118.

来"[①]。在他看来，政治经济学批判的工作就是将经济学范畴或认识还原为现实的社会形式。"理性思维的逻辑形式规定性以直接的方式受制于商品—货币—交换的形式规定性。"[②] 在这句话后面，他还特别加了标注，表明他是在马克思"政治经济学批判"的意义上使用"形式规定性"的。同索恩－雷特尔一样，洛茨也将政治经济学批判的方法理解为社会形式的分析方法。

> 这些事物作为商品出现的形式仍然是隐藏的，需要（通过政治经济学批判或现象学的方法）被揭示出来，以表明该事物不是感知的对象，而是被图式化的一种社会关系（以货币、价值、资本等形式）……更确切地说，这种关系只存在于并作为一种特定的社会形式，即商品，但由于商品不是简单的"物"，我们也必须承认它们的特定形式是货币。[③]

应该说，索恩－雷特尔和洛茨将"思维抽象还原为现实抽象"理解为对社会形式的揭示，这是符合马克思政治经济学批判方法之要旨的。马克思在《1857—1858 年经济学手稿》中指出，只有对经济范畴中蕴含的占统治地位的社会形式进行分析，才能准确地理解其含义。

> 如果说资产阶级经济的范畴适用于一切其他社会形式这种说法是对的，那么，这也只能在一定意义上来理解。这些范畴

---

① ［德］阿尔弗雷德·索恩－雷特尔：《脑力劳动与体力劳动：西方历史的认识论》，谢永康、侯振武译，南京大学出版社 2015 年版，第 7 页。

② ［德］阿尔弗雷德·索恩－雷特尔：《脑力劳动与体力劳动：西方历史的认识论》，谢永康、侯振武译，南京大学出版社 2015 年版，第 135 页。

③ Lotz. Christian, *The Capitalist Schema: Time, Money, and the Culture of Abstraction*, London: Lexington Books, 2016, pp. 14－15.

可以在发展了的、萎缩了的、漫画式的种种形式上，总是在有本质区别的形式上，包含着这些社会形式。[①]

在资本处于支配地位的社会形式中，社会、历史创造的因素占优势。不懂资本便不懂地租。[②]

因此，《资本论》实质上可以视为对资本主义这一特殊社会形式的分析，马克思对此有明确的提示：

我们现在从作为资本主义生产的基础和前提的商品——产品的这个特殊的社会形式——出发。我们考察个别的产品，分析它们作为商品所包含的，也就是给它们打上商品烙印的形式规定性。[③]

认真研究《资本论》就会发现，马克思在《资本论》中第一卷第一章正是通过对价值形式的分析，揭示了商品世界的拜物教性质，进而指明商品拜物教的产生源于特有的社会性质。那么，价值形式是如何形成的？为什么商品交换社会的劳动产品会具有价值对象性结构？对此马克思指出，对价值形式的分析，既有赖于对私人劳动生产的社会形式的研究，更有赖于对资本主义社会形式的研究，而“这种种形式恰好形成资产阶级经济学的各种范畴”[④]。为了说明资产阶级经济范畴的有限性，他进一步分析了三种不同的社会形式。可以说，马克思对资本、剩余价值、利息等各种经济范畴的分析，实际上都是对社会历史条件，尤其是对资本主义社会形式

---

① 《马克思恩格斯全集》第30卷，人民出版社1995年版，第47页。
② 《马克思恩格斯全集》第30卷，人民出版社1995年版，第49页。
③ 《马克思恩格斯全集》第35卷，人民出版社2013年版，第119页。
④ 《马克思恩格斯全集》第44卷，人民出版社2001年版，第93页。

的系统阐释。

马克思认为，正是由于国民经济学家们仅限于经济的视角，而不是从社会形式的视角来认识经济范畴，才导致出现种种错误和混乱。譬如，他在批判李嘉图时强调："商品中包含的劳动必须表现为同一的社会劳动即货币，这种情况被李嘉图忽视了。"① 因此，索恩－雷特尔和洛茨将政治经济学批判理解为社会形式的分析，尤其将经济范畴回溯到对交换抽象或货币抽象的分析，这与主观价值论及马克思主义的实证主义化相比，具有一定的进步意义。

（二）现实抽象：从抽象劳动到资本抽象

在马克思看来，现实抽象是分为多个层次并存在于各个领域的。譬如，他在《1857—1858 年经济学手稿》中不仅区分了生产、消费、分配、交换四个环节，而且界分了一般的抽象规定、形成资产阶级社会内部结构的依据的范畴、资产阶级在国家形式上的概括、生产的国际关系、世界市场等不同层面上的抽象。更关键的是，马克思认为由抽象劳动所创造的价值是在生产领域产生的，在交换领域只是实现了在生产领域所创造的那种抽象。因此，索恩－雷特尔和洛茨等人将抽象的起源和决定性作用定位于交换领域，这无疑窄化了马克思的现实抽象思想，并不可避免地面临一系列理论上的困难。基于此，约翰·米利奥斯（J. Milios）、贾佩、库茨等在分析批判上述观点的同时，将对现实抽象的界定转向了抽象劳动和资本抽象。

第一，由于拒绝马克思的"抽象劳动"概念，交换抽象理论面临着双重困境。索恩－雷特尔不仅认为劳动本身不是抽象的来源，而且宣称交换关系抽象了劳动本身。"抽象是外在于劳动的，

① 《马克思恩格斯全集》第 35 卷，人民出版社 2013 年版，第 140 页。

并处于交换关系的特定的社会交往形式（gesellschaftliche Verkehrform）之中。……交换关系抽象了（abstrahieren）劳动，或如我们所说，它将劳动抽象化（abstraktifizieren）了。”[①] 洛茨的表述虽然没有这么直接，但他所谓的资本主义社会的“先验图式”是由货币抽象建构的。索恩－雷特尔和洛茨的看法显然偏离了马克思的核心观点。因为在马克思看来，正是由抽象劳动生成的价值抽象决定了交换抽象，而不是相反；并且，抽象劳动又是由整个资本主义生产方式结构性生成的。因此，倘若否定抽象劳动，必然面临两个理论难题。

难题一，将价值的起源定位于交换领域，无法科学地说明价值的现实基础。一方面，如果抽离了价值的抽象劳动基础，人们便无法回答“20 码麻布 =1 件上衣”这一价值形式中的比例关系是如何形成的。换言之，若将价值的起源定位在交换领域或货币本身的特性，是无法解释商品交换之间的量的比例关系是由什么决定的。另一方面，如果将价值抽象奠基于交换领域，必然会从交换双方的需求、偏好、欲望等角度解释价值的产生。实际上，索恩－雷特尔主张价值形成于交换领域，其结果就像奥地利边际效用理论学派一样，导致他后来不得不寻求一种“心理学意义上的抽象”。贾佩在批判索恩－雷特尔时指出：

> 他忽略了，实际上是拒绝了“抽象劳动”概念，而对马克思来说，“抽象劳动”构成了交换抽象的全部基础。……他用一种包含对商品交换者的行为和动机的心理学解释的理论取代

① ［德］阿尔弗雷德·索恩－雷特尔：《脑力劳动与体力劳动：西方历史的认识论》，谢永康、侯振武译，南京大学出版社 2015 年版，第 13 页。

了马克思推导出的商品抽象。[①]

这里我们不详细分析主观价值论的症结所在。但问题在于，如果将现实抽象的基础奠基于主观心理，那又如何能成功地说明现实抽象与思维抽象的关系呢？显然，索恩－雷特尔面临着在思维的闭环中陷入循环论证的困境。与此同时，洛茨将货币视为一切社会关系抽象的根源，很容易得出"将货币看作价值的尺度"的结论。这样一来，洛茨同赛米尔·贝利（S. Bailey）一样迈入了理论的死胡同。马克思在批评贝利时指出，"但是要使商品能把它们的交换价值独立地表现在货币上，表现在第三种商品，即唯一的商品上，就已经要以商品价值为前提"[②]。

难题二，将价值的源泉归因于商品交换，无法有效地解释资本的增殖。正如马克思在《资本论》中所分析的，无论商品交换是等价物交换还是非等价物交换，都不会产生剩余价值。"流通或商品交换不创造价值。"[③] 因此，如果无法说明价值的真正来源，也就无法说明劳动力是剩余价值的源泉。相应地，也就不能认识到雇佣工人对自己劳动力的所有权，以及雇佣工人将自己的劳动力作为商品在市场上自由买卖是生产剩余价值的社会条件。就此而言，索恩－雷特尔、洛茨将商品交换和货币视为价值的来源，是无法捕捉到剩余价值这一经济范畴的社会形式的，即他们无法掌握以剩余价值为基础的经济范畴（如资本、利息、地租、工资等）的社会形式。如前所述，马克思政治经济学批判方法的要旨是将资本主义社会中的经济范畴还原为其背后真实的社会关系（或社会形式）。换言之，

① Jappe, Anselm, "Sohn-Rethel and the Origin of 'Real Abstraction': A Critique of Production or a Critique of Circulation?" *Historical Materialism*, Vol. 21, No. 1, January 2013, pp. 11－12.

② 《马克思恩格斯全集》第 35 卷，人民出版社 2013 年版，第 143 页。

③ 《马克思恩格斯全集》第 44 卷，人民出版社 2001 年版，第 190 页。

索恩-雷特尔和洛茨都没有完成认识论的批判任务。因为，如果无法说明这些经济范畴的社会形式，他们就无法阐明劳动与资本之间的对立关系、技术进步与平均利润率之间的关系，当然更无法勘破资本主义社会中不断爆发的经济危机了。“因此，只有当雇佣劳动在资本主义生产方式中将自己确立为普遍商品之后，才有可能讨论现实抽象。”[①] 总之，如果将现实抽象局限于交换抽象，那么资本主义生产方式中更多的现实抽象关系就被人为地“抽空”了。

第二，从交换抽象到抽象劳动，是向现实抽象核心的转化。在批判索恩-雷特尔时，普殊同认为形成现实抽象的实体基础是抽象劳动：

> 索恩-雷特尔对社会建构的理解与本书所述的不同：他的分析并未将资本主义劳动的特殊性视为社会的建构，……他认为，价值形式所导致的那种抽象化和社会综合体形式不是一种劳动抽象，而是一种交换抽象。[②]

库茨也认为抽象劳动才是构建现实抽象的基础性活动，即“这种产生抽象的调整或行动主要不是交换或事物关系，而是商品生产者在生产过程本身的社会意义上的抽象活动”[③]。

> 马克思在1868年给路德维希·库格曼的信中写道：“任何一个民族，如果停止劳动，不用说一年，就是几个星期，也要

---

① Oliva, A., et al., *Marx and Contemporary Critical Theory*: *The Philosophy of Real Abstraction*, London: Palgrave Macmillan, 2020, p. 9.

② ［加］莫伊舍·普殊同：《时间、劳动与社会统治：马克思的批判理论再阐释》，康凌译，北京大学出版社2019年版，第207页。

③ Kurz, R., “Abstrakte Arbeit und Sozialismus: Zur Marx'schen Werttheorie und ihrer Geschichte”, Marxistische Kritik Nr. 4, Dez. 1987, s. 86-87.

灭亡，这是每一个小孩子都知道的。小孩子同样知道，要想得到与各种不同的需要量相适应的产品量，就要付出各种不同的和一定量的社会总劳动量。……而在社会劳动的联系体现为个人劳动产品的私人交换的社会制度下，这种按比例分配劳动所借以实现的形式，正是这些产品的交换价值。”①

这段话有两个要点：一是“价值由劳动创造”是一种常识，无需逻辑证明；二是在商品交换社会中，个体劳动被赋予了社会性，其形式被抽象为社会总劳动量中的一定比例的量。马克思提出的劳动二重性理论既有助于科学地说明这一问题，也是理解他关于现实抽象思想的核心和基础。他说：

我的书最好的地方是：(1) 在第一章就着重指出了劳动是表现为使用价值或是表现为交换价值这种劳动的二重性（这是对事实的全部理解的基础）。②

也就是说，商品价值是由抽象劳动创造的，商品交换的价值量是由其内含的抽象劳动（社会劳动）的量决定的，即用社会必要劳动时间来计量。具言之，商品的价值量体现为一种内在于商品形成过程中的同社会劳动时间的关系，商品交换的量的关系表现为其所花费的社会必要劳动时间之间的量的关系。在这一过程中，个体劳动被社会总劳动抽象化了。因为当个体的劳动水平低于社会平均劳动时间，那么他按照社会平均劳动时间交换自己的商品，将获得高于自己商品价值量的商品，这对其个体劳动的抽象是有利的；反

① 《马克思恩格斯文集》第10卷，人民出版社2009年版，第289页。
② 《马克思恩格斯文集》第10卷，人民出版社2009年版，第268页。

之，则处于不利地位。

马克思关于平均利润率趋向下降的规律给出了很好的说明。资本增殖的本性决定了资本家为了获得超过社会平均利润率的相对剩余价值，必然竞相改良机器设备以提高劳动生产率，从而导致生产某类商品的社会必要劳动时间变短，这实际上就是个体劳动被社会抽象的过程。这种抽象的影响十分深远，因为生产者会感到工作节奏加快，生产与生活的界限愈益模糊，加速社会理论的产生就是社会生产对个体劳动抽象的最好说明。普殊同分析认为，“马克思的自我增殖的价值这一概念，试图把握一种异化的社会关系形式，它具有一种内在的时间动力；这一异化形式建构了一种内在的历史逻辑，带来了一种特殊的劳动结构，并持续转变着社会生活，同时重新建构着其潜在的资本主义特征”①。即是说，现实抽象首先发生在生产领域，其他领域的抽象以生产抽象为基础。

马克思分析指出，“生产既支配着与其他要素相对而言的生产自身，也支配着其他要素”②。在生产过程采取商品生产的形式时，生产与消费是分离的，商品生产者并不直接消费自己的产品，他的目的是获取利润即价值。换言之，在商品交换的社会，用于消费的产品一开始就是作为交换价值生产的，因此商品生产不仅一开始就具有社会性，而且生产过程的抽象决定了消费领域的抽象。同时，在交换和流通领域中，社会总劳动和社会总需求对个体劳动的抽象并没有被消除，而只是借助抽象的事物之间的关系来实现，即以作为表现社会价值总体的货币形式购买商品表现出来。换言之，交换抽象和货币抽象首先是以生产抽象为前提和基础的。由此看，库茨和费内利等学者将现实抽象理解为抽象劳动，确实深入到了马克思

---

① ［加］莫伊舍·普殊同：《时间、劳动与社会统治：马克思的批判理论再阐释》，康凌译，北京大学出版社2019年版，第313页。

② 《马克思恩格斯全集》第30卷，人民出版社1995年版，第40页。

现实抽象的核心。

第三，力图实现从抽象劳动到资本主义总体抽象的转向。抽象劳动显然并不是现实抽象的全部，因为一方面，分配、交换和消费各个环节都有抽象作用，譬如交换环节的优化和货币流通的加速，的确加速了生产抽象；另一方面，当商品是资本的产品时，价值才是现实的，因此个体劳动的抽象只有以资本主义社会形式为前提（即货币流通成为资本）时，才能得以实现。换言之，抽象劳动的抽象作用，是预设了资本主义社会形式这一整体的。尽管价值形式学派代表人物克里斯多夫·约翰·阿瑟（C. J. Arthur）与费内利在现实抽象的基础上存在着分歧和争论，但他们都认为资本主义整体才是现实抽象的主体，尤其是费内利在访谈中更是提出了"资本的抽象"（abstraction of capital）这一概念。

值得一提的是，意大利政治经济学家西拉里奥则更强调生产过程（即劳动）在现实抽象中的中心地位，但他理解的劳动主要是一种认知劳动。在他看来，反身性抽象（reflexive abstraction）（信息时代对生产的突飞猛进和划时代变革的解释）才是现实抽象的最重要领域，它是指以新程序、生产代码为代表的知识和认知过程的抽象所引起的生产过程的抽象，这种对抽象的促进以一种具体知识或劳动所不允许的方式允许空间整合、时间压缩和传递，"旨在改变劳动方法和程序的持续动力是知识抽象过程的生成核心"①。显然，西拉里奥强调的无非是知识和认知的抽象所引起的生产形式和生产内容的抽象。然而，知识和认知过程的抽象是屈从于资本增殖的，仍处于价值形式的同一化进程中，即反身性抽象仍然以资本的抽象为前提。

---

① Toscano, A., "The Open Secret of Real Abstraction", *Rethinking Marxism*, Vol. 20, No. 2, April 2008, p. 285.

所谓资本的抽象，是指资本主义社会整体作为大写的社会主体，通过价值形式的同一性原则，不断建构用以统治劳动者的抽象的社会形式和历史性结构，强制将劳动者和自然抽象为同质的价值的量，以实现自我增殖。尽管普殊同没有提出“资本的抽象”这一概念，但他的确持有类似的观点。“由抽象劳动所建构的这一体系象征着一种新的社会统治形式。……社会作为一个准独立的、抽象的、普遍的他者而对立于个人，并对他们施以非个人的强制。”① 沃纳·博纳费尔德（W. Bonefeld）认为资本的抽象具有一种必然性的表现形式。

> 因此，“资本”的问题变成了一个关于人与人之间的社会关系的问题，表现为经济事物之间的关系，即现实的经济抽象。在资本主义中，人们被无法控制的经济抽象概念所统治。经济范畴将现实抽象的社会强制表现为自然必然性。②

马克思的确将资本主义视为一个总体的抽象统治结构。

> 这种与人的依赖关系相对立的物的依赖关系也表现出这样的情形（物的依赖关系无非是与外表上独立的个人相对立的独立的社会关系，也就是与这些个人本身相对立而独立化的、他们互相间的生产关系）：个人现在受抽象统治，而他们以前是互相依赖的。③

---

① ［加］莫伊舍·普殊同：《时间、劳动与社会统治：马克思的批判理论再阐释》，康凌译，北京大学出版社 2019 年版，第 185—186 页。

② Oliva, A., et al., *Marx and Contemporary Critical Theory: The Philosophy of Real Abstraction*, London: Palgrave Macmillan, 2020, p. 154.

③ 《马克思恩格斯全集》第 30 卷，人民出版社 1995 年版，第 114 页。

显然，“事物化”（Versachlichung）了的生产关系，作为客观的抽象的统治结构，成为真正的主体并开始统治个人。由资本建构的抽象统治，使劳动者被抽象为“精神空虚的生产力”、一种“商品”或“一种交换价值”，使“活劳动”赋予“死劳动”以活的灵魂而自己变得越来越贫穷，把工人对生活资料的消费抽象为资本自行增殖的价值运动的环节，使人的自由活动抽象为动物的机能，使人与人之间的关系抽象为物与物的关系。

资本同时建构了有利于其实现自我价值增殖的政治关系、法权关系和文化观念。在马克思看来，资本以价值同一性为基础，建构了一个资本、权力和形而上学共同宰制主体的抽象的社会结构。

> 这种交易是从生产关系中作为自然结果产生出来的。……只要与生产方式相适应，相一致，就是正义的；只要与生产方式相矛盾，就是非正义的。①
>
> 所有权在资本方面就辩证地转化为对他人的产品所拥有的权利，或者说转化为对他人劳动的所有权，转化为不支付等价物便占有他人劳动的权利。②

资产阶级经济学家认为，“封建制度是人为的，资产阶级制度是天然的”③。这些论述表明，资本主义社会总体将人与人之间的政治关系抽象成了商品交换中的契约关系，并且资产阶级将这种在具体的历史条件下产生的特殊社会形式论证为天然的、永恒的社会形式，这显然是对现实的历史运动的一种剪裁和抽象。

由上文可知，费内利和普殊同等学者将现实抽象理解为资本主

---

① 《马克思恩格斯全集》第46卷，人民出版社2003年版，第379页。

② 《马克思恩格斯文集》第8卷，人民出版社2009年版，第106—107页。

③ 《马克思恩格斯全集》第44卷，人民出版社2001年版，第99页。

义总体对人、人与人、人与自然关系的抽象，将现实抽象的研究深入到整体的资本主义社会形式层面，这对于将资本主义社会的经济范畴、政治和文化观念还原为现实的社会关系的抽象，对于揭示资产阶级意识形态的抽象的社会形式基础，对于彻底阐明思维形式与现实抽象之间的一致性具有极大的助益。然而，从辩证唯物主义和历史唯物主义的视角看，由于他们将现实抽象仅仅理解为资本主义社会形式总体的抽象，而没有把资本的抽象看作一个辩证的否定运动过程，因此未能揭示认识形式的辩证性质，也未能完成社会批判的任务。

（三）从资本抽象到历史唯物主义的现实抽象

何谓“现实抽象”？为了回答这一问题，首先需要厘定何为“抽象”、何为“现实”。“抽象”一词来自拉丁文“abstrahere”，意思是“从……中抽出”。随着认识论的发展，“抽象”逐渐被引申为一种思维（精神）活动及其结果，马克思也经常在此意义上使用这一概念：“分析经济形式，既不能用显微镜，也不能用化学试剂。二者都必须用抽象力来代替。”① 然而，透过索恩－雷特尔的交换抽象、库茨的抽象劳动、费内利对资本的抽象，我们可以看到，在马克思那里，抽象首先是一种源于人的实践活动的社会存在中的抽象，正是这种抽象构成了思维抽象的基础。因此，抽象既是客观的社会现象，又意指主观的思维活动；既可以指现实抽象，也意指思维抽象。在马克思看来，思维抽象（认知形式）的真理性取决于它是否与人的实践活动所构成的现实抽象（社会综合的形式）具有同一性。因此，如上所述，思维活动的对象主要是社会存在领域的诸形式，具体可包括经济的、政治的、社会的等形式。

---

① 《马克思恩格斯全集》第44卷，人民出版社2001年版，第8页。

与“抽象”相应，在马克思那里，“具体”并不是经验论者所谓的感性杂多或混沌，而是形式，是各种客观现实的联系。“具体之所以具体，因为它是许多规定的综合，因而是多样性的统一。”①显然，这句话的言外之意是指，具体之所以不同于抽象，就在于其形式规定性更多，而不是杂多或混沌。伊利延科夫（E. V. Ilyenkov）分析认为：

> 这里所说的直观和表象的材料，绝不仅仅指个人亲自观察的东西和以感觉—视觉形式表现的东西。……局限于认识主体的人类学概念，这种观点是完全错误的，是十分狭隘的。马克思所说的直观和表象的材料，……都已经是简化了的并归结为抽象表达形式的东西，它们已经表现为言论、术语、数字、表格以及诸如此类的“抽象”形式。②
>
> 在这个意义上讲（也只有在这个意义上讲），从认识的经验阶段到认识的理性阶段的过渡，也可以看作“从抽象到具体”的过渡。③

显然，在伊利延科夫看来，直观和表象中的材料已经具有形式规定性，并不是绝对意义上的感性杂多，那种认为我们感知中的材料是杂多或混沌的观点，只是自己的主观幻象罢了。因而，具体和抽象作为形式联系，是相对而言的，只有程度的差别，没有绝对的区分。在某一个层面上是抽象，在另一个层面可能就是具体。另外，在马克思那里，具体也有思想具体与客观现实的具体之分，绝

---

① 《马克思恩格斯全集》第 30 卷，人民出版社 1995 年版，第 42 页。

② ［苏］伊利延科夫：《马克思〈资本论〉中抽象和具体的辩证法》，郭铁民、严正、林述舜译，福建人民出版社 1986 年版，第 124 页。

③ ［苏］伊利延科夫：《马克思〈资本论〉中抽象和具体的辩证法》，郭铁民、严正、林述舜译，福建人民出版社 1986 年版，第 125 页。

不单指客观的方面。虽然马克思没有作出明确区分，但从他的论述中可以推断出来。譬如，“具体总体作为思想总体、作为思想具体，事实上是思维的、理解的产物”①。显然，马克思认为具体既可以作为思想具体，也可以作为客观现实的具体，否则就不会在前面加“思想”这一限定词了。因此，当我们谈到具体时，不能简单地将其理解为与主观相对的客观的丰富性或杂多，否则容易陷入经验论或新康德主义的窠臼。当然也不能将其完全理解为思想具体，那样则又陷入了黑格尔唯心主义的封闭的思维围城。于客观视角而言，与抽象相比，具体并不必然意味着物理意义上的更小，而是需要更多社会历史条件的支撑。譬如，作为资本的楼与作为商品的楼相比，物理意义上没有不同，但前者需要的社会历史条件却更多。于主观视角而言，与抽象相比，具体并不必然意味着缺少普遍规定性，而是意味着更丰富的形式规定性。譬如，利息与资本相比，同样都是价值和资本，但利息显然还需要有利润的规定性的支撑。

因此，在马克思那里，从抽象上升到具体的方法（即叙述的方法），就是在思维进程中从对象的抽象（较为稀薄的）规定性进展到更丰富的形式规定性的过程。特别需要指出的是，从抽象上升到具体的过程，前后两个范畴之间具有必然的联系。正如马克思在《资本论》中所展现的，从商品到货币、从货币到资本再到剩余价值，这种叙述的次序表明，前后范畴之间具有结构性的内在必然联系。与此形成鲜明对比，服膺于经验事实的庸俗的政治经济学，在面对资本—利息、土地—地租、劳动—工资等公式时，不仅未能揭示三者之间的内在联系，而且在方法论上拒绝用同一原则推导其中的必然联系。

马克思阐述的从具体到抽象的方法（即“研究的方法”）保证

① 《马克思恩格斯全集》第30卷，人民出版社1995年版，第42页。

了“叙述的方法”的必然性。从具体到抽象的方法，主要是指从对象的客观/具体的社会联系（社会形式）到更为普遍/一般的社会联系（社会形式）的进展。伊利延科夫指出：

> 从抽象上升到具体的方法能使我们严格揭示和抽象表述的，仅仅是直观上的客体得以产生的绝对必要条件。《资本论》详尽地表明了这种必然性，如果发达的商品货币流通和自由的劳动力这两者都具备的话，剩余价值就必然会实现。①

显然，叙述方法的必然性所体现的不过是社会历史中的必然性。王南湜教授也认为，从抽象到具体的逻辑进程是思维把握实在的逻辑结构或构造的过程。也就是说，作为叙述方法（思维抽象）前提的现实抽象是蕴含着必然性的。

这里最为关键的是对“现实”范畴的理解。恩格斯认为，现实性意味着必然的东西，“现实性在其展开过程中表明为必然性”②。马克思与恩格斯的观点是一致的：

> 经济范畴只是这些现实关系的抽象，它们仅仅在这些关系存在的时候才是真实的。这样他就陷入了资产阶级经济学家的错误之中，这些经济学家把这些经济范畴看做永恒的规律，而不是看做历史性的规律——只是适用于一定的历史发展阶段、一定的生产力发展阶段的规律。③

---

① ［苏］伊利延科夫：《马克思〈资本论〉中抽象和具体的辩证法》，郭铁民、严正、林述舜译，福建人民出版社 1986 年版，第 276 页。

② 《马克思恩格斯文集》第 4 卷，人民出版社 2009 年版，第 268 页。

③ 《马克思恩格斯文集》第 10 卷，人民出版社 2009 年版，第 47 页。

因此，从辩证唯物主义和历史唯物主义的视角看，现实抽象所意指的不只是单一的社会形式，而是包括社会存在领域多种关系之间内在必然联系的历史规律——社会历史是一个产生、发展、灭亡的辩证进程。因此，考察现实抽象与思维抽象之间的同一性，就不能仅从交换抽象或抽象劳动（生产抽象）这种单一社会形式的角度进行。虽然这种考察能够在一定程度上说明思维抽象是如何生成的，但这显然不够充分，因为这种考察并不能在思维抽象的成果中全面再现社会历史发展的规律性现实。如前所述，阿瑟和普殊同等人所主张的资本的抽象，与索恩－雷特尔、洛茨和库茨只强调交换抽象或抽象劳动这种单个社会形式的抽象相比，确实更为全面地考察了资本主义这一“具体总体”的自主的、必然的、结构性的抽象进程。然而，将现实抽象理解为资本的抽象仍未完整而准确地捕捉到现实抽象的真意，因为此种理解方式只强调了资本主体进行自我确证的必然的“同一性”过程，而未能将资本主义社会理解为“自我否定”（或作为他者的差别性存在）的发展过程。这样一来，他们便不能从现实中“抽象”出辩证的思维形式和认知方式。

譬如，新马克思阅读学派的主要代表阿瑟和汉斯－格奥尔格·巴克豪斯都将资本主体描述成了以价值的同一性运动为主导原则而建构的封闭的、单向度的、抽象的结构性围城，由此便完全否定了无产阶级作为革命主体获得解放的可能性。他们之所以抱持这种保守性的观点，是由其方法论上的黑格尔唯心主义辩证法的特征所决定的，即“强加于交换之上的、从商品的每个既定特征中的真实抽象却导向与黑格尔逻辑的‘纯思’（pure thought）相同的‘纯粹形式’辩证法”①。所以，“在叙述方法上我们将依照黑格尔的程序，

① ［英］克里斯多夫·约翰·阿瑟：《新辩证法与马克思的〈资本论〉》，高飞等译，北京师范大学出版社 2018 年版，第 94 页。

根据诸范畴的相对抽象性对它们进行排序，……因此，叙述从实质上说就是诸范畴的体系”[①]。对此普殊同指出，“资本主义所特有的社会关系是一种非常独特的类型——它们拥有了黑格尔赋予精神的那种属性。正是在这个意义上，黑格尔所设想的历史主体存在于资本主义中”[②]。显然，阿瑟认为由价值形式构成的经济范畴获得了黑格尔意义上的逻辑范畴的形式，而普殊同认为资本主体相当于黑格尔的“绝对精神”。就此而言，普殊同与阿瑟的观点没有本质的区别。因为资本也是基于价值形式的同一性原则而构成的经济范畴，将经济范畴颠倒为社会历史发展的主体，这与黑格尔一样陷入了唯心主义泥潭。马克思曾对这种方法提出过警惕：“往后，在结束这个问题之前，有必要对唯心主义的叙述方式作一纠正，这种叙述方式造成一种假象，似乎探讨的只是一些概念规定和这些概念的辩证法。”[③]

对黑格尔来说，经济范畴既不是标识客观现实的具体范畴，也不是一个可以被理解为现实具体范畴的社会历史发展系统（表现为人的实践活动与物之间的相互作用）。在他看来，经济学只不过是“具体精神”的表现，经济范畴（价值和利润等）不过是理性意志的抽象的表现形式。可以说，黑格尔的唯心主义辩证法就是为古典资产阶级经济学家（斯密和李嘉图等）思维的形而上学性质作辩护的。因此，价值形式学派和新马克思阅读学派以黑格尔的思维形式的辩证方法为基础，仅仅从叙述的视角把握“资本”这一主体，实际上是一种理论上的倒退。

对马克思来说，“叙述的方法”与“研究的方法”是互为前

① ［英］克里斯多夫·约翰·阿瑟：《新辩证法与马克思的〈资本论〉》，高飞等译，北京师范大学出版社 2018 年版，第 94 页。

② ［加］莫伊舍·普殊同：《时间、劳动与社会统治：马克思的批判理论再阐释》，康凌译，北京大学出版社 2019 年版，第 87 页。

③ 《马克思恩格斯全集》第 30 卷，人民出版社 1995 年版，第 101 页。

提、不能割裂的。他在《资本论》中叙述范畴的进展时，就是以具体现实的历史条件作为支撑的。这一点，在前面的章节中已经多次证明，马克思首先通过经验实证的方法研究出资本主义社会形式中的“先验结构”或公式，将价值范畴成功还原为一定社会形式中的劳动。然后，马克思再将其他相关经济范畴（思维抽象或思维形式）还原为现实的社会关系（现实抽象或社会形式）。“读者如果真想跟着我走，就要下定决心，从个别上升到一般。”① 伊利延科夫进一步阐释了这一观点：

> 人们在经济上相互作用的范畴，完全表现为具有自己特殊内在运动规律的社会生活的具体范畴。换句话说，它表现出它区别于所有其他社会活动形式的相对独立性，因此就恰好表现为特殊科学的对象。这时，人们在经济上相互作用的体系，也表现为历史地产生的和历史地发展的、它的各个方面是由起源（发生）的共同性而彼此相联系的体系。②

也就是说，商品、价值和资本这些经济范畴的形成是以“生产资料的资本主义私有制”这一社会历史条件为前提的，离开这一具体的、历史的、暂时的条件，经济范畴就失去了客观效力。将资本的抽象视为单向度的自我确证的同一性主体，实际上就是人为地抹平了价值和资本等经济范畴的历史条件。对于新马克思阅读学派来讲，就是抹杀了价值形式的社会形式条件；对于普殊同以抽象劳动构建资本的抽象来讲，就是忽略了劳动者与生产资料的分离以及雇佣劳动的产生等具体历史条件。

---

① 《马克思恩格斯全集》第 31 卷，人民出版社 1998 年版，第 411 页。

② ［苏］伊利延科夫：《马克思〈资本论〉中抽象和具体的辩证法》，郭铁民、严正、林述舜译，福建人民出版社 1986 年版，第 131—132 页。

在马克思看来，资本主义社会既呈现为基于价值的同一性所建构的单向度的自我确证的抽象过程，也呈现为一个否定价值同一性的“非同一性”的抽象过程。因为资本增殖（资本的抽象）的过程，实际上也是资本将构成其前提的现实条件“抽象”掉的过程，即现实抽象具有自我否定的特征。

> 以广大生产者群众的被剥夺和贫穷化为基础的资本价值的保存和增殖，只能在一定的限制以内运动，这些限制不断与资本为它自身的目的而必须使用的并旨在无限制地增加生产，为生产而生产，无条件地发展劳动社会生产力的生产方法相矛盾。手段——社会生产力的无条件的发展——不断地和现有资本的增殖这个有限的目的发生冲突。①

换言之，资本在操纵、同化、吸纳（即抽象）活劳动力和自然的物质资料的同时，也在消除、否定、失去（即抽象）这些条件。譬如，贫富差距的不断扩大、劳动者的休息时间不断被压缩、人类生活环境的恶化和自然资源的枯竭等。

> 在生产力的更高发展程度上等等一再重新开始它［突破本身限制］的尝试，而它作为资本却遭到一次比一次更大的崩溃。因此很明显，资本的发展程度越高，它就越是成为生产的界限，从而也越是成为消费的界限，至于使资本成为生产和交往的棘手的界限的其他矛盾就不用谈了。②

---

① 《马克思恩格斯全集》第46卷，人民出版社2003年版，第278—279页。

② 《马克思恩格斯全集》第30卷，人民出版社1995年版，第397页。

马克思的这一经典论述至关重要，它表明，现实抽象的辩证性质源于人的实践活动（生产实践），人的实践构成的现实抽象的社会结构与人的解放是辩证统一的。实际上，马克思1859年在《政治经济学批判。第一分册》“序言”中关于生产力与生产关系、经济基础与上层建筑的辩证关系的经典论述，就是对现实抽象的辩证性质的最好阐明。在《资本论》中，马克思正是从人的劳动实践出发，再次强调了现实抽象的辩证性质。

> 但劳动过程的每个一定的历史形式，都会进一步发展这个过程的物质基础和社会形式。这个一定的历史形式达到一定的成熟阶段就会被抛弃，并让位给较高级的形式。①

这一论述表明，现实抽象的不断推进，为人类社会进入更高阶段的社会形式（即人的解放）创造了客观的和主观的条件。汪行福通过对马克思现实抽象的多维分析，也认为现实抽象是一个“解放和压迫相交织的过程”。

伯特尔·奥尔曼（B. Ollman）在评价新马克思阅读学派的方法论时指出：

> 按照这种观点，系统辩证法可以被视为把马克思主义简化为一种科学的努力，而构成这种科学的则是马克思在其主要著作《资本论》第1卷中阐述其关于资本主义生产方式的认识的方式。但是，离开他思想中批判的、理想的和革命的方面，即使是这一科学——正如我已经争辩过的——也不能得到充分的认识。②

---

① 《马克思恩格斯全集》第46卷，人民出版社2003年版，第1000页。

② ［美］伯特尔·奥尔曼：《辩证法的舞蹈——马克思方法的步骤》，田世锭、何霜梅译，高等教育出版社2006年版，第248页。

言外之意，新马克思阅读学派由于其方法论的保守性和不彻底性，既未能全面剖析资本主义社会形式进而完成社会批判的任务，更没有在其理论中发展出革命主体解放的维度。对此孙亮教授提出，“马克思的政治经济学批判不仅有效地叙述了资本主义及其内在对抗的运行规律和总体趋势，也有效地激活了工人阶级变革生产方式的总体革命意识”①。这一观点无疑是非常正确的。从历史唯物主义的视角看，现实抽象不仅意味着认识论批判和社会形式批判，还意味着主体解放维度的开启和激发，应是三者的统一。

二 重审马克思的平均利润下降趋势理论

马克思平均利润率下降趋势规律理论一经提出，便引发了持久广泛的争论。尤其是2008年国际金融危机以来，一些西方马克思主义者对这一规律的科学性及其与此次金融危机的关联性又提出了质疑和挑战。然而在本文看来，对此命题持反对观点的学者要么固守表象思维和经验主义的方法，要么堕入形式思维和数理逻辑的窠臼，未能理解马克思的政治经济学批判和社会形式分析的方法，因此他们也就不能准确深刻理解资本主义社会的本质和这一命题的科学性，因而最终他们的批判必然是徒劳无效的。

马克思本人多次强调，资本主义生产方式下平均利润率下降趋势规律是政治经济学中最重要的一条规律。因为这一规律阐明了资本增殖这个有限目的与无条件地发展劳动社会生产力之间、资本主义生产关系与生产力之间内在的结构性矛盾，揭示了资本主义生产方式的暂时性和历史性。实际上这一规律也是全球资本主义发生经

① 孙亮：《“现实抽象”概念的“康德式结构”与政治经济学批判重审》，《学术研究》2022年第1期。

常性危机（衰退）的根本原因。然而，长期以来这一命题遭到了非马克思主义经济学者的反对和一些社会主义左派对这一理论的忽视，尤其是 2008 年爆发国际金融危机以来，迈克尔·亨利希[①]（Heinrich，Michael）和大卫·哈维[②]（Harvey，David）等当代一些西方学者再次对这一规律的科学性及其与金融危机的关联性提出了质疑和挑战，克里斯·哈曼（Chris Harman）、迈克尔·罗伯特（Michael Roberts）和古列尔莫·卡尔切迪（Guglielmo Carchedi）等学者对此进行了回应和辩护，然而这些辩护多是以实证主义方法和数理逻辑为基础的。在此背景下，本文以唯物史观和马克思主义政治经济学批判的方法重新审视西方马克思主义者对马克思平均利润率下降趋势规律和经济危机理论的批判，以图为马克思的这一命题提出辩护性论证。

（一）西方马克思主义者对平均利润率下降趋势理论的双重质疑

马克思在《资本论》中构建了这样一个命题：平均利润率下降趋势规律是资本主义社会经常爆发经济危机的最根本原因。《资本论》第三卷一经出版，这一理论便遭到了广泛争论，自 19 世纪末以来，不仅受到了资本主义主流辩护者的批判，而且还受到了来自马克思主义理论者和活动家的质疑和反对。早期代表有考茨基、布哈林等，20 世纪 70 年代后的主要代表有保罗·斯威齐、米歇尔·于松、阿吉丽塔·杜梅尼尔等。2008 年国际金融危机以来，以亨利希和哈维为代表的西方马克思主义学者对马克思的平均利润率下降

---

① Heinrich, Michael, "Crisis Theory, the Law of the Tendency of the Profit Rate to Fall, and Marx's Studies in the 1870s", *Monthly Review*, Vol. 64, No. 11, April 2013.

② Turan Subasat, *The Great Financial Meltdown Systemic, Conjunctural or Policy Created?*, Edward Elgar, 2016, pp. 37 – 54.

趋势理论及其与经济危机的关系再度质疑和批评。其批判观点主要有二。

1. 马克思的平均利润率下降趋势规律的命题不成立，马克思后来放弃了这一规律。总体上说，西方马克思主义者对平均利润率下降趋势规律命题持批评观点的比较多，归纳起来可以划分为三类：其一，有些学者强调马克思的这一命题的不可证明；其二，有学者认为这一规律是偶然命题，具有不确定性；其三，在前两个观点的基础上，认为马克思后来放弃了平均利润率下降趋势规律。

首先，亨利希、哈维和弗雷德·莫斯里等人宣称马克思并没有成功地证明这一规律。

> 马克思用这一“规律”提出了一个影响深远的存在主义命题，既不能经验性地证明，也不能加以驳斥。……如果过去的利润率下降了，这并不构成证据，因为规律声称适用于未来的发展，过去利润率下降的事实对未来毫无意义。如果过去利润率上升了，那么这也不是反驳，因为规律并不要求永久性下跌，而只是“倾向性”下跌，这种下跌在未来仍有可能发生。即使这一规律不能经验性地验证，马克思推理的论证结论性也可以讨论。……利润率下降趋势规律并不是在“抵消因素”前首先崩溃的，它已经崩溃了，因为“这样的规律”无法得到证实。①

亨利希是从马克思的一个利润率公式出发对这一规律进行反驳的，他指出，当马克思声称利润率下降时，马克思必须证明从长期

① Heinrich, Michael, “Crisis Theory, the Law of the Tendency of the Profit Rate to Fall, and Marx's Studies in the 1870s”, *Monthly Review*, Vol. 64, No. 11, April 2013.

来看分母的增长速度快于分子的增长速度，他用马克思所举的一个例子进行反驳，认为马克思并没有成功地证明这一点。

> 但要使分母 c + v 至少保持不变，c 增加是不够的；c 必须至少增加 v 减少的相同量。然而，我们不知道 c 增加了多少，因此，我们不知道分母是否增加，因此我们也不知道利润率（我们分数的价值）是否下降。所以什么都没有被证明。……利润率下降的原因可能是 c 的增长，而 c 的增长并不是完全无限的。①

莫斯里认为马克思的这一理论还处于高度抽象阶段，还远没有达到准确预测一般利润率下降趋势规律的程度。

> 马克思关于利润率下降的理论在第二种意义上说是“完成”了吗？不，当然不是。在抽象理论的三个主要方面还需要做更多的工作，理论也需要扩展到更具体的抽象层次。②

在他看来，马克思对有些问题的探讨还不够具体，尤其是生产资料的贬值、经济危机导致的资本贬值以及资本的周转时间等。因此他强调：

> 我们在上面已经看到，马克思的理论并没有提供一个明确

---

① Heinrich, Michael, “Crisis Theory, the Law of the Tendency of the Profit Rate to Fall, and Marx’s Studies in the 1870s”, *Monthly Review*, Vol. 64, No. 11, April 2013.

② Mosely, Fred., “The Development of Marx’s Theory of the Falling Rate of Profit in the Four Drafts of Capital”, paper delivered to the MEGA symposium at the Institute for Economic and Historical Research, Amsterdam, October 10 – 12, 2014. See: Marcel van der Linden Gerald Hubmann, *Marx’s Capital An Unfinishable Project*?, Koninklijke Brill nv, Leiden, The Netherlands, 2018, p. 108.

的预测，即在一个扩张时期，资本构成的增长必然快于剩余价值的增长速度，因此利润率必然会下降。马克思的理论确实为这一结论提供了实质性的论据，特别是对增加剩余劳动力的限制，但它不能提供一个明确的预测，因为每个工人的固定资本增长率太依赖于其他（主要是技术）因素，无法以任何程度的确定性进行预测。①

其次，哈维反对一切显示一般利润率下降的数据，“显示利润率下降的数据不一定证实马克思所呼吁的特定机制的存在。对我来说，这是对大多数关于这个主题的文献最重要的反对意见”②。不仅如此，哈维等人还强调这一规律的不确定性和命题的偶然性。“这项规律的支持者通常会淡化反作用的倾向。”③ 他进一步指出，对外贸易失衡、垄断、城市化、生产和流通周转时间的加快等都会影响到利润率下降，其中一些因素可能具有压倒性影响。由此哈维得出结论：“马克思关于利润率下降的理论应该被视为一个偶然的命题，而不是一个确定的命题。”④ 于松（Husson，Michel）认为，劳动生产率提高的作用是双重的，不仅会提高剥削率，而且会降低固定资本的价格，将在一定程度上降低资本的价值构成。他指出，人们经常混淆资本技术构成和资本有机构成两个概念，资本的技术构成提高绝不意味着以价值尤其是以价格表示的资本有机构成也会提高。为了说明这一问题，于松将马克思的利润率公式进行

① Marcel van der Linden Gerald Hubmann, *Marx's Capital An Unfinishable Project?*, Koninklijke Brill nv, Leiden, The Netherlands, 2018, p. 138.

② Turan Subasat, “The Great Financial Meltdown Systemic, Conjunctural or Policy Created?”, *Edward Elgar*, 2016, pp. 37 – 54.

③ Turan Subasat, “The Great Financial Meltdown Systemic, Conjunctural or Policy Created?”, *Edward Elgar*, 2016, pp. 37 – 54.

④ Turan Subasat, “The Great Financial Meltdown Systemic, Conjunctural or Policy Created?”, *Edward Elgar*, 2016, pp. 37 – 54.

了改造，通过数学分析，他认为当生产率的增长快于或高于工人工资增长率时，利润率会提高，由此他得出利润率可能不下降的结论[①]。此外，于松在《教条主义不是马克思主义》一文中声称，自20世纪80年代以来，利润率不仅没有持续下降，反而在上升，在1998—2008年的十年间，美国的利润率不仅从1968—1982年之后的下降中恢复了约四分之一，而且比1973年前的水平上升了约30%[②]。也就是说，他认为从经验证据上来看，马克思的命题也不是确定的。

最后，以迈克尔·亨利希为主要代表的西方马克思主义者认为马克思后来放弃了这一规律。他在《危机理论、利润率下降趋势规律与马克思在1870年代的研究》《〈马克思恩格斯全集〉后的“资本论”：非连续性、中断和新起点》两篇文章中提出，19世纪70年代后，由于马克思始终无法成功地证明这一规律，他自己对这一规律也产生了相当大的怀疑，以至于1865年后他基本不再提起这一规律，并最终于1871年后放弃了这一规律。亨利希提出了两个自认为非常有力的证据：其一，亨利希指出，马克思在1875年出版的手稿《剩余价值率和利润率的数学证明》中试图用数学的方法证明“利润率变动”的规律，但马克思发现各种变动都是有可能的，尽管资本的有机构成在增加，利润率有可能也在增加[③]；其二，亨利希引用了《资本论》第一卷第二版中马克思的一个注释：“为了以后备考，这里应指出：如果扩大只是量上的扩大，那么同一生产部门中，较大和较小的利润都同预付资本的量成比例。如果量的

---

① 周思成：《欧美学者近期关于当前危机与利润率下降趋势规律问题的争论》，《国外理论动态》2010年第10期。

② Husson, Michel, “Le dogmatisme n'est pas un marxisme”, *A l'encontre*, 28 juin 2009.

③ Heinrich, Michael, “Crisis Theory, the Law of the Tendency of the Profit Rate to Fall, and Marx's Studies in the 1870s”, *Monthly Review*, Vol. 64, No. 11, April 2013.

扩大引起了质的变化，那么，较大资本的利润率就会同时提高。”[①]由此，他得出结论，马克思假定了利润率的上升是由于资本价值构成的上升，而这与利润率下降趋势规律相反，恩格斯编辑了这一脚注，但显然忽略了它的重要性[②]。据此，他进一步指出，恩格斯根据《1864—1865年经济学手稿》编辑的《资本论》第三卷中关于利润率下降趋势规律的阐述并不具有合理性。哈维对此也进行了附和：

> 马克思的语言越来越摇摆不定，把他的发现称为一种规律，一种趋势的规律，甚至有时只是一种趋势。马克思在他的政治著作，如《法兰西内战》中，没有提到利润率下降的任何趋势。[③]

2. 否定一般利润率下降趋势是资本主义社会经常爆发经济危机根本原因的观点。如前所述，自20世纪80年代以来，利润率确实有所恢复上升，这构成了许多西方学者否定利润率下降趋势规律是2008年国际金融危机根源的重要论据和直接导火索。亨利希认为，马克思没有产生任何一个统一的危机理论，而是包含着截然不同的危机理论。

> 虽然他在1864—1865年的主要手稿中对危机理论的见解并没有失效，但显然它们并未提供一个接近完整的危机理论。

---

① 《马克思恩格斯全集》第44卷，人民出版社2001年版，第725页。

② Heinrich, Michael. “Capital After MEGA: Discontinuities, Interruptions, and New Beginnings”, *Crisis and Critique*, Volume 3, Issue 3, November 2016.

③ Turan Subasat, “The Great Financial Meltdown Systemic, Conjunctural or Policy Created?”, *Edward Elgar*, 2016, pp. 37 – 54.

相反，它们基于非常有限的经验基础涵盖了这一理论的不同方法。①

在亨利希看来，在马克思这里，工人阶级的消费相对不足和信贷资本的不健康发展都可以导致经济危机的发生。"对危机理论的系统处理不能立即从'利润率下降趋势规律'出发，而只能在生息资本和信贷资本发展之后。"② 与亨利希一样，哈维也反对马克思有单一的危机形成因果理论。

> 我相信，没有一个像许多马克思主义经济学家喜欢断言的那样，单一的危机形成因果理论。……在他的整个工作中，不仅对不同的矛盾进行了大量的研究，而且对在特定危机中出现的各种不相关但又相互关联的因素进行了研究。在各种场合，马克思本人都清楚地表明了这一点。试图把资本流通的所有流动性和复杂性塞进利润率下降的单一理论中是没有意义的。③

换言之，哈维不仅认为马克思那里有各种不同的危机理论，而且还认为经济危机是由不同原因、不同因素相互作用构成的。在他看来新自由主义的结构调整和紧缩政策、信贷和房地产市场的不健康发展、金融阴谋等都可以引发经济危机。杜梅尼尔和列维认为不能单纯地把资本主义的经济危机都理解为利润率下降的危机，在他们看来，资本主义曾经历四次结构性危机，其中两次是由利润率下

① Turan Subasat, "The Great Financial Meltdown Systemic, Conjunctural or Policy Created?", *Edward Elgar*, 2016, pp. 37－54.

② Turan Subasat, "The Great Financial Meltdown Systemic, Conjunctural or Policy Created?", *Edward Elgar*, 2016, pp. 37－54.

③ Turan Subasat, "The Great Financial Meltdown Systemic, Conjunctural or Policy Created?", *Edward Elgar*, 2016, pp. 37－54.

降导致的危机，另外两次是由“金融霸权”导致的危机，2008 年爆发的危机应属于美国新自由主义霸权导致的金融危机。

> 我们对当前危机的总体解读是“新自由主义危机”，即“金融霸权危机”，其根源是“美国霸权下的新自由主义”。①

由此，他们得出结论：“但资本主义绝不能被理解为利润率下降趋势的被动受害者，滑向坟墓。”② 格雷格·阿尔巴，萨姆·金丁也认为当前经济危机与一般利润率下降趋势规律无关，而与金融经济的不健康发展有关。

> 2007 年危机的爆发并非源于任何利润大幅下降或投资崩溃。2006—2007 年，利润达到顶峰，投资扩张似乎正在形成生产力，制造业继续大幅增长，……相反，它源于金融的动力发展机制。③

于松在《关于利润率的争论》一文中指出马克思主义理论中有两种危机理论：一种是周期性危机理论，可由利润率下降得到解释，另一种是消费不足引发的危机。他进一步指出，2008 年爆发的金融危机，不是单纯由利润率下降或消费不足单纯引发的，而是过度积累和前两者共同作用的结果，或者更准确地说，是一种“实现

---

① Gérard Duménil and Dominique Lévy, “The Crisis of the Early 21st Century: A Critical Reviews of Various Interpretations”, *World Review of Political Economy*, Volume 2, Issue 4, December 2011.

② Gérard Duménil and Dominique Lévy, “The Crisis of the Early 21st Century: A Critical Reviews of Various Interpretations”, *World Review of Political Economy*, Volume 2, Issue 4, December 2011.

③ Greg Albo, Sam Gindin, and Leo Panitch, *In and Out of Crisis: The Global Financial Meltdown and Left Alternatives*, Oakland: PM Press, 2010, p. 42.

危机”，而这一危机是由于剥削率提高，工人的收入份额相对减少，资本家面临难以售出商品和实现剩余价值造成的。“当前的危机可以从根本上分析为围绕着一个中心问题，即实现问题，为前一次危机制定解决办法的危机。”①

（二）马克思平均利润率下降趋势规律是一个必然命题

西方马克思主义者对马克思一般利润率下降趋势规律及其危机理论的批判，不仅涉及如何理解《资本论》和马克思政治经济学的问题，而且关涉到如何理解资本主义本质或资本逻辑运行机制的问题。因此，对照他们的观点进行审慎地研究和考察是十分必要的。本部分将对上述反对观点逐一进行理论分析和批判。

1. 无论是亨利希和哈维，还是莫斯里和于松，他们对马克思平均利润率下降趋势规律的批评都是以实证主义方法论为支撑的，即认为这一命题得不到经验数据的支持，而这实际上堕入了经验主义的窠臼，是实证主义方法在资本主义生产自否定的辩证运动中的僭用，所以他们对马克思的批判也是无效的。马克思强调，“分析经济形式，既不能用显微镜，也不能用化学试剂。二者都必须用抽象力来代替”②。恩格斯说：“单凭观察所得的经验，是决不能充分证明必然性的。”③ 依靠经验观察和数理逻辑推理的技术决策，是无法洞察到由资本主义所有制决定的社会形式的，更无法洞悉资本与劳动、资产阶级与无产阶级之间的根本对立关系，因而也无法判明资本主义社会运行目的和其中的各项经济规律。从这个意义上来说，他们运用经验实证和数学推理的办法质疑这一命题的成立必然

---

① Husson, Michel, “The Debate on the Rate of Profit”, *International View Point*, July 2010. https://internationalviewpoint.org/spip.php?article 1894.

② 《马克思恩格斯全集》第 44 卷，人民出版社 2001 年版，第 8 页。

③ 《马克思恩格斯文集》第 9 卷，人民出版社 2009 年版，第 484 页。

无效。

实际上，马克思一般利润率下降趋势规律的命题不仅是可以证明的，而且是必然成立的，绝不是一个不可证明和或然命题。马克思是由资本的内在本质向外推论这一规律的。在马克思看来，这一规律只不过是社会生产力发展的必然结果和表现，是资本主义生产方式必然产生和特有的经济规律。历史唯物主义认为，生产力的不断向前发展是人类社会的必然规律，因为人的需要与自然之间的矛盾构成了其根本动力。人的需要同自然之间的矛盾，又是通过劳动得以中介的。

> 已经得到满足的第一个需要本身、满足需要的活动和已经获得为满足需要而用的工具又引起新的需要。①

人的需要与劳动之间的矛盾作为生产力发展的内在动力，又是通过劳动者和生产资料之间的矛盾具体表现的。可以说，劳动者和生产资料之间的矛盾构成了生产力发展的直接动力。在资本主义社会，生产资料的资本主义私人占有决定了资本主义生产的目的是资本，而不是为了劳动，准确地说是为了资本积累和资本增殖。

“资本及其自行增殖，表现为生产的起点和终点，表现为生产的动机和目的；生产只是为资本而生产，而不是反过来生产资料只是生产者社会的生活过程不断扩大的手段。”② 也就是说，资本的逐利本性决定了生产资料的所有者即资产阶级必然竞相改进生产技术以获取相对剩余价值，这必然促进社会生产力和劳动生产率的提

---

① 《马克思恩格斯选集》第 1 卷，人民出版社 1995 年版，第 79 页。

② 《马克思恩格斯全集》第 46 卷，人民出版社 2003 年版，第 278 页。

高。根据马克思，社会生产力和劳动生产率的提高，必然引起社会总资本有机构成的提高。因为劳动生产率的增长，就意味着“劳动的量比它所推动的生产资料的量相对减少，或者说，表现为劳动过程的主观因素的量比它的客观因素的量相对减少”①。也就是说，在资本主义社会，从社会生产力的提高到社会总资本有机构成的提高（即固定资本相对于可变资本的增长），再到平均利润率的下降是一个必然过程，不仅仅是经济规律更是资本主义社会规律。

那些声称这一规律是一个不可证明和或然命题观点的学者的最大错误就是，用表象思维和实证方法所钩织起来的世界图景来判断由历史辩证法建构起来的世界。众所周知，经验观察和归纳总结获取的知识最大的缺陷就是其不具备必然性和可证伪性。黑格尔认为知觉思维最大的问题就是不能发现事物之间的普遍联系。

> 经验主义的彻底发挥，只要其内容仅限于有限事物而言，就必须否认一切超感官的事物，至少，必须否认对于超感官事物的知识与说明的可能性。② 如果老是把知觉当做真理的基础，普遍性与必然性便会成为不合法的，一种主观偶然性。③

也就是说，表象思维和实证方法可以破坏任何规律的有效性，包括万有引力定律等。实证主义地理解《资本论》，必然将平均利润率下降趋势规律消融于一堆社会学和经济学假设或对事实的观察中。而在资本主义社会中，由商品交换的价值形式运动构建的资本、工资、资产阶级、无产阶级、利息等事物，都被资本这种普照的光赋予了社会形式，这些社会形式只有通过马克思所说的“抽象

① 《马克思恩格斯全集》第44卷，人民出版社2001年版，第718页。

② ［德］黑格尔：《小逻辑》，贺麟译，商务印书馆1980年版，第112页。

③ ［德］黑格尔：《小逻辑》，贺麟译，商务印书馆1980年版，第116页。

力”才能把握到，单靠经验观察是不能理解的。因为，一方面，如第一部分所述，马克思并不是没有考虑到延缓、阻碍利润率下降的反作用因素或偶然因素，只是他认为这些都不足以扭转利润率长期必然下降的趋势，因为这是由资本主义生产力和生产关系矛盾的辩证运动决定的。另一方面，马克思并没有主张利润率一直下降，而只是强调长期来看下降是一种趋势。

> 必然有某些起反作用的影响在发生作用，来阻挠和抵消这个一般规律的作用，使它只有趋势的性质，因此，我们也就把一般利润率的下降叫作趋向下降。①

事实上，马克思一般利润率下降趋势规律是能够在经验数据上得到证实的。默里 E. G. 史密斯和乔纳·布托夫斯基对 1950 年到 2013 年的全球 35 个发达资本主义经济体总剩余价值进行了统计，结果显示呈长期下降趋势，剩余价值率从 38% 上升到 62%，资本有机构成从 1950 年到 2007 年呈强劲上升趋势，但由于虚拟资本利润的影响，从 2009 年到 2013 年资本有机构成又有所回落②。古列尔莫·卡尔切迪在《大衰退是利润率危机吗?》一文中指出，从 1947 年到 2010 年，资本有机构成有一个明显的增长的趋势，而固定资本剥削率则相应地有一个明显的下降趋势，这些都证明了平均利润率在长期下降③。迈克尔·罗伯特指出，“从各种来源的利润率

---

① 《马克思恩格斯全集》第 46 卷，人民出版社 2003 年版，第 258 页。

② Murray E. G. Smith and Jonah Butovsky, “The Roots of The Global Crisis: Marx's Law of Falling Profitability and The US Economy, 1950 – 2013”, in Guglielmo Carchedi and Michael Roberts (eds.), *World in Crisis: A Global Analysis of Marx's Law of Profitability*, (Haymarket Books Chicago, Illinois), 2018, pp. 356 – 380.

③ Guglielmo Carchedi, “Was the Great Recession a Crisis of Profitability?”, *Science & Society*, Vol. 80, No. 4, October 2016.

运动分析，可以清楚地看出，过去150年来，英国的利润率长期下降，支持了马克思定律的预言，并与英帝国主义的衰落并行”①。在西班牙，从1995年到2014年，利润率相对于1974年下降了40%②。也就是说，我们必须承认，西方资本主义国家主要经济体平均利润率的下降不是线性的，而是循环性质的，中间会出现反弹现象。实际上，那些宣称现有数据不能支撑这一规律的观点一般都存在着统计和计算的方法错误，有的学者选用的时间段比较有限，有的学者统计的是个别领域的利润率而不是整个国家的利润率，还有的学者统计了非生产性部门的利润（如虚拟资本获得的利润）等，不一而足，篇幅限制，这里不详细讨论。

2. 亨利希等人用来论证马克思放弃这一规律的证据实际上并不充分，马克思在1868年之后仍然肯定过这一规律。1868年4月30日他在给恩格斯的一封著名而非常重要的信中写道，“利润率随着社会的进步而下降的趋势。这源于第一卷中关于资本构成的变化的论述社会生产力。这是以往所有经济学中最伟大的胜利之一”③。在这里，马克思虽然没有用“规律”一词，但马克思用非常肯定的语气确证了这一趋势的存在。同时，马克思在1870—1873年之间还曾修订完善过《资本论》第一卷，而在《资本论》第一卷中马克思不仅在序言中强调本书阐述的都是铁一般的规律，而且在第二

① Michael Roberts, “The UK Rate of Profit and British Economic History”, in Guglielmo Carchedi and Michael Roberts (eds.), *World in Crisis: A Global Analysis of Marx's Law of Profitability*, (Haymarket Books Chicago, Illinois), 2018, p. 209.

② Juan Pablo Mateo, “The Long Depression in The Spanish Economy: Bubble, Profits, and Debt”, in Guglielmo Carchedi and Michael Roberts (eds.), *World in Crisis: A Global Analysis of Marx's Law of Profitability*, (Haymarket Books Chicago, Illinois), 2018, p. 221.

③ 转引自：Mosely, Fred., “The Development of Marx's Theory of the Falling Rate of Profit in the Four Drafts of Capital”, paper delivered to the MEGA symposium at the Institute for Economic and Historical Research, Amsterdam, October 10 - 12, 2014. See: Marcel van der Linden Gerald Hubmann, *Marx's Capital An Unfinishable Project?*, Koninklijke Brill nv, Leiden, The Netherlands, 2018, pp. 108, 131.

十三章“资本主义积累的一般规律”题目下再次阐明了社会总资本有机构成必然提高的问题。亨利希单凭马克思手稿《剩余价值率和利润率的数学证明》中的论证内容就断定马克思后来放弃了这一规律，是对马克思《资本论》中方法论的严重误读。众所周知，马克思多次强调他写《资本论》时使用了黑格尔《逻辑学》中从抽象到具体的叙述方法，即从抽象的普遍性出发，然后把自己区分为特殊性，再到二者在个体中的辩证统一。他在 1868 年 1 月致恩格斯的信中指出《资本论》第一卷处理的是剩余价值的一般形式，此时地租、利润、利息还处于融合状态，没有区分开来[①]。另外，1877 年 3 月，马克思在给西格蒙德·肖特的信中强调《资本论》第一卷是他最后着手写的，这表明他在 1877 年的时候对其方法论依然是坚持的。依前所述，马克思关于一般利润率的定义是剩余价值的另一种形式，是社会总剩余价值同社会总资本的比率。从这个角度看，亨利希用马克思 1875 年后关于个别资本或某一特殊领域资本的利润率的变动情况来指证马克思放弃了这一规律，无论在方法论上还是在事实上都是站不住脚的。

（三）马克思平均利润率下降趋势原理是马克思主义危机理论的基础

由前可知，亨利希哈维等人否定平均利润率下降趋势规律是资本主义社会爆发经济危机根本原因的主要理由就是，马克思没有统一的危机理论，资本主义下的危机在不同时间有不同的原因。马克思确实阐述了多种不同的危机理论，但这并不代表马克思没有一元论的解释框架。正如卡尔切迪指出的：

---

① 《马克思恩格斯文集》第 10 卷，人民出版社 2009 年版，第 275—276 页。

> 如果危机是反复发生的，如果它们有所有不同的原因，这些不同的原因可以解释不同的危机，但不能解释它们的反复发生。如果它们是反复出现的，它们必须有一个共同的原因，即它们本身反复表现为不同危机的不同原因。没有办法绕过危机的“一元论”。①

实际上，那些反对观点无论从文本逻辑和理论逻辑来看，还是从现实逻辑来看，都是站不住脚的。从文本逻辑来看，马克思是在《资本论》第一卷中阐述了资本积累规律后才阐述生产过剩和消费相对不足等危机理论的。马克思从抽象到具体的方法同样适用于资本积累理论。在《资本论》第一卷中，马克思是在第七篇“资本的积累过程”下面第二十三章“资本主义积累的一般规律”题目下阐述资本有机构成提高及其伴随的人口相对过剩规律的。然后，他是在《资本论》第三卷资本积累运动的一般结果，即剩余价值转变为利润和平均利润的主题下阐述平均利润率下降趋势规律及其各种危机理论的。无论是从资本增殖的开始即生产阶段来看，还是从资本增殖的结果即分配阶段来看，马克思首先阐述的是资本运动的一般过程。资本一般的运动过程是资本生产、交换、分配、消费过程的辩证统一，也是资本生产和流通过程的统一。

> 资本作为主体，作为凌驾于这一运动各个阶段之上的、在运动中自行保存和自行倍增的那种价值。②
>
> 价值不断地从一种形式转化为另一种形式，在这个运动中永不消失，这样就转化为一个自动的主体。……资本是货币，

① Guglielmo Carchedi, “Zombie Capitalism and the Origin of Crises”, *International Socialism*, issue 125, January 2010.

② 《马克思恩格斯全集》第31卷，人民出版社1998年版，第7页。

资本是商品。但是实际上，价值在这里已经成为一个过程的主体，在这个过程中，它不断地变换货币形式和商品形式，改变着自己的量，作为剩余价值同作为原价值的自身分出来，自行增殖着。①

在这个意义上，资本积累规律是资本主义生产方式中的一般规律，是反映其本质的规律。也就是说，平均利润率下降趋势规律作为资本积累一般规律的另一种表达，反映的是整个资本主义生产方式的一般的、内在的、本质矛盾，而由生产过剩、消费不足或信贷制度崩溃等具体原因造成的危机，只不过是整个资本主义生产方式内在矛盾的表现而已。因此，从马克思阐述的文本逻辑来看，平均利润率下降趋势规律，作为资本主义生产方式运动的必然规律，是各种不同特点的经济危机的总根源。

从理论逻辑看，资本主义社会的基本矛盾，即资本主义社会生产力和生产关系、经济基础和上层建筑之间的矛盾，决定了资本主义社会平均利润率必然长期下降，从而导致经济危机爆发得越来越频繁和越来越剧烈。根据马克思，由价值形式运动产生的商品拜物教和货币拜物教，根源于生产社会化和生产资料资本主义私有制之间的矛盾。"商品世界的这种拜物教性质，……是来源于生产商品的劳动所特有的社会性质。"② 由上可知，由资本主义制度造成的这种资本的逐利本性，决定了资本有机构成的必然提高和平均利润率的长期下降。同时，根据经济基础决定上层建筑的原理，当平均利润率下降后，资产阶级利益受到损害时，资本主义国家的政治上层建筑和观念上层建筑为了维护自己的经济基础，势必会采取一定的

① 《马克思恩格斯文集》第5卷，人民出版社2009年版，第179—180页。

② 《马克思恩格斯全集》第44卷，人民出版社2001年版，第90页。

措施来调控经济生活、政治生活和文化生活。在马克思的《政治经济学批判大纲》的写作计划中，本来是有国家这部分的，以阐明国家与资本之间的这种统一关系。2018 年，吉尔特·鲁特（Geert Reuten）在《资本主义经济与国家的统一：对资本主义制度系统辩证地阐释》一书中，在马克思这一思想的基础上，系统地分析了资本主义经济和资本主义国家继续再生产所必需的关系、制度和过程的相互联系。在格尔特·劳顿看来，为了资本主义生产和扩大再生产，实现资本积累和周期性积累，资本主义国家必然采取包括金融政策在内的各项经济法律政策为其提供制度支撑。在这一理论逻辑背景下，20 世纪 70 年代以英美为首的资本主义国家出现经济滞涨后，新自由主义政治经济政策的出台，就变得可以理解了。

> 新自由主义化过程从一开始就是一项旨在重新恢复阶级权力的计划。1970 年代后期随着新自由主义政策的实施，美国收入最高的 1% 人口收入在国民收入中所占份额开始迅速上升，在二十世纪末达到了 15%（现刚接近于他们在二战前所占的份额）。①

换言之，我们不能把新自由主义及其影响看作独立的社会现象，必须看作资本主义制度的结构性和历史性产物，主要根源于平均利润率下降趋势规律。随着以英美为代表的国家施行新自由主义的宏观经济政策，解除金融监管，鼓励个人“透支消费”，产生了大量“非生产性劳动”及其费用，导致表面上看拉高了平均利润

---

① ［美］大卫·哈维：《新自由主义简史》，王钦译，上海译文出版社 2010 年版，第 18 页。

率，而实际上使其进一步下降①。实际上，随着生产力发展与资本主义社会关系再生产之间的结构性矛盾不断加深，将会系统性地生成越来越多的非生产性资本，致使非生产性资本在资本主义经济体中比重不断增加。

> 作为资本主义历史结构危机的表现，这一现象表明，越来越多的经济资源被用来维持资本主义独特的制度和阶级对立结构。②

换言之，这意味着资本主义生产和再生产的社会关系越来越成为人类生产能力逐步发展的障碍。这很好地解释了，20 世纪 80 年代以来，为什么资本主义社会爆发经济危机的频率越来越高，波及范围越来越广。这与马克思在《资本论》中阐述的从资本主义社会生产力的发展到平均利润率下降，再到生产过剩，然后到投资金融和货币欺诈，最终导致危机发生的逻辑是一致的。

从现实逻辑看，资本主义社会系统性生成的非生产性资本提高了社会总的有机构成和爆发经济危机的风险程度。谢恩·马奇（Shane Mage）1963 年在讨论马克思的利润率下降趋势理论时，首次引入了非生产性管理成本（unproductive overhead costs）这一概念，并将其作为固定资本概念。这种新的固定资本概念，对马克思主义的实证分析有着巨大的启示。因为它表明，固定资本在总产值中所占的份额比人们通常认为的要大得多，对于国家、商业、服务和金融部门扩张的最发达资本主义经济体来说尤其如此。这种非生

---

① ［英］克里斯·哈曼：《利润率和当前世界经济危机》，丁为民、崔丽娟译，《国外理论动态》2008 年第 10 期。

② Murray E. G. Smith and Jonah Butovsky, "Profitability and the Roots of the Glohal Crisis: Marx's 'Law of the Tendency of the Rate of Profit to Fall' and the US Economy, 1950 – 2007", *Historical Materialism*, Vol. 20, No. 4, January 2012.

产性资本涵盖内容非常广泛，包括金融机构相关设施、机构和管理人员产生的成本，还包括由于对基层人员进行管理而增加的公共管理部门及其人员产生的费用，以及来自军队方面的费用等①。以美国为例，非生产性工资在1964年占比35%，到了2000年，就提高到了50%②。这些成本虽然对于实现资本主义再生产是必要的，但极大地提高了资本有机构成。在其他条件不变的情况下，生产性资本的相对减少，意味着资本主义社会总剩余价值的减少，这就必须靠提高剥削率进行弥补，而这极容易引发系统性的价格危机和金融危机。

为了说明这一问题，卡尔切迪引入了固定资本剥削率的概念，即单位投资资本产生的剩余价值。固定资本剥削率下降，意味着资本有机构成提高和真实的平均利润率下降。据统计，在经济危机爆发前两年，固定资本剥削率下降了三次（1954年、1980—1981年和2001—2002年危机之前），上升了四次（1957—1958年、1970年、1974—1975年和2007—2009年危机之前）。下降的三次表明经济危机是由平均利润率下降直接导致的，但上升四次也并不能说明经济危机与平均利润率无关。卡尔切迪指出：

> 利润率下降规律并没有规定在危机发生前几年，利润率必须下降。……再说一遍，利润率下降决定了经济危机发生在危机年，而不是危机前。③

---

① ［英］克里斯·哈曼：《利润率和当前世界经济危机》，丁为民、崔丽娟译，《国外理论动态》2008年第10期。

② ［英］克里斯·哈曼：《利润率和当前世界经济危机》，丁为民、崔丽娟译，《国外理论动态》2008年第10期。

③ Guglielmo Carchedi, "Was the Great Recession a Crisis of Profitability?", *Science & Society*, Vol. 80, No. 4, October 2016.

为了证明这四次金融危机也根源于固定资本剥削率的下降，卡尔切迪引入了投资在金融部门的财务利润（Financial Profits）与投资在生产部门的利润（Productive Profits）之间的比例（即 FP/PP）进行了证明。当固定资本剥削率下降时，更多的资本会寻求更高的投资机会，资本就会从生产部门流向金融部门，FP/TP 比率上升，这表明金融泡沫正在产生。换言之，FP/TP 比值和固定资本剥削率之间存在着反比关系。卡尔切迪经过数据统计，发现 20 世纪 70 年代以来发生的危机，基本上符合这种情况[①]。这说明，生产领域生产出来的剩余价值相对于金融部门对财务利润存在不足，因此，归根结底，金融危机的根源在于生产领域。

否定平均利润率下降趋势规律构成资本主义社会经济危机根源的观点实质上是对资本主义社会形式和制度本质的不理解。究其根源，是这些人固守表象思维和形式思维，不能上升到历史唯物主义的理论思维，去认识资本主义社会的经济危机现象，不能甚至反对用整体与部分、本质与现象、抽象与具体等范畴对资本主义社会形式进行全面系统的分析和把握；他们更不能理解马克思运用政治经济学批判和社会形式分析的方法，对资本主义社会的经济范畴、社会形式结构和运行机制进行的前提性批判和分析，这就造成了他们既不能对马克思的《资本论》及其危机理论进行准确理解，也不能对资本主义社会进行透彻分析和把握。因此，根本上来说，亨利希、哈维、杜梅尼尔和于松等人之所以否定平均利润率下降趋势规律是造成资本主义社会经济危机的根源，不仅在于他们对平均利润率的本质及其资本主义社会的本质的错误理解，更在于其方法论上的根本错误。

---

① Guglielmo Carchedi, "Was the Great Recession a Crisis of Profitability?", *Science & Society*, Vol. 80, No. 4, October 2016.

三　重审后殖民主义对马克思学说的解构

后殖民主义主要描述的是第三世界的知识分子通过对殖民话语解构的方式反抗宗主国的文化殖民和文化霸权，以达到重构西方"主体"概念并建构"地方"主体身份和权力的目的。从学术话语史来看，其流变过程体现了一种不可避免的深化趋势，方法论上体现为从结构主义话语分析到对马克思政治经济学方法的"批判性改造"。在与马克思的方法"遭遇"过程中，后殖民主义对马克思的社会形式分析的方法和主体解放策略提出了系统性挑战。然而，当代资本主义榨取剩余价值、建构抽象的社会形式和结构的本质并没有改变。因此，后殖民主义理论对马克思思想的超越并不成立，马克思对资本主义社会形式和殖民主义的分析框架比解构主义更加有效。

（一）后殖民主义：第三世界知识分子对西方文化殖民的话语解构与抵抗

后殖民主义（postcolonialism）概念虽然在学界广泛使用，但它的含义却是含混不清的，没一个广为接受的定义。阿里夫·德里克（Arif Dirlik）指出，"后殖民批评作为一种思想现象发展迅猛，包括了各种各样的立场，结果这一术语的理解和使用混乱甚多"[①]。

从词源学的视角看，这一专业术语的使用肇始于20世纪80年代末。主要体现在斯皮瓦克（Gayatri Spivak）的《后殖民批评家》和由海伦·蒂芬（Helen Tiffin）等人合编的《帝国的回述：后殖民

① ［美］阿里夫·德里克：《后革命氛围》，王宁等译，中国社会科学出版社1999年版，第84页。

文学的理论与实践》《后殖民研究读本》《超越最有一个“后”：后殖民主义和后现代主义》等著作中，以及西蒙·杜林（Simon During）的文章《后现代主义或后殖民主义的现状》中。从其中的成果来看，后殖民主义中的“后”所指涉的内容与后现代主义和后结构主义（即解构主义）等思潮相关。后殖民主义使用的“后”与后现代主义和后结构主义中的“后”都意指对元叙事、元话语的批判和解构，对形而上学和逻各斯中心主义的颠覆与拒斥，以及对同一性思维、本质主义、普遍主义的反对，对多元、差异的肯定。

> “后殖民性”与“后现代性”相呼应，标志着当代的状态、情景、状况或时代。其前缀“后”将其与一系列“后”联系在一起——“后现代主义”“后结构主义”……，都含有超越运动的意味。[①]
>
> 借助于否定以欧洲为中心的主导叙事（进步、逻各斯中心主义的主体性、本质主义、目的论等观念）和“分解了帝国话语之中心与边缘的二元主义之间的关系”，他们主张被后殖民主义批评家证实的“被殖民国民的政治能动性”。[②]

从这个角度看，后殖民主义首先意味着对殖民主义的批判、消解和超越。

从学缘谱系来看，后殖民主义最初的目标是扩大课程范围。艾梅·塞萨尔（Aime Cesaire）和弗朗兹·法侬（Frantz Fanon）等这些来自前殖民地的作家，通过揭示西方文本和前殖民地作家文本中

---

① 转引自［美］阿里夫·德里克《后革命氛围》，王宁等译，中国社会科学出版社 1999 年版，第 85 页。

② ［美］小埃·圣胡安：《超越后殖民理论》，孙亮、洪燕妮译，中国人民大学出版社 2016 年版，第 4 页。

殖民地人民的矛盾表现，力图达到批评20世纪50年代法国殖民主义所谓殖民的“文明使命”的目的。比尔·阿什克罗夫特（Bill Ashcroft）强调，后殖民主义这一概念产生前，其思想早已存在，他将1977年《新文学评论》第二期中的“后殖民文学”专集看作为“后殖民”的源头。在他看来，“后殖民”主要是指文学批评家们用来讨论殖民导致各种文化效应的术语[①]。之后，美国巴勒斯坦裔作家赛义德（Edward W. Said）把福柯的“话语—权利”公式和葛兰西文化霸权理论引入到殖民主义与文化生产共谋关系的研究领域，从根本上深化了后殖民主义文化批判研究。在赛义德的启发和影响下，斯皮瓦克和霍米·巴巴（Homi K. Bhabha）使用后结构主义的方法对西方殖民者对被殖民地区构成的“认知暴力”和“文化殖民”的机制进行了更深入的分析和批判。因此，后殖民主义带有摆脱了殖民统治的第三世界（或获得民族独立和解放的被殖民国家）对宗主国殖民文化批判抵制和抗争的色彩。

> 后殖民批评围绕的中心显然不是帝国主义在经济和政治上的占领，而是以政治经济为潜在基础的、更为彻底有效的文化占领或文化殖民。[②]

从后殖民主义的表现形式来看，后殖民主义主要代表人物斯皮瓦克、巴巴等人普遍都借用了后结构主义福柯、德里达等话语分析的方法。他们认为意识形态，话语和文化在某种意义上是首要的，它们既构成主体的身份，又构成她在周围世界中的“认识方式”。德里克指出，“后殖民，与其说是一种对事物的描述，倒

---

① Bill Ashcroft, Gareth Griffiths and Helen Tiffin, *Post-Colonial Studies: The Key Concepts* (Second edition), London and New York: Routledge, 2007, p. 168.

② 李应志、罗钢：《后殖民主义：人物与思想》，北京师范大学出版社2015年版，第4页。

不如说是一种话语，这种话语试图用那些将自己看成是后殖民知识分子的自我形象来建构世界；重申我最初的说法，他们是走入第一世界学术圈的第三世界知识分子，他们对于后殖民性的关注看上去好似是表达了对自己身份感到痛苦，实际上更多地表达了一种新找到的力量”①。同时，帕特里克·威廉姆斯（Patrick William）和劳拉·克里斯曼（Laura Chrisman）在《殖民话语与后殖民理论》一书中指出，“赛义德在1978年所著的《东方主义》一书中独自开创了一个全新的学术研究领域：殖民话语，或称殖民话语理论或殖民话语分析”②。

从后殖民主义的理论旨趣来看，后殖民主义通过对存在于文学、历史、艺术、哲学等领域的欧洲主义中心的主导叙事的批判解构，重构西方“主体”概念，从而达到对“边缘主体”“异质主体”“混杂主体”（如第三世界知识分子、前被殖民的民族和国家、属下阶层）的主体身份和权力的肯认和建构。“鉴于‘后殖民’批评的焦点在于‘后殖民’主体，甚至将主体之外的世界统统排除，不予考虑。”③ 20世纪80年代以来，随着新自由主义政策的推行和经济全球化的快速发展，全球政治经济格局发生变化，一些传统的边界划分（如第一世界与第三世界、殖民者与被殖民者、西方或其他地区等）变得模糊，一些新的主体出现，如新自由主义与新殖民主义结合受剥削的民族或种族、生活在第三世界的知识分子、女权主义者、生活在第三世界的属下阶层等。传统的西方主体概念和解放框架对此不能进行科学解释，西方马克思主义者也没有对现实中

① ［美］阿里夫·德里克：《后革命氛围》，王宁等译，中国社会科学出版社1999年版，第124页。

② Patrick Williams and Chrisman Laura, *Colonial Discourse and Postcolonial Theory: A Reader*, New York: Columbia University Press, 1994, p. 5.

③ ［美］阿里夫·德里克：《后革命氛围》，王宁等译，中国社会科学出版社1999年版，第118页。

的变化进行及时的概念把握和理论回应，在这种情况下，后殖民理论者对“东方”“属下阶层”“女性”等主体进行了理论上的探索和关照，如赛义德写作的《东方主义》（Orientalism）《知识分子的再表述》（Representations of the Intellectual），印度后殖民主义知识分子成立“属下研究”（subaltren Studies）项目，雷叶斯瓦瑞·桑德·雷简（Rajeswari Sunder Rajan）写作的《真实的和想象中的妇女：性别、文化和后殖民主义》（Real and Imagined Women：Gender，Culture and Post-colonialism）等都是这一体现。

综上所述，我们可以把后殖民主义的内涵概括为三个方面：（1）后殖民主义首先意味着政治上脱离殖民统治的第三世界国家对殖民主义的批判、消解和抵抗；（2）它是来自第三世界的知识分子通过话语分析的方法反思批判宗主国与第三世界之间的文化殖民关系；（3）后殖民主义的理论要旨在于通过对文化霸权和文化殖民的批判和抵抗，以实现西方“主体”概念的重构和对“异质性”“混杂性”主体身份和权力的建构。

需要注意的是，一些学者主张把“后殖民主义”与“新殖民主义”两个概念区分开来。如杨乃乔认为，非洲独立后面临的第一世界文化及经济殖民问题，在概念上更多地意指殖民主义之后的“新殖民主义”，而不是亚洲中东的“后殖民主义”。“并且‘新殖民批评’也没有‘后殖民批评’那种源于西方后现代主义的解构色彩。”[①] 在他看来新殖民主义的代表主要为齐努瓦·阿切比（Chinua Achebe）和艾梅·塞萨尔，而后殖民主义的代表主要为赛义德、斯皮瓦克、巴巴等人。这一观点虽然合理地区分开了新殖民主义和后殖民主义两个概念，但奇怪的是又认为“后殖民主义”和

① ［英］巴特·穆尔－吉尔伯特等编撰：《后殖民批评》，杨乃乔等译，北京大学出版社2001年版，第38页。

“后殖民批评”两个概念具有相同含义，而在别的场合又认为“后殖民主义”与“后殖民批评”是两个不同的概念。

> 前者是世界格局处在冷战之后的所谓文化霸权殖民主义者，后者是被文化帝国主义在后殖民主义行为中浸润而失去权力的抵抗者，如来自第三世界亚洲中东的赛义德、斯皮瓦克、巴巴与阿赫默德等人。①

我认为，后殖民主义自身中就包含了批判的要素，后殖民主义与后殖民理论具有相同的含义，杨教授这一区分并不合理，巴特·穆尔-吉尔伯特（Bart Moore-Gilbert）认为，“后殖民批评”应专指后来以艾贾兹·阿赫默德（Aijaz Ahmad）和德里克为代表的后殖民批评家对后殖民主义流派进行的批判。

> 众所周知在后殖民批评领域内某些人对后殖民理论不时的敌视（有时正好相反）足以表明，它们基本上应该被看作是分开的活动领域。②

当然，本文对后殖民主义概念的界定未必会得到学界的普遍认同。事实上，很难把后殖民主义理论看作一个连贯的理论，因为它更多的是与后殖民研究相关的思想集合的名称。然而本文从后殖民主义与马克思遭遇的视角对其作了上述界定，以凸显后殖民主义话语的研究有一个不断深化的趋势：即从意识到西方殖民话语对第三

---

① ［英］巴特·穆尔-吉尔伯特等：《后殖民批评》，杨乃乔等译，北京大学出版社2001年版，第23页。

② ［英］巴特·穆尔-吉尔伯特等：《后殖民理论——语境 实践 政治》，陈仲丹译，南京大学出版社2007年版，第154页。

世界文化的建构到对宗主国文化殖民的抵抗上。基于此种考虑，本文第二部分在剖析后殖民主义发展时，主要选择了赛义德、斯皮瓦克和巴巴作为考察代表。

（二）从赛义德的殖民话语分析到巴巴的心理游击战

《东方主义》（Orientalism）一书是后殖民主义理论中的开创性著作，任何讨论后殖民主义问题的研究基本上都将其作为真正的起点。“赛义德的《东方主义》独立开辟了一个新的学术领域，殖民话语，也可以称之为殖民话语理论或殖民话语分析的领域。”[①]

在《东方主义》中，赛义德指出，人文学科不应当被理解为围绕着追求“纯粹”或“不带感情”的知识而展开的学问，相反，传统自由主义的这种理解已经深深卷入了权力运作和技术操作之中，这是因为所有学者都受到特定历史、文化和制度依附关系的制约。具体讲，《东方主义》的主要目的是揭露西方知识和代表文本体系在西方使非西方世界在物质和政治上长期从属的卷入程度。为了推进这一论点，赛义德借用了福柯“‘知识’（话语）即权力”和葛兰西的“文化即霸权”的观点。《东方主义》开篇谈到了前英国首相贝尔福和前英国外交官克罗默对东方民族的话语表述，他们把东方描述为低于西方的“他者”，并主动强化了西方作为一种优越文明的自身形象。赛义德由此得出结论，东方就像任人打扮的小姑娘，是被西方通过想象、表述、建构、类型化和妖魔化的方式表述出来的。东方被东方主义的话语叙述为沉默、淫荡、女性化、暴虐和落后的形象，而西方则被表述为男性化、民主、有理性、讲道德、有思想开明的形象。在赛义德看来，这种被西方话语体系表述

① 转引自李应志、罗钢《后殖民主义：人物与思想》，北京师范大学出版社 2015 年版，第 134 页。

出来的“东方学”体现的是一种霸权的意识形态，其根本目的是强化西方对东方的权力意志和新殖民统治。这样现代东方学就成为帝国主义和殖民主义的一个组成部分，与其政治经济控制的帝国主义计划构成了共谋关系。赛义德在《文化与帝国主义》一书中深化了这一议题，在该书中他从文学，尤其是小说这一文化形式入手，力图证明欧洲的“高雅文化”本质上一直与帝国主义事业有着一种共谋关系。他指出：

> 文学时常表明它以某种方式参与了欧洲在海外的扩张，因而制造出了威廉姆斯所说的“感觉的结构”。这个“感觉的结构”支持、表现和巩固了帝国的实践。①

《文化与帝国主义》对《东方主义》中的议题的深化主要体现在前者对文化霸权主义的抵抗问题的探讨上，赛义德在该书中主要探讨了“混杂文化”模式和在宗主国第三世界知识分子的“旅居”模式两种策略。赛义德认为：“一切文化的历史都是文化借鉴的历史。文化不是不可渗透的。”② 在这一观点的指引下，他认为殖民的和被殖民的文化应该是你中有我、我中有你，相互影响、相互交错重组的“混杂”性文化，他既反对单独强调帝国主义的殖民文化，也反对极端强调民族主义的纯粹文化，他认为这两种倾向都是基于二元对立的本质主义思维方式，应被消解掉。此外，赛义德认为，处于宗主国的第三世界知识分子一方面熟悉“帝国”的语言，另一方面又深感自己是同群众性的抵抗运动结合在一起的，因而富有批

① ［美］爱德华·W. 萨义德：《文化与帝国主义》，李琨译，生活·读书·新知三联书店2003年版，第16页。

② ［美］爱德华·W. 萨义德：《文化与帝国主义》，李琨译，生活·读书·新知三联书店2003年版，第309页。

判文化霸权主义的使命，因此可以利用这种跨越边界和双重视角的优势把非殖民地化的斗争从边缘推移到中心。“驶入航程就构成了混杂文化的一个特别有趣的种类。”①

斯皮瓦克深化了赛义德在《东方主义》和《文化与帝国主义》中的认识，把对作为西方“他者”的东方认识推进到了认识论根基层面，用她自己的话来说，她揭示了“殖民逻辑”或“帝国主义公理”。斯皮瓦克认为，就像福柯、德里达和尼采等人指出的西方形而上学的历史就是一部“认知暴力”的历史一样，帝国主义的殖民话语对殖民地人民来说也构成了“认知暴力”，它使后者丧失了自我表述的系统和解构，丧失了自我发展的文化命脉，而这种“认知暴力”就寄居在二元对立的思维方式之中，主要表现为进步的历史观和文明的欧洲中心主义。斯皮瓦克指出，基于这种认识论的根基，帝国主义殖民扩张就具有了“使命”感，成为一种隐而不显的“软暴力”。斯皮瓦克借助马克思的劳动价值理论和解构主义揭示了帝国主义危机控制模式与科技进步之间的关系。在斯皮瓦克看来，支撑西方殖民话语的深层文化传统依然具有生命力，这主要表现在西方依靠科技发展打造的文化优越性，而以信息技术为代表的高科技具有一种被德里达所称的“眼睛的专制”特性，使人们容易忘记社会财富生产源泉，也就是说，在经验主义和实证主义意识形态的影响下，科技进步的“结果”造成了对于价值“起源”的专制和遗忘。根据马克思主义劳动价值理论和国际分工理论，斯皮瓦克进一步指出，第三世界工人的廉价劳动，尤其是处在第三世界父权文化压迫下的女性劳动，生产的绝对剩余价值才是帝国主义危机控制的前提。斯皮瓦克用“属下”（subaltern）这一概念指称脱殖后的

① ［美］爱德华·W. 萨义德：《文化与帝国主义》，李琨译，生活·读书·新知三联书店2003年版，第348页。

第三世界“无声”的劳动群体。在《属下能说话吗?》文章中，斯皮瓦克以巴杜里自杀为例，把第三世界的“属下阶层”建构成了西方“沉默的对话者”。在她看来，属下阶层作为沉默的他者并不具有主体批判的可能，只能被言说和再现。

> 再现与分析是为了让他们可见，能够被阅读，但不是为了其对自己讲话，也肯定不是主张赋予她一个声音。①

实际上，斯皮瓦克反本质主义的理论气质，决定了她很难形成自我决定的主体概念和“属下”解放策略，以至于人们经常怀疑她是否真正关心属下的政治解放问题。

> 她在著作中严格限制（甚至不允许）把被殖民者重新写入历史的空间，即便是通过后殖民知识分子发明的解构策略来利用“干涉主义的可能”的时候也一样。②

用罗伯特·杨的话来说，与赛义德和斯皮瓦克相比，巴巴对“抵抗”问题的探讨，代表着“一个重要的理论和政治上的进步”③，这主要体现在他提出的“心理游击战”和“第三度空间”抵抗模式中。巴巴认为，殖民者与被殖民者之间的二元对立关系，远比赛义德在《东方主义》中探讨的复杂，二者之间不仅存在着对立，而且还存在着复杂的心理联系。为了揭示这种复杂的心理关系，巴巴发明了“模拟”（mimicry）和“模拟人”（mimicman）两

---

① Sarah Harasym, ed. , *The Post-colonial Critic*, New York: Routledge, 1990, p. 56.

② N. Lazarus, *Nationalism and Cultural Practice in the Post-colonial World*, Cambridge University Press, p. 114.

③ Robrert J. C. Yong, *White Mythologies: Writing History and The West*, New York and London: Routledge, 1990, p. 149.

个概念，他将殖民者与被殖民者之间的译者阶层视为“模拟人”，这些“模拟人”在血统肤色上是殖民地的，在观念、思想、趣味上又“模拟”殖民者。巴巴认为，“模拟人”的存在表明了殖民者用自身文化同化被殖民者的意志，其本质是一种典型的文化殖民。在他看来，既然是“模拟”，那就不仅意味着永远不可能成为真实的殖民者，而且这种“模拟”有着很强的干扰殖民话语的力量。

> 在许多方面它表现为一种扰乱的力量，一种位于边缘的干扰力量，它倾向于歪曲英国性的自然发展。①

巴巴认为，在“模拟”过程中所显现出来的殖民话语的这种矛盾性，实际上就意味着殖民地文化对殖民话语的颠覆和抵抗。

> 抵抗并不必然是一种包含着政治意图的对抗行为，也不是对另一种文化“内容”的简单否定和排斥，抵抗是支配话语的承认法则内部产生的矛盾性后果……。②

巴巴对殖民话语的研究深化了我们对殖民关系的认识，他使我们看到，殖民与被殖民之间既是相互斗争的，又是相互影响和相互依存的。

从20世纪80年代末开始，巴巴开始关注非西方文化如何建构自己的文化身份以抵抗西方的话语霸权问题。他首先是从质疑以人的发展为标准的历史的线性进步观开始的，他既不同意西方资产阶级的自由主义的历史理论，也不赞同马克思主义的“宏大叙事”的

---

① Homi Bhabha, *The Location of Culture*, London: Routledge, 1994, p. 87.

② Robrert J. C. Yong, *White Mythologies: Writing History and The West*, New York and London: Routledge, 1990, p. 110.

历史理论。在他看来，西方国家与第三世界的文化并不存在谁更先进的问题，只存在“时差”（time）的不同，时差并不代表落后，而是意味着新的可能性和视角。在《后殖民与后现代》中，巴巴通过对罗兰·巴特的《文本的愉悦》中“命题”和“非命题”之间的复杂关系的分析，进一步说明了第三世界文化与传统宗主国文化之间的矛盾关系。巴巴反对“命题”与“非命题”之间截然的二元对立，认为介于这二者之间还有“命题之外”这一“第三度空间”，在他看来宗主国文化与第三世界文化之间也存在超越二元对立的“第三度空间”。巴巴借用巴赫金的“杂交”概念来指称后殖民化文化与宗主国文化之间的“第三度空间”关系，进而颠覆了殖民话语的单向度霸权。

> 殖民话语要发生效力，必须和他者的文化触发并发生杂交，这种杂交一方面使殖民话语本身的意义遭受播撒和流失，另一方面又使得他者的语言进入殖民话语，使它从单声变成双声，并从内部质疑和挑战殖民话语本身。①
>
> 如果殖民力量的效果被看作是杂交的生产，这便带来一种颠覆的形式……②

（三）后殖民主义对马克思遗产的策略性选择与拓展

尽管学界普遍认为后殖民主义与马克思之间的关系是复杂的，一方面后殖民主义者从马克思那里吸收了一些重要观点和方法论资源，另一方面又拒斥马克思的本质主义思维方式、历史进步论和欧

---

① 李应志、罗钢：《后殖民主义：人物与思想》，北京师范大学出版社 2015 年版，第 157 页。

② Homi Bhabha, *The Location of Culture*, London: Routledge, 1994, p. 114.

洲中心主义等思想。然而纵观前者的发展，可以清晰地看到：一，消解西方文化殖民和文化霸权始终是后殖民主义理论的核心议题，这与马克思的反殖民思想具有一致性；二，后殖民主义拓展深化了马克思关于殖民主义议题的探讨，这主要体现在拓展马克思的"无产阶级"概念，以及反殖民主义等议题的探讨方面。

根据马克思，资本天然地具有按照价值形式的逻辑使这个世界同质化的趋势。他在《资本论》中强调：

> 随着这种集中或少数资本家对多数资本家的剥夺……一切生产资料因作为结合的、社会的劳动的生产资料使用而日益节省各国人民日益被卷入世界市场网，从而资本主义制度日益具有国际的性质。①

后来戴维·哈维又以资本主义逻辑的空间政治学的形式佐证了资本全球化和帝国主义产生的必然趋势。"如果权力的积累必然伴随着资本的积累，那么资产阶级的历史必然是霸权持续扩大和空间不断扩张的历史。"② 从某种意义上说，里根和撒切尔推行的新自由主义政策和全球资本主义的发展正是这一逻辑的体现。随着国际分工、跨国公司、生产的跨国化的快速发展，全球和"地方"之间的矛盾不可避免地出现并凸显。一方面，与全球资本逻辑共谋的技术政治和知识工业不断推行其霸权。

> 这里常常忽略了欧美科学主义的普遍主义要求——"理性选择"仅其一说——在抹杀地域知识方面正延续了前期现代主

---

① 《马克思恩格斯文集》第5卷，人民出版社2009年版，第874页。

② ［美］戴维·哈维：《新帝国主义》，付克新译，中国人民大学出版社2019年版，第21页。

义那种扩张一种形式的知识的权力以凌驾于其他之上的传统，并在宣称一种新的世界主义的同时维持了一种欧美霸权。①

另一方面，在受新自由主义意识形态影响、民族国家功能受到削弱的前第三世界国家的地方的土著运动不断为基本的生存和文化多样性进行抗争。“地方（而非第三世界）已成为斗争、反抗和产生别样发展观的场所。”②

因此，从这方面看，后殖民主义对马克思主义的吸收和借鉴首先表现为有着共同的批判对象。殖民话语所反映出来的文化殖民和文化霸权，从根本上来说是服务于资本全球化目的的。毫不夸张地讲，马克思关于资本全球化和反殖民主义理论构成了后殖民主义的总的理论背景。马克思指出：

当我们把目光从资产阶级文明的故乡转向殖民地的时候，资产阶级文明的极端伪善和它的野蛮本性就赤裸裸地呈现在我们面前，它在故乡还装出一副体面的样子。③

不仅如此，马克思关于资本主义内在矛盾和经济危机的理论论证了全球资本主义必然崩溃，这构成了后殖民主义理论的一个重要支撑。东南亚金融危机更加强化了后殖民主义理论者这方面的认识和信心，因为它为地方控制以金融资本为代表的全球性发展提供了合法性论证。因此，“在欧洲以外直接靠掠夺、奴役和杀人越货而

---

① ［美］阿里夫·德里克：《后革命氛围》，王宁等译，中国社会科学出版社 1999 年版，第 49 页。

② ［美］阿里夫·德里克：《后革命氛围》，王宁等译，中国社会科学出版社 1999 年版，第 75 页。

③ 《马克思恩格斯文集》第 2 卷，人民出版社 2009 年版，第 690 页。

夺得的财宝，源源流入宗主国，在这里转化为资本”①。罗伯特·杨认为，后殖民主义保留了马克思的研究方向，早期后殖民理论家都将马克思主义作为了他们的起跑线和理论基石：“如果说后殖民理论是解释殖民化的一个文化产品的话，那它也是马克思主义在反殖民领域的一个历史的产物。”② 虽然后殖民主义在抵抗帝国主义文化殖民问题上不如传统马克思主义者那样激进，但总体上后殖民主义知识分子都对文化殖民持否定的立场，无论是赛义德的“混杂文化”模式和第三世界知识分子的“旅居”策略，还是巴巴的“心理游击战”和“第三度空间”，都或多或少地代表了第三世界国家对帝国主义殖民计划的反抗。列宁强调：

> 帝国主义造成了一个时代，使整个世界，使地球上全体居民分成两类国家，一类是剥削别人、压迫别人的国家，是占少数的国家，另一类是给它们当殖民地的弱小民众的国家，是占多数的国家。③

其次，后殖民主义者借鉴了马克思的一些重要方法论原则。如前所述，斯皮瓦克对“属下”的分析就重新启用了马克思的政治经济分析方法，她认为，“拒绝经济全球运行，是不能把握随之而来的野蛮主义的生产的”④。斯皮瓦克正是根据马克思的劳动价值论和国际分工理论，追踪到了当代西方殖民话语的“痕迹”，在她看来，在政治上获得独立的第三世界国家仍然延续着十分残酷的“前现代文本”。吉尔伯特强调，如果人们想到斯皮瓦克已发现马克思主义

---

① 《马克思恩格斯文集》第5卷，人民出版社2009年版，第269页。

② Robert J. C. Yong, *Postcolonialism: A Historical Introduction*, Blackwell Publishers Ltd., 2001, pp. 167 – 168.

③ 《列宁全集》第38卷，人民出版社1986年版，第101页。

④ G. C. Spivak, *In Other Worlds*, Metheun, 1987, p. 168.

政治经济学的正统传统比与詹明信和威廉斯等这样的人有关联的马克思主义“文化主义”更有用。除了斯皮瓦克外，查克拉巴蒂（Dipesh Chakrabarty）在批判马克思主义历史观发展新的历史理论时，对马克思的“抽象劳动”和“具体劳动”两个概念进行了批判性解读[①]。最后，后殖民主义者借鉴了马克思的一些重要观点和概念。赛义德在《东方主义》中开篇就引用了马克思在《路易·波拿巴的雾月十八日》中的一句话：“他们不能代表自己，一定要别人来代表他们”。马克思这句话表达的是，由于法国农民没有文化知识，所以必须由主宰他们命运的波拿巴作为他们的代表，马克思在这里揭示的是由文化造成的农民与其代表之间的权力关系。显然，赛义德将法国农民比喻成了“东方”，将波拿巴替换成了“西方”。借助马克思的观点，他只不过是想表达“东方”就像法国农民一样由于没有话语权力，只能由“西方”表述自己。在这些看法的基础上，印度“属下研究”小组对马克思主义的主体（即“无产阶级”）概念进行了吸收性改造。在属下研究小组看来，与笛卡尔、康德等哲学家的主体概念不同，马克思的“无产阶级”概念不是个人主体而是群体主体，这对于建构一个“地方性”“混杂性”且具有群体意识的主体概念至关重要。例如，斯皮瓦克指出：

> 马克思将阶级实践领域限制在抽象的二级层面，由此有效开启了（康德和）海德格尔对作为作用者的个人主体的批判。[②]

---

① Dipesh Chakrabarty, *Provincialising Europe: Postcolonial Thought and Historical Difference* (Princeton, NJ: Princeton University Press, 2000), Chapter 2, “The Two Histories of Capital”, pp. 47 – 71.

② ［印度］佳亚特里·斯皮瓦克：《后殖民理性批判：正在消失的当下的历史》，严蓓雯译，译林出版社2014年版，第274页。

同时，葛兰西关于“属民阶级”的讨论，拓展了《路易·波拿巴的雾月十八日》里关于阶级立场和阶级意识的论证，他赋予了“属民”主体概念的文化形式和因素。葛兰西这一极具情境化特征的主体概念赢得了属下研究小组的青睐。从以上三方面来看，后殖民主义理论是嵌入在马克思的一些重要理论方法和观点之上的。

如前所述，资本作为一种“普照的光”试图将世界上的一切都同一在其结构之中，因此全球和“地方”的关系是同一与差异、普遍与特殊之间的矛盾关系。在这个意义上，后殖民主义理论的核心是对异质性、混杂性和多样性的认可和维护。然而，在后殖民理论者看来，马克思主张的历史进步论、社会发展观、主体政治叙事框架在理论上支援了资本逻辑的全球化策略，有着明显的“欧洲中心主义”倾向，仍属于“一元论”话语，必须加以改造。

后殖民主义对马克思议题的拓展，主要体现在提出用发展的马克思主义把握现实的任务、拓展马克思的“无产阶级”概念，以及反殖民主义等议题的探讨上。首先如前所述，随着全球资本主义的快速发展和生产的国际化，“三个世界”的政治经济格局被打破，第一世界与第三世界的旧的殖民与被殖民的关系被新殖民所代替，与这相关联的是全球与地方的相互渗透，这样一来以“三个世界”或国家为基础的概念遭到质疑。如卡尔·普莱奇指出，“把全球划分为三个世界的基础是一对极为抽象、不太精确的二元对立”①。这样一来，一些西方学者提出了这样一个问题：马克思主张的民族解放构想或民族民主解放道路还成立吗？同时，随着苏联和东欧社会主义国家的改旗易帜，科学社会主义事业陷入低谷，资本主义与共产主义之间的二元对立结构以及“过渡叙事”受到后殖民主义知识

① ［美］卡尔·E. 普莱奇：《约1950—1975年间的三个世界或社会科学劳动的分工》，《社会及历史比较研究》1981年第23期。

分子的质疑。应该说后殖民主义者对马克思的一些概念观点的改造提出了如下问题：如何理解马克思的一些概念和理论？如何用马克思的观点和方法切中当下的现实？在后殖民主义理论者看来，马克思必须了解后殖民世界，否则将不可能真正回到马克思。显然，这些观点对于我们重读马克思并准确地把握资本主义的最新发展具有十分重要的理论和实践意义。其次，后殖民主义理论者赋予了马克思的主体概念（即无产阶级概念）文化形式。在《资本论》中，马克思按照抽象到具体的方法，从分析价值形式开始，论证了从商品到货币、从货币到资本、从资本到工资和地租发展的必然形式运动，无产阶级与资产阶级之间的对立也是这一价值形式运动的必然结果，因而无产阶级的解放的关键就在于打破这一价值形式运动的连续性，而这就要靠资本主义社会基本矛盾的激化而引起的贫富差距和阶级斗争。在这里，马克思的阶级概念所具有的社会形式主要是经济形式。历史并没有严格按照马克思所设想的逻辑进行。因为影响世界历史发展的并不完全局限于价值形式运动，还有来自被殖民国家或第三世界国家的文化所赋予的被剥削被压迫民族的文化认同。具体地讲，革命主体被赋予的社会形式，不仅包括价值形式，还包括地方文化、宗教文化等其他社会形式，这就造成了主体解放运动的复杂性。后殖民主义理论者用葛兰西的具有文化因素的“属下”概念代替马克思的“无产阶级”概念，就是为了表征主体形式的情境性、多元性和混杂性。因为在属下研究小组这里，“属下”包括城市居民、非正规工人、农民、贫困农民、搬运工、采矿者、第三世界知识分子和青年等具有各种文化形式的边缘主体。这种对“无产阶级”概念主体的理解体现了把马克思主义基本原理同各国特殊国情结合起来的维度，从某种意义上说，与以毛泽东为代表的中国共产党对革命主体的理解有一致之处，间接地支援了新民主主义革命理论。最后，后殖民主义理论者拓展了马克思对反殖民主义模式的探讨。罗伯特·杨指出，斯皮瓦克在用“属下”概念替代“无产阶级”概念的同时，也扩大了马克思主义狭义的阶级斗争模式，以适应新的解放斗争模式，包括女性运动，农民斗争以及本土少数民族的权力斗争等。[①] 实际上，20世纪的遍布全球的民族解放运动和社会主义运动都无一例外地受到了民族文化认同的影响，已经体现了这一复杂性。全球资本主义一方面打着称颂尊重差异的旗号，另一方面却计划着进一步试图抹杀它们，不断推行发展主义的意识形态，即采用一种更符合时代的霸权形式（即新自由主义的意识形态和帝国主义话语）来推行其计划。虽然马克思对殖民问题有着深入而广泛的讨论，但由于时代条件所限，他不可能对帝国主义的文化殖民和文化霸权进行有效分析。帝国主义霸权与文化之间的内在关联，文化霸权和文化殖民形成的内在机制，以及殖民话语霸权的表现形式和日常影响，这些问题在其他经典马克思主义者那里也没有引起足够的关注。实际上，这也是后殖民主义者对经典马克思主义进行责难的地方。赛义德反问：“为什么神圣的使命属于一方不属于另一方；为什么权利为一方接受而为另一方所否认?”他强调，“我们最好从文化的角度来理解这些问题”[②]。后殖民主义理论旗帜鲜明地指出了帝国主义文化的意识形态性和殖民本质，梳理了西方文化霸权的历史脉络和话语流变，阐明了帝国主义文化霸权的基本表现形态和运作机制，分析了第三世界国家知识分子的特殊地位与作用。例如，赛义德指出：

随着精心维持的意义指涉，关于统治、操控、强化与适应

---

① Robert J. C. Yong, *Postcolonialism: A Historical Introduction*, Blackwell Publishers Ltd., 2001, p. 351.

② ［美］爱德华·W. 赛义德：《赛义德自选集》，谢少波、韩刚等译，中国社会科学出版社1999年版，第245页。

性的态度就产生了，并且从17世纪到19世纪末以惊人的力量进行发展。①

“作为资产阶级社会文化作品的小说和帝国主义如果缺少一方，那将是不可想象的。”② 斯皮瓦克说：“全球发展的一般意识形态就是种族主义家长式统治……，它的一般经济学就是资本密集型投资；它的主要政治学就是压制抵抗和属民的声音，一直收编他们反抗的修辞。”③ 巴巴强调，“殖民话语把作为一种社会现实生产出来，这时它既是一个他者，同时又是完全可以把握和唾手可得的”④。这些论述立体多维地展现了帝国主义、殖民主义的计划，拓展了马克思主义关于殖民主义的分析。后殖民理论关于反文化殖民的讨论也是富有启发意义的，这种启发倒不是说他们提出的反文化霸权的策略具有可行性和有效性，而是指他们关于“杂交”文化、第三世界知识分子、女性运动等相关议题的探讨，拓展了我们对反殖民霸权维度和模式的理解。也就是说，反对殖民霸权，不仅包括经济方面的，也包括文化方面的。同时，反殖民霸权不仅包括以前的民族民主革命和社会主义运动，同时包括当代“第三世界”国家反抗帝国主义霸权的运动。可以说，后殖民主义对殖民话语文化霸权的揭示，尤其是对西方塑造东方的分析，实际上隐含了一个重要启示：第三世界国家对帝国主义霸权的反抗在科学社会主义运动史上不仅是重要的，而且蕴含着某种必然性。

---

① Edward Said, *Culture and Imperialism*, London: Vintage, 1994, p. 52.

② Edward Said, *Culture and Imperialism*, London: Vintage, 1994, pp. 70 – 71.

③ ［印度］佳亚特里·斯皮瓦克：《后殖民理性批判：正在消失的当下的历史》，严蓓雯译，译林出版社2014年版，第386页。

④ Homi Bhabha, *The Location of Culture*, London: Routledge, 1994, p. 82.

（四）后殖民主义虚假的超越与马克思话语的重新在场

从后殖民主义学术话语史来看，其流变过程体现了一种不可避免的深化趋势，方法论上体现为从结构主义的话语分析到马克思主义政治经济学的追踪，观点上体现为从殖民话语的分析到文化霸权的抵抗和后殖民主体的建构。这一过程又表现为后殖民主义理论者对马克思思想的批判性改造不断深化的过程。本质上看，后殖民主义与马克思的这一“遭遇”或后殖民主义知识分子所谓的对马克思的“超越”，是后殖民理论者试图对当代资本主义的最新发展所作的一次理论概括和把握。其关涉的问题是：资本主义的最新发展是否发生了与马克思恩格斯所作的判断有本质上不同的变化？马克思主义话语对当代是否还具有解释效力？后殖民理论是否比马克思主义更清楚、更准确地理解了资本主义在全球的面貌？从深层看，后殖民理论者对马克思思想的策略性改造关涉的是如何处理普遍与特殊、抽象与具体、同质与异质、整体与部分、理性与非理性、进步与落后之间的辩证关系。

对后殖民理论者来说，世界各地区之间的巨大差异证明了马克思所称的资本主义“普遍化趋势”（走向全球的趋势）的局限性，而马克思的理论无法提供理论或史学证据来探讨这种差异，因为他要么忽视文化和历史的多样性要么假定南半球不存在叙事和主体性。赛义德指责马克思谈论的非西方是根据欧洲中心主义话语东方化了的非西方[①]；斯皮瓦克指出，“马克思自己表面上的计划……似乎是通过获得自决权来建立自我认同，这将消除历史所建立的分歧”[②]；罗伯特·杨也强调，马克思的历史目的论是对差异和特殊的

① Edward Said, *Orientalism*, Vintage, New York, 1978, p. 155.

② Spivak, Gayatri Chakravorty, *A Critique of Postcolonial Reason: Toward a History of the Vanishing Present*, Cambridge, Mass.: Harvard University Press, 1999, p. 78.

暴力压制[①]。换言之，在他们看来，马克思的历史辩证法和生产方式的叙事话语把他者的丰富性和差异性都压缩在了其中。具体讲，他们认为马克思捍卫了一种欧洲中心的政治解放模式，这种模式忽视了非西方社会主体的经历，未能将他对印度和非洲的研究发展成对帝国主义的全面分析，马克思的分析还忽视了“被剥夺权利的群体，如殖民地居民”。后殖民理论者对“地方”“属下阶层”等主体差异性和混杂性的维护，必然导致对这些主体的独特历史提供合法性论证，也就必然造成他们对唯物史观的解构和反叛。在这种逻辑背景下，1982 年，以拉纳吉特·古哈（Ranajit Guha）、帕沙·查特吉（Partha Chatterjee）和查克拉巴蒂为主要代表的印度后殖民主义知识分子创立了印度史学研究杂志“属下研究”，以“属下阶层”（被边缘化和被压迫的群体）为研究范畴，旨在发展印度下层民众的独特历史理论，以修订传统的马克思主义历史观，但它逐渐演变成了对马克思历史唯物主义的系统挑战。其中，尤以查克拉巴蒂发展的“两种历史”理论为代表。

后殖民主义知识分子对马克思主义的挑战很自然地遭到了西方马克思主义者的批判，主要包括阿赫默德、德里克、小埃·圣胡安（E. San Juan Jr.）和萨米·萨卡尔（Sumit Sarkar）等人，他们提出了对文化和历史的不同解读。阿赫默德尤其反对赛义德将马克思主义从后殖民批判中清扫出去并隐晦地妥协于资本主义的一般意识形态的做法[②]。德里克在承认后殖民主义和全球化对马克思主义提出挑战的同时强调：

---

① Robrert J. C. Yong, *White Mythologies: Writing History and The West*, New York and London: Routledge, 1990, p. 22.

② ［美］小埃·圣胡安：《超越后殖民理论》，孙亮、洪燕妮译，中国人民大学出版社 2016 年版，第 4—5 页。

> 对于分析这些作为历史现象的资本主义矛盾来说，马克思主义像过去一样重要……马克思主义理论仍然有着重大意义，因为它对于找出塑造未来的力量来说是不可或缺的，这是马克思主义理论的首要目标。①

2013 年，维维克·奇伯（Vivek Chibber）在《后殖民理论和资本的幽灵》（*Postcolonial Theory and the Specter of Capital*）一书中指出，马克思认识到资本主义“维持甚至创造巨大的社会身份多样性”的能力把“普遍性”等同于“同质性”是不正确的，古哈、查特吉和查克拉巴蒂等人对资本主义的理解是错误的，他们对马克思的描述是不准确的。鉴于奇伯对属下研究小组的批判缺乏历史主义的维度，罗纳波尔·萨玛达尔（Ranabir Samaddar）于 2017 年在《马克思和后殖民时代》（*Karl Marx and the Postcolonial Age*）一书中运用政治经济学的方法揭示了后殖民理论的时代条件是全球资本主义整体的一部分，论证了马克思对资本主义的分析是将普遍与特殊、整体与部分、抽象与具体辩证统一起来的，并深入批判了查克拉巴蒂和查特吉等人的历史理论。总体看，西方马克思主义者对后殖民主义的批判主要集中在其方法论和主体解放策略上。

其一，单纯的话语分析和对唯物史观的否定，是后殖民主义理论方法论上的根本缺陷。以赛义德为主要代表的后殖民主义知识分子对帝国主义文化霸权进行的话语解构有一定的积极意义，但同时也容易陷入文化决定论和文化相对主义。针对赛义德和巴巴两人的“杂交文化”，阿赫默德质问道，“到底要把自己杂交进谁的文化?

① ［美］阿里夫·德里克：《后现代主义、后殖民主义和全球化：当代马克思主义所面临的挑战》，王瑾译，《当代世界与社会主义》2007 年第 2 期。

按谁的条件进行?”[1] 德里克强调:

> 在我看来，不顾自己的语言，一味坚持混杂性，这就不仅掩饰了意识形态的位置，还掩饰了随着位置的不同而产生的权力差异。[2]
>
> 文化主义对文化自主性的确认把其他领域的一切社会实践（从经济到思想）都还原成文化问题；于是文化的变化好像可以解释其他一切变化。[3]

实际上在萨格尔·桑亚尔（Sagar Sanyal）看来，后殖民主义的话语批判是离不开经济分析的，他在《马克思主义和后殖民理论》一文中通过对殖民历史的追溯指出，是先有了造船和采矿等技术的迅猛发展，才有了殖民活动和欧洲中心主义的意识形态的确立，而不是相反。在马克思看来，意识形态没有自身独立的历史，如果抽掉它所依赖的一定的物质关系，它将丧失自身存在的合法性。如前文所述，从后殖民主义理论发展的历程来看，在方法论上不可避免地存在着一个从话语批判到经济分析的转变。

例如，查克拉巴蒂对唯物史观的反叛就是以马克思的劳动价值理论为突破口的。他认为，马克思区分了两种历史：历史 1 和历史 2。

> 由“资本”提出的历史和不属于资本“生命过程”的历

---

① 杨耕、张其学:《后殖民主义：实质、特征及其局限——从马克思的观点看》,《社会科学战线》2005 年第 2 期。

② ［美］阿里夫·德里克:《后革命氛围》，王宁等译，中国社会科学出版社 1999 年版，第 129 页。

③ ［美］阿里夫·德里克:《后革命氛围》，王宁等译，中国社会科学出版社 1999 年版，第 185 页。

史……马克思的思想可以用来抵制资本逻辑将差异扬弃为自身的观点。[①]

他认为，历史1对应着抽象劳动，历史2对应着具体劳动。在他看来，在马克思那里，抽象劳动是纯粹生理学意义上的人的脑力和体力的耗费，与特定具体的劳动无关；由这种抽象劳动创造出来的资本及其有利于资本逻辑运行的生产关系形成的历史1，与由具体劳动（或活劳动）创造的历史2构成了资本主义社会的结构性矛盾，前者试图征服或摧毁后者，使活劳动从属于抽象劳动（即资本逻辑），然而并不是总能如此[②]。也就是说，他用历史1及其伴随物来标识西方和资本主义，强调抽象劳动和交换价值，用历史2来标识具体劳动和后殖民主体，强调使用价值和劳动的特殊性具体性，这样一来后殖民主体的历史便不同于资本的历史并与之对抗。然而，这里的关键是查克拉巴蒂对马克思抽象劳动概念的误解，在马克思那里，抽象劳动是抽象的，但也是具体的。这里的关键问题是，马克思所说的抽象劳动，本质上是社会劳动：

> 要生产一个商品，必须在这个商品上投入或消费一定量的劳动，我说的不仅是劳动，而且是社会劳动。[③]

因为一个人的私人劳动只有转化为社会劳动，即具体劳动转变

---

① Dipesh Chakrabarty, *Provincialising Europe*: *Postcolonial Thought and Historical Difference* (Princeton, NJ: Princeton University Press, 2000), Chapter 2, "The Two Histories of Capital", p. 50.

② Dipesh Chakrabarty, *Provincialising Europe*: *Postcolonial Thought and Historical Difference* (Princeton, NJ: Princeton University Press, 2000), Chapter 2, "The Two Histories of Capital", pp. 64 – 65.

③ 《马克思恩格斯选集》第2卷，人民出版社1995年版，第67页。

成抽象劳动时，他才能获得维持生存的必需品。在这里，查克拉巴蒂显然抽掉了劳动的社会形式，割裂了抽象与具体的关系。在资本主义条件下，必要的劳动必须作为商品进行交换，以实现使用价值。换言之，传递价值的劳动必须以社会界定的方式进行。“我们不再有不分时间、地点和历史的人类劳动的概念，而是受历史力量制约的劳动。”[①] 此外，查特吉还根据卡里安·桑亚尔（Kalyan Sanyal）关于“需要经济”的论述创立了非正规经济的概念。桑亚尔认为：非正规经济是非资本的经济，而是迎合了需要的世界，而正规经济迎合了剩余价值生产的世界。然而，无论他如何解释非正规经济，“需要经济”也属于人的消费层面。众所周知，在马克思那里，消费与生产是一体的。也就是说，需求是由社会决定的，因此在全球资本主义时代它们是由资本主义生产方式决定的。后殖民主义理论者，试图将资本主义国家在前“第三世界”国家进行的原始积累解释成非正规经济或需要经济，因而片面地理解了马克思主义政治经济学。实际上，随着全球化、新自由主义和后殖民主义的积累，抽象劳动、社会必要劳动、有用劳动的概念，生产劳动、合作劳动、分工和集体劳动，必须在相互联系的意义上加以把握和运用。因此，许多后殖民理论家试图将差异确立为后殖民生活和经济的基本组织原则的尝试是错误的。正如《后殖民研究和超越》一书所强调的，2003 年美国入侵伊拉克给 21 世纪蒙上的阴影，这使我们说有一个后殖民世界比以往任何时候都更加荒谬[②]。

其二，注重文化抵抗，忽视“革命”，是后殖民主义理论的先天不足。赛义德把旅居在第一世界的第三世界的知识分子作为反抗

---

① Ranabir Samaddar, *Karl Marx and the Postcolonial Age*, Palgrave Macmillan, 2017, p. 151.

② Ania Loomba, Suvir Kaul, Matti Bunzl, Antoinette Burton, and Jed Esty, eds., "Beyond What? An Introduction", in *Postcolonial Studies and Beyond* (Durham, NC: Duke University Press, 2005), p. 1.

文化殖民的策略，斯皮瓦克把“属下”，尤其是第三世界的妇女作为反抗文化霸权的主体，巴巴将译者阶层作为“杂交文化”模式的代表，这些反抗模式的共同缺陷就是淡化阶级和革命问题。实际上，在列宁看来，被殖民国家的民族解放运动，只有被视为阶级问题，被置入整个社会主义运动中，才能得到真正的解决。

> 在目前的形势下，在帝国主义战争以后，各民族的相互关系……将取决于少数帝国主义国家反对苏维埃运动和以苏维埃俄国为首的各个苏维埃国家的斗争。如果忽略了这一点，我们就不能正确地提出任何民族和殖民地问题，哪怕它涉及的是世界上一个最遥远的角落。[①]

究其原因，这是后殖民主义理论者对解放主体的错认。一方面后殖民主义理论者认为马克思的“工人阶级”概念是一个抽象的集体主体，不利于表征主体的差异性和丰富性；另一方面，如前所述，在全球主义和地方主义的矛盾冲突中，民族国家已经变成全球主义的帮手，再加上那个时代民族解放运动和社会主义运动普遍遭遇了挫折，这使得“地方”在全球资本主义结构中，显得孤立无援，因而选择了“第四条解放道路”，即地方化的政治反抗模式。然而根据马克思，解放主体不是个体或某个特殊群体，而是具有一定社会形式的群体，准确地说是在价值形式运动中产生的，或者说在资本的运动中产生的，与资产阶级对立，具有相同经济地位的群体。正如前文所分析的，后殖民主义知识分子所谓的“地方”仍然处于全球资本逻辑的结构之中，在这一背景下，必须超越民族、地方、种族、性别等方面，即借助马克思的阶级理论，来构想解放主

---

① 《列宁全集》第39卷，人民出版社1963年版，第230页。

体。因此，德里克指出：

> 资本在所有方面，尤其是在生产方面（“新的国际劳动分工”），取得了超越民族性（transnationality），跨过了地区和民族的界限，形成了真正意义上的全球阶级。①

在这个意义上，小埃·圣胡安说：

> 也只有通过大众民主革命，后殖民主义的民主悖论和世界体系史中的资本主义现代性才能转变为包括工人、妇女、农民和穷人在内的真正的人类解放，才能进一步包含整个地球生物圈。②

印度学者萨格尔·桑亚尔在《马克思主义和后殖民理论》一文中强调，用将“从具体到抽象”与“从抽象上升到具体”结合起来的社会形式分析的理论框架剖析后殖民主义的议题将更加有效。

> 后殖民理论的特点是对东方主义和以欧洲为中心的意识形态的批判，以及对西方与后殖民社会之间社会政治差异的研究。使用唯物主义和马克思主义的框架可以更好地研究这些问题……用马克思主义的观点比用后殖民主义理论会更好地推进后殖民社会的研究和后殖民被压迫者的解放。③

---

① ［美］阿里夫·德里克：《后革命氛围》，王宁等译，中国社会科学出版社 1999 年版，第 70 页。

② ［美］小埃·圣胡安：《超越后殖民理论》，孙亮、洪燕妮译，中国人民大学出版社 2016 年版，第 213 页。

③ Sagar Sanyal, “Marxism and Post-colonial Theory”, *Marxist Left Review*, No. 18, July 2019.

本文的观点比桑亚尔还要彻底一些，后殖民主义学者开创的批判领域与其使用的方法之间的内在矛盾决定了他们既没有真正超越马克思并全面准确把握这个时代，也没有实现其反抗文化霸权和主体解放的目的，当代资本主义的全球发展实践已经证明了这一点。

结　语

为了更加简要地阐明本书的研究结果，笔者有必要把前面关于马克思社会形式分析方法的分析再次简明地概括出来。本著作的结论共三个，下面我将逐一介绍。

首先，马克思社会形式方法是准确理解政治经济学批判方法的核心和关键。如前所述，对马克思唯物史观的诸多误解和分歧，都与没有从社会形式分析方法的角度把握马克思的政治经济学批判方法有关。更加具体地讲，就是不了解马克思社会形式分析方法的旨归、论证思路和论证过程对于整个马克思主义哲学的意义。以“体系辩证法”和“历史辩证法”之争为例，因为，一方面以弗雷德·莫斯利和克里斯多夫·约翰·阿瑟为代表的体系辩证法学派反对用历史辩证法的方法把握《资本论》，而主张以黑格尔的《逻辑学》中的概念辩证法和《资本论》中的辩证法进行对勘性研究。这种方法虽然看到了《资本论》中各概念之间的内在的逻辑关系，但显然割裂了体系辩证法和历史辩证法之间的内在关联。根本上看，他们未能批判地考察政治经济学各范畴社会形式基础，从而错失了社会形式中的历史辩证法维度。另一方面，传统马克思主义者认为马克思的辩证法遵循了历史和逻辑相统一的方法，反对“历史辩证法”与“体系辩证法”之间的二分，这一观点虽然认肯了资本主义生产方式的历史性和科学社会主义理论的科学性，但由于未能勘破马克思社会形式分析方法的逻辑理路，从而忽略了马克思由社会形式辩证法到价值形式辩证法之间的逻辑过渡，因而其方法论略带武断论色彩，一定程度上掩盖了马克思主义理论的科学性。

实际上，“体系辩证法”和“历史辩证法”之间的争论，蕴含的关键问题就是如何理解马克思的唯物辩证法与政治经济学批判之间的关系。具言之，马克思是如何将唯物辩证法融入政治经济学批判中的？对于这一问题的认识，我们既要反对学术界那种将政治经济学批判理解为马克思唯物辩证法在其中“应用”和“推广”的观点，也要反对将二者的融合阐释为马克思在对政治经济学的持续批判中建构一种新型的“特定性哲学”的观点，因为他们都无法从根本上说明政治经济学批判和历史唯物主义融合的内在逻辑。实际上，马克思关于这两者的融合的论述，主要集中于《1857—1858年经济学手稿》和《政治经济学批判。第一分册》（1859）的《序言》中。

对政治经济学中的范畴进行社会形式的还原是马克思政治经济学批判的方法的旨归。蒲鲁东关于对政治经济学进行批判使社会主义理论成为科学的观点触发了马克思。然而，基于《德意志意识形态》发展的历史唯物主义观点，马克思认为蒲鲁东根据“纯粹思维的活动”设计范畴之间的次序，是一种政治经济学中的形而上学和方法论上的唯心主义。随着马克思在《哲学的贫困》中对蒲鲁东思辨唯心主义方法的批判和19世纪50年代爆发的金融危机问题的关注，马克思意识到对国民经济学中的经济学范畴进行社会形式批判越来越紧迫。随后不久，马克思就在《1857—1858年经济学手稿》中制定了对经济范畴进行社会形式还原的历史与结构的双重路向的方法论纲领。进一步讲，马克思阐述的政治经济学批判方法，就是从历史和社会结构的双重角度，将经济范畴破译为资本主义生产关系下生产以及由生产决定的其他活动必须采用的形式，即具体的社会形式，尤其是要将价值、商品、货币、资本和剩余价值等概念还原为一定社会形式下的劳动。

从方法论的视角看，马克思的政治经济学批判实际上就是要实现将经济学范畴的表象客观性向社会形式客观性的转变。“政治经济学所研究的是财富的特殊社会形式，或者不如说是财富生产的特殊社会形式。”[①] 在马克思看来，古典经济学和庸俗经济学的理论体系之所以最终陷入矛盾，就是因为国民经济学家们表象的思维方式。这种思维方式的特点是，将价值、货币、资本等经济范畴的客观性建立在资产阶级方式的表面现象或流通环节的基础上，而抹杀了资本主义生产方式的整体性和资本循环的总体性。换句话说，马克思并不是认为国民经济学家们使用的经济范畴毫无客观性，而是认为其客观性只是建立在简单流通基础上的。这一目标就决定了，通过对经济范畴的社会形式批判，将处于分配和流通形式中的表面经济现象与处于深层的社会生产本质贯通起来。

基于这种洞见，马克思的政治经济学批判，不仅要把国民经济学家们对经济范畴的理解破译为基于简单流通形式，又要批判经济范畴形式和简单流通形式的非独立性。对简单流通现象的否定，社会形式分析追求的批判是一种“否定”的策略：即简单的抽象形式被否定。这一运思路向决定了必须从最表面的经济现象开始，而资本主义社会最表面的现象就是货币流通。这样一来，问题便转换为，首先对货币这一经济范畴进行政治经济学批判，将其还原为特殊社会形式下的劳动客观性。

正是在对货币范畴进行社会形式还原时，马克思发现了价值形式这一分析框架，在这一对象性的框架下，使用价值与价值、具体劳动与抽象劳动以及个人劳动和社会劳动的辩证结构得以显现。在

① 《马克思恩格斯全集》第44卷，人民出版社2001年版，第98页。

这一分析框架下，马克思不仅将交换价值内在地还原为特定社会形式下的劳动，实现了形式与内容的统一，而且基于劳动实践这一中介，使价值形式辩证法与社会形式之间的辩证法之间的内在联系得以彰显。也就是说，马克思通过对政治经济学范畴的社会形式批判，在将价值形式中的辩证法同社会形式中的辩证法联系起来的同时，也成功地将辩证法融入了政治经济学中，这就是“体系辩证法”与“历史辩证法”融合的关键所在。

其次，通过社会形式分析，马克思实现了历史唯物主义认识论的证成。马克思在《伦敦笔记》中对金融危机的分析，指向了货币与资本主义生产之间的内在联系，同时，马克思的社会形式分析的逻辑起点，也是处于简单流通中的货币，这些都决定了马克思以货币为切入点对经济范畴进行社会形式批判。或者换句话说，社会形式分析方法的抓手，就是厘定货币与劳动之间的内在联系。如前文所述，马克思是将“从具体到抽象”和“从抽象上到具体”两种方法结合起来，才将货币这一经济范畴从社会形式的流通层面还原到生产层面的劳动的。

通过“从具体到抽象”的方法，也就是马克思所谓的“研究方法”，马克思锚定了价值形式分析框架，内在必然性地将价值范畴还原到一定社会形式下的劳动，不仅实现了范畴形式与内容、思维形式与客观社会形式的统一，而且发现了资本增殖的逻辑这一“先验结构”。必须说明的是，从方法论的视角看，马克思对货币的各种形式与劳动之间关系的“从具体到抽象”的研究，大致上经历了两个阶段：一是经验主义和实证主义的研究阶段，二是形式的逻辑推理阶段。如第三章所述，在前一阶段，马克思尚未突破李嘉图劳动价值论的束缚，因为他是在《政治经济学批判。第一分册》(1859) 的《序言》中完整表述历史唯物主义基本原理的，所以，在《政治经济学批判。第一分册》之前的研究，对劳动与货币之间关系的探讨，在方法上只是实证性的，因而也是外在论的。即便如此，在这一阶段，马克思对货币的各种形式规定性及其内在的联系的研究，还是富有成效的，这为他后面的研究奠定了重要的基础。在研究货币向资本的过渡时，通过对 G—W—G′……这一形式运动的逻辑分析，马克思成功地将资本的经济形式客观性内在必然地还原为资本主义社会形式下的劳动客观性，实现了经济形式与社会劳动内容的真正统一。因为 G—W—G′……这一表面上持续独立的形式过程，其成立的前提就在于交换价值不断地否定一种独特的使用价值，这种使用价值，就是只有在资本主义生产方式中才普遍存在的雇佣劳动。可以说，马克思内在地将经济形式还原为一定社会形式下的劳动，从根本上克服了以李嘉图和斯密为代表的古典政治经济学的具体劳动的劳动价值论，为创建劳动二重性理论和建构科学的劳动价值论奠定了基础。

通过“从具体到抽象”的方法，马克思澄清了资本范畴的经济形式表达及其产生的特定的历史社会形式基础，发现了资本与雇佣劳动这一辩证的“先验结构”。接下来，马克思要做的则是，以马克思以资本主义社会形式下的劳动（即资本主义社会形式下的生产）为抓手，按照从抽象到具体的方法（即所谓的叙述方法），在揭示资本主义社会形式的共时性结构和内在矛盾的基础上，一方面阐明了从商品到货币、从货币到资本、从资本再到剩余价值等之间的经济范畴的转化生成，以及从生产到流通、再到分配和消费领域的叠层嵌套的拜物教结构；另一方面，马克思在资本主义社会形式中的经济结构、政治结构和观念结构之间生成逻辑进行总体再现的基础上，揭示了资本主义社会自我否定的必然规律。这样一来，马克思通过历史唯物主义对资本主义生产方式从抽象到具体的再现，不仅将经济范畴还原成历史展开的、具体的社会形式下的劳动，而且从根本上阐释了观念的拜物教和资产阶级意识形态生成的社会历史基础，这是一种对从社会形式到思维形式具体生成机制的认识论证明。

最后，只有从马克思社会形式分析的视角看，才能完整准确地把握马克思的学说。从马克思主义哲学、马克思主义政治经济学和科学社会主义融合的过程来看，马克思先从处于流通层面的这一最表面的货币中，通过具体到抽象的方法，发现价值形式这一分析框架，接着将商品、货币和资本等范畴还原为一定社会形式下的劳动，然后根据资本与劳动之间的辩证结构这一“先验公式”，以及生产、流通、分配和消费之间的总体关系，不仅将剩余价值、利润、地租等经济范畴还原到一定社会形式下的生产，而且根据资本主义生产中固有矛盾，阐明了资本主义生产方式自否性的必然趋势，这样一来，政治经济学中的概念范畴和基本原理就不仅具有了社会形式结构性，同时具有了历史客观性。这一过程，既实现了政治经济学的革命，又是历史唯物主义认识论的最终证成。与此同时，在这双重革命的基础上，马克思阐明了无产阶级的历史地位，揭示了资本主义生产方式运动规律和社会发展一般规律，为科学社会主义理论的创立，奠定了十分坚实的基础。因此，在一定程度上说，通过社会形式分析，马克思实现了三者的统一。

从方法论看，马克思对经验实证主义和黑格尔唯心主义辩证法的超越，也是通过社会形式分析实现的。在马克思的文本中，尤其是在《资本论》及其手稿中，马克思不仅不排斥经验主义，而且广泛应用了调查研究这一实证方法，但是显然他并不满足于此。从前面的论述可知，马克思在对货币这一范畴进行实证性的研究时，通过社会形式批判的方法，抽象出了“资本与货币之间的对立统一关系”这一资产阶级社会中的“根据”，然后根据这一“根据”（或所谓的“先验公式”）叙述了整个资本主义生产方式的辩证发展。从另一方面来说，马克思的辩证法，是以经验实证方法为基础的，马克思对资本增殖逻辑的辩证叙述，不是抽象的，而是建立在客观的现实基础上的。因此，在这个意义上，恩格斯在1891年11月致信康拉德·施密特时说："如果把马克思的从商品到资本的发展同黑格尔的从存在到本质的发展作一比较，您就会看到一种绝妙的对照：一方面是具体的发展，正如现实中所发生的那样；而另一方面是抽象的结构，在其中非常天才的思想以及有些地方是极为正确的转化，如质和量的相互转化，被说成一种概念向另一种概念的表面上的自我发展。这类例子，还可以举出一打来……"①

基于此，我们就能正确地理解马克思逻辑与历史相统一的方法。所谓"逻辑"，则是指由反映社会共时性结构和历史进程的范畴构成的理论逻辑；而历史则是指由社会内在结构中蕴含的内在联系及其矛盾推动形成的客观的历史趋势或历史规律。显然，逻辑与历史统一于社会形式的共时性结构及其矛盾发展的运动过程中。

因此，我们既要反对价值形式学派以及"新辩证法学派"仅仅强调价值形式的对象性结构或由价值形式运动构筑的抽象的统治结构的观点，因为这种观点的实质是将社会形式的分析停留在了流通或交换层面，未能真正深入到一定社会形式下的生产层面，因而必然会形成否定辩证法的历史维度，并最终否定马克思的主体解放方案；也要反对那些将马克思政治经济学方法简单理解为经验实证和数理逻辑的方法，因为这种理解本质上是黑格尔在《逻辑学》中揭示的表象主义和形式思维，这些思维方式抹杀了资产阶级社会形式这一"普照的光""特殊的以太"，以及资本主义社会生产中蕴含的资本与劳动之间的辩证矛盾。

---

① 《马克思恩格斯文集》第10卷，人民出版社2009年版，第623页。

附　　录

一　重审体系辩证法——与托尼·史密斯教授的访谈

20 世纪末，在西方马克思主义理论研究中，随着“新马克思阅读”运动的强势回归，出现了一种新的研究趋势，即主张以黑格尔《逻辑学》中的辩证法对《资本论》进行重新解读。这一研究趋势逐渐发展为“新辩证法”（the New Dialectic）、“体系辩证法”（Systematic Dialectic）学派，又称为“黑格尔主义的马克思主义”（New Hegelian Marxism）。

“新辩证法”学派其前身是由美国的经济学教授弗雷德·莫斯利（Fred Moseley）发起的“马克思主义理论国际研讨会”（International Symposium on Marxian Theory，ISMT）研究小组。该研究小组出版了一系列与《资本论》中方法论相关的著作。该学派的成员遍布美国、英国、意大利和加拿大等各国，其主要代表有克里斯多夫·约翰·阿瑟（Christopher. J. Arthur）、伊安·亨特（I. Hunt）、吉耶特·鲁特（Geert Reuten）、乔·麦卡尼（J. McCarney）、迈克尔·威廉姆斯（Michael Williams）、帕特里克·默里（P. Murray）、肖恩·塞耶斯（S. Sayers）和托尼·史密斯（Tony Smith）。

其中，阿瑟是该学派最具有影响力和号召力的核心人物。他不仅首先提出了“新辩证法”这一术语，而且在其著作《新辩证法与马克思的〈资本论〉》中将马克思的价值形式理论与体系辩证法联系起来，认为黑格尔的《逻辑学》中的辩证法与马克思的价值形式辩证法有着紧密的联系。阿瑟在该书中，明确地提出了体系辩证法是一种与马克思的历史辩证法相反的理论，并主张以体系辩证法的方法阅读马克思的《资本论》。

> 对黑格尔的新兴趣点主要不在于恢复黑格尔历史哲学的宏大叙事并将之与历史唯物主义的联系，而在于关注黑格尔的《逻辑学》及其如何切合（fit）马克思《资本论》的方法。这一点通常借助以下说法表述出来：与研究社会体系之起伏涨落的历史辩证法（histaorical dialectic）相反，人们试图建构一种体系辩证法，以阐明既定的社会秩序即资本主义社会中的诸关系。①

不仅如此，阿瑟认为恩格斯不能在体系辩证法与历史辩证法之间作出区分，从而最终导致恩格斯将马克思的体系辩证法理解为归根到底是“剥离”了偶然性的历史性的方法。进而，他认为恩格斯显然误读了马克思。

在《新辩证法与马克思的〈资本论〉》一书中，阿瑟还高度肯定了托尼·史密斯发展的体系辩证法，在他看来，史密斯发展了一种为黑格尔辩护的辩证法，即史密斯认为《逻辑学》最重要的价值就在于其体系性，而这与马克思《资本论》中的方法是高度一致的。具体说来，就是经济范畴必须以体系性原则以及它们之间的辩

① ［英］克里斯多夫·约翰·阿瑟：《新辩证法与马克思的〈资本论〉》，高飞等译，北京师范大学出版社 2018 年版，第 3 页。

证关系组织起来。

> 史密斯认为，这也是马克思的方法：《资本论》通过社会经济诸范畴的体系性进展而在思想中重构资本主义生产方式，它始于最简单的抽象范畴，并辩证地发展至具体整体。史密斯对马克思《资本论》的解读并没有将逻辑范畴一一对应于相应的资本范畴。实际上，他总是反对这样的一一对应，因为作为物质体系的资本不能真正称为逻辑结构。相反，他从黑格尔辩证法中提炼出元旋律（meta-rhythm），这一元旋律的运动过程是从统一范畴到差异范畴再到差异中的统一范畴。[①]

这一观点，实际上是把马克思的体系性辩证法视作对黑格尔逻辑学的“发展”，而非黑格尔逻辑学的“应用”。

托尼·史密斯（Tony Smith）是艾奥瓦州立科技大学的哲学和政治学教授，著有《马克思〈资本论〉的逻辑》（*Logic of Marx's Capital*）、《伦理学在社会理论中的作用》（*The Role of Ethics in Social Theory*）、《辩证的社会理论及其批判者》（*Dialectical Social Theory and Its Critics*）、《精益生产时代的技术与资本》（*Technology and Capital in the Age of Lean Production*）。其体系辩证法理论主要集中于《马克思〈资本论〉的逻辑》和《辩证的社会理论及其批判者》中。

由上可知，史密斯的体系辩证法也承认经济范畴与资本主义生产方式之间的内在联系，现在问题在于，史密斯的体系辩证法与马克思在《资本论》中采用的方法一致吗？为了弄清这一问题，笔者

---

① ［英］克里斯多夫·约翰·阿瑟：《新辩证法与马克思的〈资本论〉》，高飞等译，北京师范大学出版社2018年版，第8—9页。

特意邀请了史密斯教授进行了一次学术访谈。

（一）“本质逻辑”的体系辩证法：内涵和特点

高建民：众所周知，体系辩证法主要是重审黑格尔《逻辑学》与马克思《资本论》之间的关系。但我知道您是从黑格尔《逻辑学》中本质论部分来理解体系辩证法的，您能给中国学者介绍一下您的体系辩证法的主要含义吗？还有谁支持这种体系辩证法？

史密斯：《资本论》是一部极其复杂的作品，可以说是涵盖各种不同类型著作的集大成者。它包括对资本主义兴起的大量历史研究、对工厂工人状况的实证调查报告、政治斗争分析、工业革命中机器的历史等。尽管如此，在整个著作中可以发现一条统一的线索，以体系的方式对资本主义生产方式的本质规定进行系统的重建。

在我看来，其体系性元素有两个维度。首先，从相对简单抽象的规定（商品、价值、货币等）逐步发展到更复杂具体的规定（第三卷结尾关于金融资本和租金的讨论；最后，马克思为我们指明的他完成整个项目必须包含的关于国家、外贸、世界市场和危机的著作）。

其次，从一个规定到下一个规定的过渡有一个一般模式。每一个理论层面都是从一个规定该层面简单统一体的结构开始的。它伴随着这样一个主张，即能把资本主义生产方式作为一个整体来全面理解。然而，仔细考察的话，这一说法并不成立。还需要一些尚未阐明的其他因素。“他者”是黑格尔专业术语中规定差异性的环节。对同一整体的肯定与现实的“他者”之间的矛盾表明有理由过渡到更高层次的规定，这一规定是将“他者”融入其中的“差异中的同一”的结构。在一个阶段作为“差异中的同一”体，在下一个阶段就是简单的统一体。这样就开启了另一个从同一到差异、再到差异中的同一的进程。通过这种方式，我们生成了本质规定性的体系性序列，直到我们得出一个复杂而具体的规定，包括资本主义的所有本质性的规定。（马克思将“世界市场和危机”作为这一范畴）

日本马克思主义者关根友彦（Thomas Sekine）将《资本论》解释为一部体系辩证法著作。在德国，汉斯·格奥尔格·巴克豪斯（Hans Georg Backhaus）、赫尔穆特·赖希尔特（Helmut Reichert）和其他马克思“新阅读”学派的追随者为这一点进行了辩护。荷兰经济学家吉尔特·鲁特（Geert Reuten）写了一本重要的著作，通过将马克思时代以来我们对资本和资本主义国家的理解中的理论发展结合起来，更新了马克思的体系辩证法。在美国，帕特里克·默里（Patrick Murry）是该项目的另一位杰出捍卫者。阿瑟（Chris Arthur）是英国最著名的体系辩证法的马克思主义理论的支持者。

最后，对黑格尔来说，前现代社会的特点是社会和社会主体的一般辩证法。社会是由社会主体的社会联系构成的。这些相互联系产生了社会机构、社会制度、社会分层、统治意识形态（宗教）等，共同支配社会主体的个体，其相互作用又构成了社会主体。“本质”的范畴有助于我们理解潜在的社会逻辑：支配“非本质”（被支配）的“本质”环节（占主导地位的制度、实践、文化和代表整个社会的精英）本身取决于假定的“非本质”环节；“非本质”环节被它所构成的“本质”环节所疏离和支配。

黑格尔认为，现代欧洲的宪政共和国和市场经济超越了本质和非本质的辩证法，创造了一个“人人自由”的社会世界。这忽略了现代资本主义社会机构、社会制度、社会分层、占统治地位的意识形态（宗教）等是如何使资产阶级得以统治的。更深刻地说，马克思表明，社会和社会主体的整个辩证法本身就是由这些事物（商品、货币、资本）的流通所支配的。对事物的非个人的统治是由普遍的商品生产和交换的历史特定的社会关系构成的；然后，我们的社会关系被我们通过社会互动所构成的事物所支配。如果我们想理解这个社会潜在的“逻辑”，黑格尔的“本质”范畴仍然是有帮助的，而且比黑格尔自己试图用理性三段论体系来理解现代社会的逻辑要准确得多。

高建民：我感觉您讲得最后这个理由是您不从黑格尔《逻辑学》中存在论的角度理解辩证法的重要原因，您能更详细地阐明这一点吗？

史密斯：众所周知，马克思从一个社会世界开始他的政治经济学批判：（a）除了与其他商品的关系之外，任何单个的商品本身都不能被充分理解；（b）除了生产商品的行为与社会分工中的其他行为的关系外，任何单个生产商品的行为都不能被充分理解。而作为黑格尔《逻辑学》存在论之后的本质范畴，界定了认知框架，使关于更具体复杂的事物的真理得以表达。本质论中的规定是成对的，两者不能分开思考。在黑格尔的术语中，每一个规定都反映在另一个规定中；真理在这种相互映现的框架内被表达出来，如本质与现象、原因与后果等范畴。马克思关于价值和货币之间关系的论述就是典型范例。商品的价值是一种“本质”，必须以货币形式出现。每一种都“映现”在另一种中：货币首先是社会客观价值的衡量标准，而价值只能通过货币——其外在形式实现。普遍的商品生产必须被概念化为事物（商品和货币）之间的一组关系，价值是这些关系的“本质”。这种本质（抽象的、同质的和定量的价值）的基本真理充分体现在其外在形式（抽象的、同质的和定量的货币）中。

高建民：那么，您的体系辩证法与黑格尔的辩证法到底有什么区别呢？

史密斯：黑格尔在《法哲学原理》中的体系辩证法中最后主张，现代宪政国家在原则上（即使在任何特定情况下都不完美）是一个具体的普遍，是个体公民、市场体系和社团组织的中介，并为他们的特殊需求提供服务，同时反过来又被它们中介。在这个意义上，黑格尔认为它具有三段论体系的逻辑形式，因此具有值得理性肯定的客观合理性。作为理性的存在，据说在现代宪政共和国中就像“在家中一样舒适自在”（at home）。

从思想史的角度来看，黑格尔辩证的社会理论这方面极其重要。我认为，这是有史以来对资本主义市民社会进行理性肯定的最有力、最全面的例证。它包含了霍布斯、洛克、康德和亚当·斯密等早期理论家最有力、最合理的主张，同时预测了凯恩斯和其他人改革资本主义并使之更人道的计划。

然而，黑格尔的主张无法得到证实。简单地说：在他的理论框架中，资本是无形的。但资本是社会世界的主导力量。资本并不是将个体和市民社会的特殊需要调节成动态整体并由个体和市民社会的特殊需要进行调节的具体的普遍。资本是一种抽象的普遍性，它把疯狂的抽象需求（M 必须变成 M′）强加于整个社会。个人、公司和国家无情地受制于这一异化命令。资本的利益（价值化，从 M 到 M′的无休止的利益）不仅优先于所有人的利益，而且任何不直接促成价值化的人类利益都会被推到社会生活的边缘，甚至被完全摧毁。

在黑格尔《逻辑学》中的肯定体系辩证法中，本质论在向概念论进展的过程中被克服。相反，在马克思的批判辩证法中，这些矛盾以更为复杂具体的方式不断重复。当马克思进入更具体的研究层面时，这一特殊的本质逻辑并没有被克服。在马克思明确普遍的商品生产是资本主义生产之后，同样的基本矛盾和对立依然存在。然而，在黑格尔的肯定性体系辩证法中，后面的层次克服了前面研究过的基本矛盾和缺点，而在马克思的批判性系统辩证法中，更为复杂具体的理论层次再现并深化了最初的矛盾和缺点。具体讲，马克思的资本概念没有克服拜物教，拜物教是马克思理论最初阶段的一个特征；资本的概念就是资本拜物教的概念。

我所接受的《资本论》中的体系辩证法致力于理解资本这一概念及其在现代资本主义社会规定体系中的中心地位。黑格尔的“概念逻辑”概念与资本的强制、异化和占有是一致的。他肯定了它的合理性，因为他没有充分的资本概念，他没有认识到强制、异化和占有是如何渗透到现代社会的。黑格尔的现代社会的体系辩证法没有也不可能做到这一点。

（二）“本质逻辑”的体系辩证法的主要贡献

高建民：与阿瑟的本体论的体系辩证法相比，您的体系辩证法是否意味着一种发展？换句话说，您的体系辩证法在理解《资本论》方面有什么优势？

史密斯：我和阿瑟都同意，体系辩证法是一个从简单抽象的规定到越来越复杂具体规定的逐步进展的过程。亚瑟的方案是将黑格尔《百科全书》中的每一个规定映现到马克思《资本论》中相应的规定（尽管他愿意在少数他认为一对一映射不合理的情况下破例）。多年来，我从他的著作中学到了大量关于黑格尔、马克思和资本主义的知识。他的阐述中许多细节极具洞察力和启发性。尽管如此，在我看来，整个方案似乎总是被误导了。

首先，我认为他的框架大大低估了马克思为自己的目的创造性地运用体系辩证法的程度。黑格尔体系中的范畴次序并没有为马克思的论述提供现成的路线图。马克思必须潜心研究资本主义数十年，才能掌握理解资本主义所需的基本范畴，或这些范畴之间的体系关系。黑格尔的体系并没有提供一条捷径。

也可以提出相反的观点。黑格尔一生都在研究一种体系辩证法的哲学，这种哲学恰好有一个与马克思在资本主义的本质规定中所发现的秩序完全平行的秩序，这不仅是极不可能的，而且如果真的那样，这将是奇迹，因为马克思所理解的资本对黑格尔来说是完全看不见的。在黑格尔体系中的具体范畴和马克思体系中据称与之相对应的规定之间，亚瑟无疑提供了富有洞察力的相似之处。问题是，大多数情况下，黑格尔范畴的映现也可以在马克思的体系辩证法的其他点上发现，而黑格尔体系中其他范畴的映现也可以在马克思阐释的对应点上发现。情况越是如此，阿瑟试图从黑格尔《资本论》中的范畴到《资本论》中的规定一一对勘的尝试就越失败。

至于是否"发展"的问题，有必要回顾一下黑格尔的理论是肯定性的辩证法。当我们从抽象简单的理论层次逐步过渡到越来越复杂具体的理论层次时，我们在《逻辑学》中从不太真的阶段过渡到更加真的阶段。在《法哲学原理》中，我们从实现不充分形式自由的结构转向实现更充分形式自由的结构。

这是另一个质疑阿瑟考察黑格尔体系中的规定次序与马克思《政治经济学批判》中的规定次序之间一一对应关系的思路的理由：马克思的体系辩证法不是肯定的社会理论；而是一个批判性的理论。可以说，它是从"不真实"开始的：由于普遍的商品生产和交换的历史特定的社会关系，人类的社会性的本质被遮蔽了；它只能通过事物（具体地说，作为商品的价值，作为货币，作为价值的社会客观表现形式）表现出来。

随着马克思体系辩证法的发展（即从简单抽象逐步转向复杂具体），事物拜物教性质的最初"不真实"并未被克服；它只是以更为复杂具体的方式发展了。马克思的理论并不像黑格尔体系化的社会理论那样，以理性肯定的全面综合规定而告终。马克思体系的发展在第三卷中达到高潮，对第一卷第一章的同一批判进行了更全面的修订：当人类的社会性采取具有拜物教特征的异化形式时，它就不能充分地繁荣起来。

高建民：我知道您的体系辩证法突出强调了黑格尔的三段论，您能给我们介绍一下黑格尔的三段论对马克思主义者的理论重要性吗？

史密斯：如前所述，黑格尔的三段论抓住了资本主义市场社会最有力的辩护理由的根本逻辑。因此，同捍卫资本主义意识形态的人进行斗争的马克思主义者，可以从仔细阅读《法哲学原理》中获益。了解敌人比了解自己更重要！

此外，至少有一些被资本主义虚假承诺所吸引的人是其潜在的盟友。了解并能够批评他们认为有吸引力的资本主义意识形态的各个方面，可以削弱这种意识形态对他们的影响力。了解并能够批判黑格尔的主张，即现代国家是一个“具体的普遍性”，其逻辑形式是一个三段论体系，即普遍性、特殊性和个别性的相互中介，有助于对资本主义意识形态的批判。

在我看来，还有另一个重要的理论问题。在资本主义内部，黑格尔的三段论阐明了资本主义无法实现的乌托邦承诺。相反，社会主义却可以带来黑格尔社会理论核心的那种具体的普遍性，这种普遍性通过特殊性和个别性中介。在社会主义中，社会福利是通过促进特定群体和社会个人的福利来实现的，反之亦然。黑格尔的三段论阐明了社会主义的逻辑形式。任何对社会主义的充分的理论探讨都会使用黑格尔的主题，即使没有明确指出。

高建民：我记得您在著作《辩证社会理论及其批判者：从黑格尔到分析的马克思主义和后现代主义》一书中对这一理论意义谈得比较具体，您能再详细介绍一下吗？

史密斯：好的。具体地讲，马克思主义与黑格尔都面临着还原论方法论的威胁。在黑格尔看来，还原论的方法论主要包括三种：首先是社会经济还原论，它将个体和国家还原为市民社会的特殊利益。黑格尔称其为社会契约理论。其次是方法论个人主义，它将社会政治现实简化为个人的私人利益的表达。最后，还有一种政治理想主义，它将个人和社会的特殊利益还原为国家的需要。对黑格尔来说，这些社会理论中的每一种都是建立在一种片面的三段论基础上的。我认为，马克思主义理论也面临着三种形式的还原论的威胁。首先是资本逻辑的还原论。在这种形式中，资本的普遍性，被视为直接中介特定结构倾向和个体行为的中间环节。第二种是将社会政治世界分解为一系列不同的特定结构趋势的还原论。最后，还有一种称自己为马克思主义的方法论个人主义。这种观点将资本的内在本质和资本主义内部的特殊倾向都归结为微观层面上个人行为的预期和非预期后果。黑格尔的三段论虽然并不能为我们审视它们的优缺点提供详细的说明。但它确实提供了一些理由，可以初步认定每个立场都是片面的。

高建民：那么在您看来，黑格尔的三段论对马克思主义者又有什么现实意义呢？

史密斯：现实意义与刚才讨论的理论意义紧密相关。黑格尔对三段论的阐述为我们提供了一种我们不应该构建什么样的社会以及我们应该努力构建什么样的社会的思考方式。我们不希望有这样一个社会：在这个社会中特权阶层声称体现了整个社会的普遍利益，而实施的政策只会促进其特殊利益。我们不希望在一个社会中，各种特殊集团动员其成员，以牺牲其他特殊集团和整个社会为代价，追求其特定目的。我们不希望一个社会鼓励个体成员只关心他们作为分散的社会个人的私人利益。我们当然不希望有一个像资本一样抽象的、普遍的、非个人的统治体系，对个人、特殊群体和整个社会施行抽象统治（“M 必须变成 M′”），毁灭所有不利于实现这一目标的个别性、特殊性和普遍性。资本逻辑是对异己力量的吸纳，而不是在牺牲统一体中各不同环节的差异性前提下，对各环节的调节。

在我们所期许的社会主义中，所有三个环节——普遍性、特殊性和个别性——以动态的方式相互协调，社会实践中的制度和体系生成整个社会的利益（普遍性），同时为个人和特定群体保留空间，以追求他们希望过的生活，同时同与他们保持团结的其他个人和群体保持团结。如果我们试图分析这样一个社会的“逻辑”，黑格尔关于三段论体系作为世界客观社会现实的讨论是有价值的。我认为，黑格尔认为现代资本主义国家的本质就是这样一个体系，这是非常错误的。资本（在马克思的意义上）对黑格尔来说是看不见的，就像对许多其他人一样。但是，黑格尔认为，一个“人人自由”的社会将采取三段论的逻辑形式，把个人和群体联合起来，使他们能够在不牺牲他们的差异的情况下蓬勃发展，这是没有错的。

马克思在《资本论》第一卷中指出，他的实际任务是实现世界历史向“每个人的充分自由发展构成统治原则”的社会的过渡。对整个社会这一统治原则的实际承诺，实质上等同于在世界历史上使黑格尔的具体普遍性概念成为现实的承诺。对“每个人”的充分和自由发展的承诺表明，最终重要的是一个社会结构在多大程度上有助于以各种特定形式繁荣其个体成员，始终记住他们是个体，他们只是通过他们的社会关系才是个体。当然，三段论理论也不能提供一把神奇的钥匙解开所有实际问题的答案。

（三）体系辩证法与历史逻辑相统一的方法

高建民：据我所知，体系辩证法的一个重要目的是反对《资本论》逻辑历史相统一的方法论解读和历史辩证法，您是如何理解这种做法的？

史密斯：我决不认为体系辩证法是“反对”历史辩证法的。体系辩证法和历史辩证法是相辅相成的。马克思的体系辩证法的社会理论是对资本主义本质规定的思想重构，这些本质规定使资本主义成为一种有别于世界历史上其他生产方式的历史特定的生产方式。（从这个重要意义上讲，体系辩证法本质上就是历史的。）关于资本原始积累的一章解释了资本主义是如何从前资本主义社会形态中产生的，这一章并不是资本主义本质规定的体系性序列的一部分。无论是简述第一次工业革命中机器演变的章节，还是马克思关于路易斯·波拿巴统治的出现和巴黎公社命运的政治文章。这些历史研究都没有取代资本主义的本质规定的体系次序，当然也没有被后者取代。它们只是不同的阐释，同等重要。就历史辩证法有助于我们理解生产方式的产生而言，体系辩证法的重建是以历史辩证法为前提的。

体系辩证法与历史辩证法有着紧密联系，因为体系次序中的每一个规定都与一种结构倾向相联系。（例如，在范畴规定顺序中最初的社会形式，商品形式，与产品被商品化的体系性趋势相关联。）理解历史的辩证法在一定程度上是理解在具体历史背景下起作用的趋势，而体系辩证法为全面描述资本主义最重要的结构趋势提供了基础。

这并不意味着这两种形式的辩证法结构是相同的。在一个理论层面上衍生出来的倾向，可以被不同理论层面上的倾向修改，甚至排除。从体系的观点看，在既定的具体语境中，哪些倾向修改或被排除，哪些倾向被其他倾向修改或排除其他倾向，是不确定的。答案在很大程度上受到政治代理的偶然事件（社会中各种阶级和群体的主观意识，组织、领导、战略和战术的有效性，结成和未结成联盟等）的影响。所有这些都不能从资本主义生产方式的本质规定中推断出来。

在我看来，历史辩证法和体系辩证法都是必要的。它们在马克思主义理论中是统一的，但又各不相同。如果马克思主义不同时包括这两个方面，它就会变得贫乏。另一方面，体系辩证法确实反对对《资本论》的逻辑历史辩证统一的方法论解读，因为后者主张范畴规定的顺序与资本主义历史发展阶段的时间序列一致。

马克思在《资本论》第一段中告诉我们，他从一开始就研究的对象是资本主义生产方式。将资本主义整体归类为最简单、最抽象的方法是把它当作一个普遍的商品生产和商品交换的体系。因此，马克思从这种概念化出发，将普遍的商品生产和交换从它是资本主义生产和交换的抽象中加以考察。在第一章中，我们暂时从生产单位是资本的单位、从生产过程中的劳动是资本单位内中的雇佣劳动者的劳动以及商品是体现剩余价值的资本主义商品的事实中抽象出来。换言之，该理论的起点是一种思考资本主义的抽象简单的思维方式，使我们不必同时谈论所有事情。我们先思考商品的形式、价值、抽象劳动和货币，然后再思考它们是如何被纳入资本及其流通中的。对资本主义的抽象简单的思考方式并不是对资本主义生产方式出现之前存在的简单商品生产的假设历史阶段的描述。马克思随后的论证明确了从一开始就隐含的内容：生产单位是资本单位；生产商品的劳动是雇佣劳动；商品是具有剩余价值的资本的产物，普遍商品生产和交换中的自由平等的独立经济主体实际上受到外来（非人的）力量——资本——的客观支配。

马克思关于资本主义产生的历史故事出现在第一卷的结尾，而不是第一章，它也不以简单商品生产的任何历史阶段为中心。马克思还告诉我们，只有当劳动采取雇佣工资劳动的社会形式时，商品形式才是普遍的，这就意味着普遍商品生产的社会关系隐含着资本主义生产的社会关系，即使在第一卷第一章的理论抽象层面上，这一点也尚未明确。

高建民：您能更具体详细地解释一下第二方面吗？可以举例说明吗？

史密斯：马克思在《政治经济学批判大纲》中明确指出，“让经济范畴按照它们在历史上起决定性作用的顺序相互遵循是不可行的，也是错误的”。他在《资本论》中明确坚持这一原则。正如我所指出的，马克思还告诉我们，历史上，只有在劳动普遍采取雇佣工资劳动的形式之后，商品生产才是普遍的，而在《资本论》的体系进展中，在讨论工资劳动之前，普遍的商品生产是经过考察的。同样，商业资本、金融资本和地主阶级占有的租金在历史上都存在于工业资本之前，但工业资本在《资本论》第1卷中讨论，而对其他形式资本的讨论则晚得多（第3卷）。我们知道，对马克思来说，国家在资本主义发展中起着至关重要的作用。例如，只有在国家法律限制工作日长度之后，由于机器系统的大量投资而生成的相对剩余价值才成为资本的本质规定。但是，在他的体系排序中，关于国家的著作是排在关于资本的著作后面的。类似的是，马克思在很多地方指出，资本从一开始就在世界市场的范围内运行，但关于《世界的马克思与危机》的著作在构成其完整体系的一系列书籍中排在最后。

一般来说，逻辑（体系）顺序与历史上出现的规定性次序并不一致。这与承认马克思在著作中确实有一些历史阐释是一致的，比如在英国的历史发展中从制造业向大工业的历史转变。（值得注意的是，马克思否认了其他地区必须遵循相同的历史阶段序列。）这与确认资本主义和其他一切已经存在和将要存在的东西一样，将必然地经历自我否定是完全一致的。

高建民：您的这些观点，我只能部分地赞同。因为这些论述不能构成对逻辑与历史方法相统一的驳斥。恩格斯表达得非常明确，历史逻辑摆脱了历史形式和偶然性，因此历史逻辑不同于偶然的历史现象和历史事实，而是贯穿于人类历史现象和众多历史事件中的必然性和内在规律。在这个意义上，我认为逻辑与历史方法相统一的观点与历史辩证法是一致的，因而体系辩证法的拥护者可能误解了这一方法。

高建民：还有另外一个相关的问题，众所周知，马克思的政治经济学批判包含两种方法，从具体到抽象的方法和从抽象上升到具体的方法。我认为体系辩证法只强调了后者而忽视了前者。换言之，体系辩证法忽视了对价值、资本等范畴产生的现实基础的研究，即缺乏对资本主义社会特殊的社会形式的分析。您同意我的看法吗？

史密斯：恐怕我不能同意体系辩证法"忽视"研究方法的观点，这种方法从具体社会世界的经验研究开始，然后经过大量时间和努力，提炼和澄清各种抽象的规定，使我们能够理解具体的社会世界。体系辩证法关注的是这些规定的叙述方法，正如你所说，这些规定是朝着相反的方向运动的，即从抽象到具体。我不认为任何对体系辩证理论感兴趣的学者会认为表述方法是独立的。每个对体系理论感兴趣的学者都会坚持认为它取决于以前的研究。它既假定从具体到抽象的研究，又包含这些研究的结果。"预设"和"融合"，与"忽略"不同。

以马克思为例，考察他的研究方法，即他从具体到抽象的道路，将是非常有趣和重要的。我们必须注意他的所有研究，从他为《纽约论坛报》撰写的文章中吸收的材料，到他与工人讨论的工厂工作条件，再到他在政治经济学家的书页上写的评论，以及银行家在议会的证词，等等。他未发表的手稿（尤其包括剩余价值理论）显然也会大有帮助。

这里我认为我们无需选择。这是两者兼而有之的情形，不是非此即彼的情形。在重建马克思理解资本主义生产方式的规定过程之后，我们仍然需要研究这些规定之间是如何相互联系的。这也是体系辩证法的任务。

高建民：您的这些观点我是支持的，但据我所知并不是所有体系辩证法的支持者都是这么认为的，体系辩证法的一些主要代表人物，如阿瑟和莫伊舍·普殊同，他们确实忽略了从具体到抽象的方法，也就是说二者没有考察“商品”“价值”等范畴的现实基础，而是从马克思的价值形式与黑格尔逻辑学“同质性”考察出发，描述了一个抽象的、非个人的、自我实现的资本围城，你觉得我们应该如何突破资本的逻辑？体系辩证法包含马克思的解放维度吗？或者说，体系辩证法是否窒息了马克思的革命性思想？

史密斯：在马克思对资本的规定中，“资本”是作为一种把货币和商品统一起来的力量生成的。M—C—M 无论是作为单个资本，还是作为“宏观货币总体”的资本，都是统一资本主义市场社会的整体。在推论过程中，马克思将资本称为“支配主体”，是将其非人的目的（“价值的自我实现”，从 M 到 M′的转换）强加给社会生活的每个角落和缝隙的异己力量。在这种解读中，“解放维度”只能来自资本本身，特别是其经济和环境崩溃的趋势。如何从资本的崩溃中获得解放仍然是一个谜。

相反，我研究马克思的体系辩证法时，从资本到雇佣劳动的转变告诉我们，资本是两个明显矛盾的东西；它既是一个绝对的主体，也是一个绝对的虚无。资本是一种绝对形式，但它只是一种形式，只是 M 和 M′之间的数量形式关系。作为纯形式的资本是完全开放的，任何有助于 M 转化为 M′的行动、社会实践、公司战略、政府政策都与之兼容。但这种激进的开放性恰恰与其激进的空虚相反。资本自身没有内容；它必须不断地调动社会存在的集体创造力，以供 M 和 M′之间的形式（数量）关系成为现实所需的内容。

同样，两个明显矛盾的断言同时成立。社会劳动的集体创造力作为资本自身的要素融入资本流通（劳动力成为可变资本，思想成为知识产权；思考能力成为“人力资本”，与他人合作的能力成为“社会资本”，等等）。但这些同样的集体创造力也体现在我们的能力中。在这个意义上，他们是“外部”资本，形成了一种本体论潜力，可以在不同类型的社会中以不同的目的被调动起来。（我认为归根结底，亚瑟的立场更接近于这一点，而不是普殊同片面认为的资本是绝对主体；对亚瑟来说，资本也是一个虚无）体系辩证法并不为解放运动提供行动指南。解放的组织、领导、战略和战术等所有关键问题仍然存在，仍未能解决。但它确实有助于我们理解从资本中解放出来的客观本体论潜力是如何在资本中发展起来的。

高建民：当然，无论体系辩证法还是历史辩证法，都不能为“主体解放”提供具体的策略。但是，体系辩证法确实存在着突出马克思叙述的方法而忽略其研究方法的倾向，正是这一点导致很多体系辩证法的拥护者认为逻辑的东西对历史的东西具有认识上的优先性，所以反对从历史逻辑相统一的角度阅读《资本论》。但如果不注重运用马克思研究的方法，就不知道马克思是如何归纳出叙述辩证法中“先验结构”或“价值形式”的，就不能准确理解马克思的社会形式分析方法正是叙述方法和研究方法的统一，进而不能理解马克思如何在叙述的辩证法中开放出革命的可能性，实际上也会导致无法理解您在前面提到过的体系辩证法的结构性倾向。例如，如果不考察劳动者同土地、生产工具等生产资料的关系解体的历史条件和进程，就不能准确理解货币如何转化为资本的，相应地也就无法把握货币和资本两个范畴规定之间的次序。因此，虽然您也承认体系辩证法与历史辩证法是辩证一体的，但您恰恰没能证实马克思的叙述方法与研究方法到底是如何统一在一起的，这样一来也就无法把握马克思是如何将辩证法与政治经济学结合起来的，或者说马克思到底是如何通过社会形式方法剖析资本主义社会形式的，我想这不仅是体系辩证法的支持者误解历史逻辑相统一的方法的原因，而且也是阿瑟和普殊同等许多体系辩证法学者的学说未能激发出革命性维度的重要原因。具体说，由于他们未能阐明资本主义生产方式自我否定的客观运动规律，所以他们也就没有找寻到主体解放的道路。因此，从历史唯物主义的角度来看，单纯强调体系辩证法是有限度的。

二　评《政治经济学批判与人的存在观念重构》

《政治经济学批判与人的存在观念重构》一书是孙亮教授十多年来的一项重要研究成果。该著作的主题是以马克思政治经济学批判的方法厘清人的生存方式（或称社会存在）与人的各种观念（诸如正义、法、文化观念等）之间的关系。用著者的话来讲，"对人的存在观念进行研究，实质上展开的是在特定社会存在条件下，考察现实的人如何遭遇其生活中的文化、法等与人之存在息息相关的根本观念……为此，这一研究的方法论在本著作中采用的是政治经济学批判。"[①] 应该说，著者关照的是马克思主义哲学中的一个根本问题。众所周知，马克思恩格斯在《哲学的贫困》《德意志意识形态》《资本论》等经典文献中对这一问题进行了科学系统的研究，产生了许多经典论断。

然而，随着资本向全球的扩张和统治形式的新发展，资本主义不断呈现出新的阶段性特征，人们的生活方式和环境也不断发生变化，与之相适应的是，人的存在观念也呈现出了一些新的变化。因此，一些著名西方马克思主义者，如马尔库塞、福柯、墨菲、鲍德里亚、德波、韩炳哲和奈格里等人从不同的角度深化了对这一根本问题的研究，拓展了我们对人的观念的认识。然而，这些思想家要么从某一视角对人的观念进行剖析阐述，要么没有运用马克思的政

① 孙亮：《政治经济学批判与人的存在观念重构》，中央编译出版社 2021 年版，第 1 页。

治经济学批判的方法，研究视角和方法的狭隘使他们不仅没有全面展现出马克思主义哲学勘破人的存在观念、测度社会现实的真理力量，也没有完全把握住各种物化观念共同筑起的“观念围城”。在这一背景下，著者以马克思的政治经济学批判的方法为依托，从价值形式和拜物教的角度切入，结合资本、民主和形而上学三重维度，立体全面地考察了人的存在观念，可谓视野完备宏阔，内容丰富全面，逻辑清晰且亮点纷呈。

（一）透视生活的双重视角和三重维度

众所周知，马克思在1857—1858年的《政治经济学批判》导言中提出了政治经济学两种方法：其一，从现实的前提开始，从表象中的具体到达越来越稀薄的抽象，“完整的表象蒸发为抽象的规定”[①]，即具体到抽象的研究方法（简称研究方法）；其二，抽象的规定在思维行程中导致具体的再现，即抽象上升到具体的叙述方法（简称叙述方法）。研究《资本论》的大多数论者认为，马克思在《资本论》中既运用了叙述的方法，即按照从抽象到具体的次序排列范畴，如从“商品”到“货币”到“资本”到“工资”“利润”“利息”的范畴排序；又使用了研究的方法，考察了“商品”“货币”“资本”这些经济范畴的给出方式或社会存在前提，也就是说剖析了这些观念存在的社会历史条件。换言之，在马克思看来，任何观念都有其现实前提，都有历史有限性，离开一定的历史条件，我们无法准确把握其含义。

> 哪怕是最抽象的范畴，虽然正是由于它们的抽象而适用于一切时代，但是就这个抽象的规定性本身来说，同样是历史条

① 《马克思恩格斯全集》第30卷，人民出版社1995年版，第42页。

件的产物，而且只有对于这些条件并在这些条件之内才具有充分的适用性。①

在这样一种逻辑运思下，对概念范畴或观念的研究就转变成了对社会存在的研究。在这个意义上，马克思对“资本”这一经济范畴的研究，其实质就是对资本主义生产方式的剖析。《政治经济学批判与人的存在观念重构》正是沿着这一思路，推进历史唯物主义对现代社会中人的各种观念的关照和研究的。就像在《资本论》中马克思借助“价值形式”和“拜物教”批判的方式厘定“商品”“货币”等范畴给出的社会形式前提一样，著者也是借助这两个“脚手架”展开论述的。

我们借助马克思拜物教批判的“对象规定性”这样一种具有“现象学意味”的探究方式或许有效。在《资本论》的“商品与货币”一章中，马克思借助价值表现形式对这一方式给予了详尽的说明。②

著者的目的非常明确，首先借助价值形式勘破人在资本主义社会中的实践样态，即拜物教的生存状态，然后再对拜物教的“存在论”维度和“认识论”维度加以厘定。

通过价值形式的分析类比，在著者看来，在商品社会中，人作为生产者对其他人来说只不过是一个无个性的“常人”，人们生活在拜物教的包裹中。具体地说，就是人与人的关系通常被以物与物的关系即 Sache 之间的关系方式颠倒，而物与物的关系，又再一次

① 《马克思恩格斯全集》第 30 卷，人民出版社 1995 年版，第 46 页。

② 孙亮：《政治经济学批判与人的存在观念重构》，中央编译出版社 2021 年版，第 7 页。

颠倒为物（Ding）本身固有的自然属性。在这一基础上，著者根据日本学者平子长友关于 Sache 和 Ding 的区分阐释了“物象化”和“物化”两个向度。前者主要是指人与人的关系颠倒为物与物的关系，属于存在论的层面；后者主要是指将物与物的关系颠倒为物本身所固有的自然本质，实质上是观念的错认，属于认识论层面的问题。在商品社会中，正是人与人之间的生产关系物象化的表现结构和存在方式，造成了人们的认识上和观念上的错认，即人们所见均为“伪具体的世界”。这样便为我们切入人的存在观念提供了双重向度：一个是存在论层面的，一个是认识论层面的。

> 对错认的批判与颠倒不过仅仅是拜物教批判之观念意义上的颠倒而已。一旦将“现实的个人”与 Sache 联系起来，问题将得到进一步的深化，即要想能够真正理解生活必须以商品社会中个人在生产资料所有制中的状况为根据。①

基于此，著者指出“摧毁伪具体”的任务相应地也是双重的：其一，用革命的实践来摧毁，即通过社会革命的方式；其二，通过辩证的思维方式。毫无疑问，这些看法进一步明确并发展了马克思关于拜物教的理论。苏联马克思主义者伊利延科夫也正确地指出了这一点：

> 事物的社会历史性质，通常也和它的自然性质一起，反映进个人的视野里，而事物和人本身的暂时性质，似乎成了永恒的、与事物本身的本质交织在一起的性质。对这种拜物教的、自然主义的幻觉（商品拜物教只是其中的一个例子）和反映这

① 孙亮：《政治经济学批判与人的存在观念重构》，中央编译出版社 2021 年版，第 9 页。

些幻觉的抽象，就不能用简单地指出直观中得到的关于事物的事实来加以反驳。[①]

这里，伊利延科夫的论述还有另一层含义：抽象的观念与现实的联系，不能还原为直观的抽象或经验主义的抽象与现实之间的联系，必须理解为理论思维抽象与一定历史条件下的社会实践之间的联系，因为社会形式这种“以太”既不能被直观到，也不能被直接经验到。西方马克思主义者重要代表阿尔弗雷德·索恩－雷特尔在这方面作出了卓越的贡献，他在《脑力劳动与体力劳动：西方历史的认识论》一书中分析道，一种源自社会存在的意识形成是以一种作为社会存在之一部分的抽象过程为条件的。他不仅进一步分析了由社会存在到意识观念生成的内在机制，而且明确了由现实抽象到思维抽象的关键环节：“以现实抽象转变到思维抽象的方式，交换行为的物理性过渡到了这些人的思维抽象之上，并转移到了其思维中。”[②] 然而，无论是伊利延科夫还是索恩－雷特尔，都没有从整个资本主义生产方式这一具体总体的现实抽象出发全面分析现实抽象形式（人的存在方式）与思维抽象（观念）之间的联系。在这一背景下，《政治经济学批判与人的存在观念重构》力图从资本、民主和形而上学三个层面阐释这一问题，无疑就具有了十分重要的理论和实践意义。

在著者看来，在马克思的视域中，在资本主义社会中，存在着三种现实抽象的统治原则：处于核心地位的资本逻辑，以及与资本逻辑具有共谋关系的政治逻辑与形而上学的意识逻辑。在资本增殖

① ［苏］伊利延科夫：《马克思〈资本论〉中抽象和具体的辩证法》，郭铁民、严正、林述舜译，福建人民出版社1986年版，第101页。

② ［德］阿尔弗雷德·索恩－雷特尔：《脑力劳动与体力劳动：西方历史的认识论》，谢永康、侯振武译，南京大学出版社2015年版，第55页。

的逻辑下，人被抽象成了同质的“商品”“交换价值”，以及一种生产力，即资本增殖的工具。与此同时，政治逻辑与意识逻辑为资本逻辑提供了保驾护航的机制。

> 阶级力量和国家权力的长期平衡形成这样的稳定状态，它准许剥夺直接生产者，维护资本家绝对的私有财产，保护资本家生产和占有的控制。①
>
> 商品是“可感觉而又超感觉的物”，这其中包裹着“形而上学的微妙和神学的怪诞”。②

依照著者，形而上学、古典经济学与自由主义的政治制度构成了“骨刺”般的框架，共同宰制人们的生活。显然，在这“骨刺”的“型构”中，资本逻辑是主体和核心。方法论的综合性决定了本书所涉内容的广泛性和主题的多元性，著者在《政治经济学批判与人的存在观念重构》一书中不仅对“正义”“法”“争胜式民主”“历史主义”“虚无主义”等进行了批判性反思，还对“加速社会”“景观社会”“精神政治学”等主题进行了探讨。虽然内容如此丰富，但是著者处理起来却显得驾轻就熟、信手拈来，这充分表明著者不仅视野宏阔，学术积累深厚，而且表明著者对马克思主义哲学的理解和掌握已经达到了炉火纯青的境界。

（二）价值形式的抽象统治与“四位一体的”观念围城

以“物象化”和“物化”的双重视角和资本、民主、形而上学三重维度的方法论为根基，著者不仅为我们展现了以价值形式的

---

① 孙亮：《政治经济学批判与人的存在观念重构》，中央编译出版社 2021 年版，第 12 页。

② 孙亮：《政治经济学批判与人的存在观念重构》，中央编译出版社 2021 年版，第 13 页。

抽象统治为基础的，围绕经济、政治、文化和社会四个方面的“观念围城”，剖析了这四方面观念统治生成的机理，而且以历史唯物主义的方式探讨了“突围”这“四位一体”观念围城的方案。

第一，明确了价值是“个人受抽象统治”的建构原则。马克思为什么提出价值概念？经济学生活中的价值概念与哲学层面的价值观念两者到底有什么样的关联？这个在学界备受争论的问题，在著者看来是马克思论证“个人受抽象统治”命题的关键。“价值概念在马克思那里是为了阐释在资本建构的社会中，‘个人受抽象统治’何以可能的问题。”[①] 著者不仅正确地认识到了这一点，而且对此进行了较为详细的阐述。其一，价值观念的物化。依照马克思，价值具有超自然的属性，不是一个“实体”，而是一种关系。在商品社会中，生产者的私人劳动的社会性质决定了，他要想获得别人的劳动产品的“使用价值”，必须为他人提供“使用价值”，即使自己的劳动产品具有“交换价值”。“生产者把他们的产品当做商品，从而当做价值来对待，而且通过这种物象的形式，把他们的私人劳动当做等同的人类劳动来相互发生关系。”[②] 这样一来，在商品社会中，人与人之间的生产关系便被事物与事物之间的关系建构起来，同时“把社会关系作为物的内在规定归之于物，从而使物神秘化”[③]。换言之，价值被看作为商品本身固有的自然属性，价值被实体化了。在日常生活中，主要表现为人们总是将生活中的各种事物内在的具有“交换价值”，而忘记了其存在论基础，即生产资料私有制。著者进一步指出，“价值”的实体化“错认”构成了人的拜物教“支配方式”。这主要体现在人们对货币的观念错认之中。当价值形式发展到货币阶段，交换价值独立化在货币上，不仅具有实

① 孙亮：《政治经济学批判与人的存在观念重构》，中央编译出版社2021年版，第18页。

② 《马克思恩格斯文集》第5卷，人民出版社2009年版，第97页。

③ 《马克思恩格斯全集》第31卷，人民出版社1998年版，第85页。

体性，而且表现为其他商品的交换价值。“货币从它表现为单纯流通手段这样一种奴仆形象，一跃而成为商品世界中的统治者和上帝。货币代表商品的天上的存在。”① 这实际上表明，货币成了衡量一切事物价值的标准。通俗地讲，在日常生活中，货币变成了人们心中的神。“作为‘价值’形式的货币成为了整个社会的基本建构原则，……整个抽象统治在‘价值’搭建的平台上牢固树立起来。”② 最直接的表现，就是在 G—G′中，给人们造成这样一种印象，即货币能够生出货币，好像货币本身就具有“价值”。这样，以货币为表现形式的“价值”所具有的自然性以拜物教的方式完成了对人的生活的“支配”。

其二，基于以上观点，著者进一步提出价值不仅是人的生存的“生命政治”的手段，而且是“人受抽象规训”的存在论基础。也就是说著者认为，福柯论证的由自由、平等、公正、进步和理性等现代价值观念构建的现代的“规训”社会的本质是一种“价值规训”。这一观点，不仅指明了马克思的价值理论与福柯的“生命政治学”之间的内在关联，而且深刻指出了由价值及其表现形式货币构筑的资本逻辑的围城与由权利、正义、平等观念构筑的观念围城之间的内在联系。后面这一点至关重要，因为它回答了作为经济生活中的价值概念如何转变到哲学中价值观念后并实现对人的规训（统治）这样一个问题。

> 正是人们的视野将外在的商品世界看作一个既定的事实承接下来，不再去从内在逻辑上思考其“从哪里来?”。从而整个现代世界所需要的“忘记财产权的不正当来源吧，就从这里开

---

① 《马克思恩格斯全集》第 30 卷，人民出版社 1995 年版，第 173 页。

② 孙亮：《政治经济学批判与人的存在观念重构》，中央编译出版社 2021 年版，第 20 页。

始吧！”便获得了价值观念的支撑，这便得到了一种“价值”观念的生命政治的完成。[①]

实际上，这不仅是对“四位一体”的观念围城内在联系的揭示，也是对马克思关于社会关系变成物（货币）的观点的具体阐释。因此，从某种意义上说，著者发展了推进了这一研究。

第二，揭示了“正义”“法”等观念的社会存在论基础以及与价值的共谋关系实质。针对国内外学术界关于马克思的正义观以及“法”的概念的争论，著者主张通过“事物化”“物化”双重视角的介入，不仅有利于勘破这些观念的本质，而且有利于正本清源，消除有关争论。其一，与马克思一样，著者认为正义是从生产关系中产生的、与生产方式相适应的观念，在普遍采取商品生产的社会形式中正义本质上是一种交易正义，与价值概念一道织就了以资本逻辑为基础的观念围城。如上所述，在事物化的社会结构中，价值被实体化（物化）为商品的自然属性，资本获得利润、土地获得地租、工人获得工资这三位一体的经济公式便取得了“公正”的外观。“恰恰是一个资产阶级通过‘公正’支持起来的‘市场化’的交换社会，包括资本家自身必须支付的工资、租金或地租都是由‘公正’的市场决定的。”[②] 也就是说，表面看来，资本、土地、劳动在生产价值方面具有平等的地位，这是“公正”的意识形态幻象出场的一个层面。接着，著者又指出了“正义”观念物化的第二次出场，即资本主义生产方式的物化和神秘化，也就是说，当以“理性经济人假设”为基础的“市场”“公平公正”的运行机制未遭受干扰时，资本主义生产方式表现出天然的具有资本增殖的功能。用

① 孙亮：《政治经济学批判与人的存在观念重构》，中央编译出版社 2021 年版，第 35 页。
② 孙亮：《政治经济学批判与人的存在观念重构》，中央编译出版社 2021 年版，第 66 页。

著者的话来讲，“G—G′获得了一种天然的‘正义’”①。这样一来，资产阶级的意识形态在这种“交易正义”的拜物教中就被认定为最具有普遍性、永恒性的了。其二，基于上述“交易正义”的生成过程，以“契约”“权利”“财产权”为核心范畴的现代法权也随之被物化地生成了。因为在商品交换过程中，由使用价值到价值的转化，相应地“价值”社会实现了异质性“Ding”到同质性“Sache”的转化，为了保证这种转化的顺利实现，还需要保证交换主体政治与法律地位的平等，以及交换行为本身的“公平”、规范性和确定性。具体地讲，就是需要私人财产权、自由交换权利、规范交换行为的契约等现代法哲学提倡的观念加以保障。这样一来，将正义视为自然本性的自然法就被物化了，因为事物化的社会结构和社会关系表现为物本身的自然属性，为追求自然本性的正义的自然法貌似提供了“坚固”的根基。在这个过程中，事物化的社会结构被抽离出人的意识，于是被物化了的“自然法”被看作为一切人类社会的“永恒”的、“自主”的规范原则。正如著者的评论：“自然法不过是一种人们对‘事物化’过程的‘物化’意识，它掩盖了资本主义的实质，即将资本主义视为永恒的存在。”②

依照著者的看法，物化是对“事物化”这一社会的“抽象化”（假象）的再次错认，“正义”“权利”“契约”“法”等正是在物化的错认视野中，才被认定为是“普世、永恒的”，转而成为“抽象的正义拜物教”“抽象的法的拜物教”等观念围城。可以说，著者依据马克思“拜物教批判”所包含的“物化”（认识论）与“事物化”（存在论）的两个向度勘定“正义”“契约”

① 孙亮：《政治经济学批判与人的存在观念重构》，中央编译出版社2021年版，第67页。
② 孙亮：《政治经济学批判与人的存在观念重构》，中央编译出版社2021年版，第123页。

"权利"的基本原则，不仅勘破了这些观念为剥削剩余价值和"交换正义"辩护的实质，而且廓清了马克思到底是在何种意义上使用"正义"概念的、如何看待"契约""权利""法"的，而且为消除学界关于"马克思在何种意义上看待正义""马克思是否与自然法兼容"等争论提供了切实可行的方法论视角。以马克思与自然法是否兼容问题的讨论为例，针对那些认为传统自然法理论与马克思主义法学相容的学派，必须从事物化的存在论基础的角度理解法，即强调法根源于物质生活关系；针对否定传统自然法理论与马克思主义法律理论相容的实证主义法学派，如卡尔·伦纳和凯尔森的法学理论等，必须从"物化"的角度指明资产阶级法律思想中蕴含价值尺度的必然性，更广泛地讲，法律中必然包含与一定生产方式和生产关系相适应的正义的价值。在这点上，我倒是与著者完全反对"物化"意识"错认"的法律的观点稍有不同："马克思主义法学理论实现了自由与必然、理想与现实、应然与实然的高度统一。在这一点上，马克思主义不仅与传统自然法理论相容，还超越了自然法理论。"①

第三，阐明了虚无主义的多重构建与瓦解的方向。针对学界批判形而上学导致价值层面的虚无主义、批判虚无主义又导向"舍人而为道"的形而上学的悖论，著者认为仅单向度地依凭形而上学批判虚无主义是不够的，还必须要从更为根本的资本逻辑与权力逻辑出发才行。因为著者认为："资本、权力、形而上学三位一体构成对人的宰制形式，三者均从自身建构出虚无主义的各自面向，对每一个面向的共同瓦解才是解决价值虚无主义问题的方向。"② 著者这一深刻的论断不仅指出了虚无主义建构的多维基础，而且为解决虚

① 高建民、李菲菲：《正确理解马克思主义与自然法之间的关系——基于价值论和方法论的再思考》，《西南大学学报》（社会科学版）2020 年第 1 期。

② 孙亮：《政治经济学批判与人的存在观念重构》，中央编译出版社 2021 年版，第 163 页。

无主义指明了方向。

从虚无主义的形成来看，确实与形而上学有着极大的相关性。形而上学对理性和抽象的“一”的极致追求，对“个体”“差异”“多”造成了压制，是一种“舍人而为道”的价值取向。阿多诺分析道，“奥斯维辛集中营证实纯粹同一性的哲学原理就是死亡”①。以康德的自我意识哲学为代表的欧洲启蒙运动虽然在克服宗教方面发挥过积极作用，但又形成了理性的形而上学和宗教。在这个意义上，海德格尔认为自柏拉图而来的两千多年的西方哲学追求的“一”，正是虚无主义的根源。然而，当历史主义以反对形而上学的面貌出现时，又陷入了另一种形式的虚无主义，即价值论上的相对主义。“历史主义就此走向了道路的尽头：最高的永恒价值和意义消解了，遗留下来的一切不过是历史性、时间性和相对性的东西。”② 在政治上追求差异、个性、多元、民主等价值理念的“公共性”方案，被认定为重构形而上学作为解决虚无主义的良方，然而，如前所述，从“事物化”“物化”的视角来看，“正义”“平等”等政治价值理念只不过是资本增殖逻辑的手段和工具。深层讲，现代政治生活中推崇的权利、自由、民主等公共性方案是以“内在的”精神抽象作为“通货”来抹平资本逻辑所带来的实质性差异的。因此著者指出，“自由主义理念本身所推崇的那些诱人的‘观念’的秘密一旦被揭示为不过是为资本逻辑服务的一套消极自由的政治架构，那么，政治生活的虚无主义便油然而生”③。也就是说，政治生活中的“公共性”方案本身，也参与了虚无主义的建构。

---

① ［德］西奥多·阿多诺：《否定的辩证法》，张峰译，重庆出版社 1993 年版，第 362 页。

② ［美］格奥尔格·G. 伊格尔斯：《德国的历史观》，彭刚等译，译林出版社 2006 年版，第 333 页。

③ 孙亮：《政治经济学批判与人的存在观念重构》，中央编译出版社 2021 年版，第 161 页。

在现代社会中，无论是形而上学中的虚无主义还是政治生活中的虚无主义，从根源上来讲，都源于以资本逻辑为基本建制逻辑的商品交换的社会，“现代虚无主义被划入了日常的资产阶级经济秩序之中——秩序将人的价值不多也不少地等同于市场价格”①。在这里，著者不仅遵循了马克思的观点，而且借助居伊·德波（Guy Debord）的景观社会理论深化了马克思的物化理论。因为如果按照马克思的观点，物化就是商品的价值表现在商品的自然属性上，表现为一个“颠倒”的世界，那么到了德波这里，价值更多地表现在商品的外观上，“在真实的世界变成了纯粹的外观形象之时，纯粹的外观形象就变成了真实的存在”②。从著者的观点看，商品的外观形象变成了“商品物化的最高形式”。可以说，这种颠倒了的世界表现得更加真实了。在景观社会中，通过刺激人们的各种欲望构造各种“伪需要”来实现“伪生产”从而最终实现资本增殖。这样一来，在这种单向度的、强制性的虚假的生活中，自我的主体性被进一步抹杀了，人们陷入了一个一个的欲望和虚无主义深渊。这里，我们可以看出，从某种意义上说，著者从“物化”的进一步发展，所勾勒出来的正是尼采所批判的虚无主义的“高级版本”，因为资本逻辑所激发出来的欲望，不仅使“上帝死了”，而且至少在精神上使“人也死了”。正是在这个意义上，著者从历史唯物主义出发，认为消除文化中的虚无主义，根本上是要重塑革命主体。“今天重构主体的目标当务之急，依然需要在‘资本与阶级’的关联上重塑革命主体。”③

第四，加速社会理论的描述与历史唯物主义批判。在著者看

---

① ［美］马歇尔·伯曼：《一切坚固的东西都烟消云散了》，徐大建等译，商务印书馆 2013 年版，第 142—143 页。

② Guy Debord, *Society of the Spectacle*, Princeton: Zone Books, 1994, p. 18.

③ 孙亮：《政治经济学批判与人的存在观念重构》，中央编译出版社 2021 年版，第 190 页。

来，在现代社会中，不仅存在着经济、政治、文化方面的观念围城，还存在着与之适应的社会机制和伦理观念，四者一道共同构成了宰制我们生活的围城。这主要体现在著者对以哈特默特·罗萨为主要代表的“社会加速批判理论”的介绍和批判上。罗萨认为，当代由于技术、文化、经济、社会结构等引擎的助推，整个社会生活呈现出了“加速”发展特征，主要体现在时空压缩、生活和工作内容的增加、社会节奏变快、休息时间被挤压等方面。正如迈克尔·哈特所描述的，“睡眠不再了！资本主义谋杀了睡眠！更恰当地说，睡眠在时钟的分分秒秒的滴答声中磨损殆尽了”①。罗萨进一步指出，社会加速带来了空间关系、时间关系、物的关系、人们的行动、自我与他者之间关系的异化。这种异化的一个重要表现就是，人们真正去做的往往并不是他们真正想去做的，人在行为中所花费的时间去从事的生活越来越片段化，看似做了很多事情，生活显得丰富，但这些行为恰恰是相互孤立、缺乏意义的，“它们并不能彼此链接为一个整体或有意义的方式”②。

实际上，正如著者所指认的，马克思在《资本论》中已经多次暗示了加速是资本增殖的内在要求，是资本主义生产方式的固有本质。为了在竞争中占据有利位置获取相对剩余价值，资产阶级必然倾向于改良机器设备提高劳动生产率。

> 在其他条件不变和工作日已定的情况下，要剥削双倍的工人，就必须把投在机器和厂房上的不变部分和投在原料、辅助资料等上的不变资本部分增加一倍。③

---

① Michael Hardt, “Sleep No More”, *Arforum International*, Volume 52, Issue 1, September 2013.

② Hartmut Rosa, Alienation and Acceleration, Malm: NSU Press, 2010, p. 94.

③ 《马克思恩格斯全集》第44卷，人民出版社2001年版，第466页。

普殊同在《时间、劳动与社会统治》一书中借助具体时间和抽象的界分表达了这一点，在他看来，随着技术的更新换代和劳动生产率的提高，用于表征价值尺度的抽象的社会必要劳动时间不断被重构。“整个抽象时间之轴，整个参照系，都已经随着生产力的每次社会普遍性增长而改变了。”① 这表明，单位时间生产出的使用价值或财富不断增长，反映在具体时间上，就是我们需要完成更多的工作和任务，也就是说生活节奏是在加速的。

> 资本主义历史时间可以被视为一种具体时间的形式，这种形式被社会所建构，表达了工作和生产、更一般的社会生活，……这种时间运动是不稳定的，而是变化的，甚至是不断加速的。②

著者对社会加速理论研究的新颖之处，是对于“精神政治学”（Psychopolitics）主题的引入。在著者看来，“精神政治学”在主体方面更好地诠释了社会加速的内在机制，而这正是罗萨等加速社会批判理论者忽视或错失的维度。“精神政治学”是指讨论以“自我剥削”为核心论题的一种新政治学，以德国学者韩炳哲的《精神政治学：新自由主义与新权力技术》和胡茨奈克（Arnold A. Hut-schne-cker）的《精神政治学：对权力意志的批判》为代表。精神政治学以一种新自由主义提倡的绩效观念和自我价值实现的劳动伦理激励劳动者产生出更多优质劳动力。也就是说，新自由主义打造

① ［加］莫伊舍·普殊同：《时间、劳动与社会统治——马克思的批判理论再阐释》，康凌译，北京大学出版社 2019 年版，第 340 页。

② ［加］莫伊舍·普殊同：《时间、劳动与社会统治——马克思的批判理论再阐释》，康凌译，北京大学出版社 2019 年版，第 342 页。

了一种“自我剥削”“自我施虐”的机制，在这种功绩社会的氛围下，资本主义表现为对主体的肯定、关怀、激励，而主体自身表面上是自由的。“今天，权力越来越呈现出一种自由的姿态。它以顺从、友好的形式摒弃了自己的否定性，将自己装扮成自由。”[①] 这种肯定实践主体精神的权力布展新形式不同于传统以暴力的形式强制否定主体的生命、意志和精神，而是以让主体自我实现的、被赋予“有意义”的行动进行自我规划、自我逼迫的形式，实现对主体的更深层的统治。用著者的话来讲，“精神已经成为政治生产的对象，一切都是在工业化流程般的要求下，不断地推进自我的‘完美主义’，主体近乎痛苦地永无止境地优化自我”[②]。在精神政治学的逻辑下，人们在资本增殖的过程中感受到的不是强制性的压迫，而是自己如何才能运用自由时间让自己劳动得更多更好，这样一来，社会加速的动力更强劲了。

可以说，著者通过对“加速社会理论”“精神政治学”的介绍，不仅丰富了马克思主义哲学的研究议题，加深了我们对加速社会动力机制的认识，而且为我们揭示了新自由主义通过“精神政治学”的治理术试图构建资本主义免于抵抗困境的防御机制，在社会的层面描绘了资本逻辑建构起的最新围城。不仅如此，在这里我们可以看到，资本逻辑、工作文化、劳动观念、新自由主义构建的政治治理技术深层的紧密关联。应该说，对这“四位一体”围城条分缕析、鞭辟入里的剖析和阐述，不仅体现了著者广博的学术视野，也体现了著者深厚的学术功力。

---

① ［德］韩炳哲：《精神政治学：新自由主义与新权力技术》，关玉红译，中信出版社 2019 年版，第 20 页。

② 孙亮：《政治经济学批判与人的存在观念重构》，中央编译出版社 2021 年版，第 240 页。

（三）突出"主体向度"的解放策略

在这"四位一体"的围城中，人的解放何以可能？或者说，在由资本逻辑建构的"同一化"的抽象统治下，我们如何思考人的解放问题？针对这一根本问题，著者从拜物教批判和政治经济学批判的角度进行了历史唯物主义的探讨。

著者认为《资本论》及其手稿中存在着两条逻辑：一条是商品世界的交换运行的资本逻辑的规则，资本逻辑表征着价值形式的自主的单向性运动，是宰制主体的结构和座驾；另一条是人以主体自身的劳动逻辑对资本逻辑加以重新改造的法则，属于改造资本世界的逻辑。在著者看来，在资本逻辑与人的解放逻辑之间存在着裂缝，这个裂缝就存在于价值形式运动与构成价值形式运动的历史条件（即商品采取普遍交换的社会形式）之间。著者是从分析马克思在《资本论》中阐述的价值形式部分开始的，在著者看来，当马克思举例 20 码麻布 = 1 件上衣的时候，其中的" = "并不是真正的等同，而是一种表现关系，即麻布的价值表现为上衣的价值。"两者之间仅仅具有'相似'，但绝不意味着资本主义社会中的人的关系完全等同于物与物的关系。"[①] 如果将" = "所表征的"表现为"看作真实本身，那么就会产生拜物教。也就是说，我们不能把由价值形式运动构建的"同一化"资本世界认定为真实的世界本身，用著者的话来说还存在着"剩余"，"商品的世界规则只是表现人的世界，而不是全部，它还有剩余，有其他另外的属人的运行逻辑"[②]。著者认为，商品交换构成的资本逻辑与人的生活逻辑之间的张力正是我们讨论主体解放、设想未来世界的可能。

---

① 孙亮：《政治经济学批判与人的存在观念重构》，中央编译出版社 2021 年版，第 249 页。

② 孙亮：《政治经济学批判与人的存在观念重构》，中央编译出版社 2021 年版，第 250 页。

实际上，马克思的拜物教批判方法和事物化的分析方法不仅是要阐明真实世界与价值形式运动构造的资本逻辑之间存在着张力，而且也要阐明正是二者之间的对立统一的矛盾关系才导致资本逻辑的最终崩溃。从某种意义上说，马克思所阐述的一般平均利润率下降趋势规律和资本增殖的四个界限，正是要表达资本主义社会所固有的不可克服的矛盾及其历史有限性。因此，那种试图从资本逻辑单向度地解释《资本论》的学者以及把资本主义社会把握为一个自主的、单向度的、非个人的、抽象的统治体系的观点，无疑是与马克思的观点相悖的。毫无疑问，以阿瑟和普殊同为代表的体系辩证法学者，正是将资本主义生产方式理解为一个自主的、结构化的社会形式，在这种社会形态中，个体因受抽象统治，显得微不足道，且毫无解放可能。这种观点的实质，就是通过强调无产阶级陷入了资本逻辑的汪洋大海之中，宣称以无产阶级革命为核心的社会主义运动是无效的。这种观点忽略了资本主义生产方式存在的具体历史条件，因此显然，著者反对这种解读模式。“普殊同将‘价值形式’误判为资本主义社会经济的结构，从而未能抓住直接生产者与生产资料相分离的真正原因，彻底地滑向对历史现象的描述，在历史的本质维度上始终未能深入资本主义的核心。”[①] 这一见解对于回答下列问题具有深刻的意义，即面对资本逻辑结构性强制，主体是否只能等待？在著者看来，至少可以从两个方面寻求主体解放的空间。

第一，著者认为人的解放不仅仅是资本逻辑的崩溃，其本质是人的全面发展和对丰富性的占有。著者从《资本论》第一句话所表达的观点——在资本主义生产方式占统治地位的社会中财富表现为

① 孙亮：《抽象的统治与主体的位置——对莫伊舍·普殊同重构马克思批判理论的反思》，《马克思主义哲学研究》2020年第2期。

大量商品的堆积——开始分析，然后引出了马克思的一个重要论断：“人不是在某一种规定性上再生产自己，而是生产出他的全面性”①。也就是说，财富只是在普遍的商品交换中人的一种能力的充分发展，并不是全部，还有前文提到的“剩余”。著者认为，商品交换中的价值同一性原则体现出来的是黑格尔哲学体系中的同一化原则，这种原则，将主体生活中复杂、异质性的矛盾还原为单一的商品世界的逻辑。因此，在著者看来，解放的内涵不能局限于传统普遍认为的资本与劳动之间矛盾的克服，还应包括对人的异质性、多元性、奇点性的恢复。

> 资本与劳动在商品交换社会中所呈现出来的矛盾确实是理解人之解放的重要维度，这是以往马克思主义哲学着力解决的方向，但是人的生活不仅是商品生活，还有诸多的生活领域。②

著者这一观点的实质就是在资本逻辑单向度的、强制性的抽象统治下，主体绝不是毫无作为、坐以待毙的，每个主体都可以通过对生活丰富性的追求以抵抗商品交换原则的催逼。这实际上就是主张，在价值同一性原则为主导的商品社会中，人们依然有能力追求真善美的生活。

第二，劳动逻辑对资本逻辑的修补。众所周知，资本增殖的前提是活劳动，因此对活劳动的重塑才是人的解放真正逻辑的诞生地。可以说，认知资本主义主要代表哈特、奈格里，以及开放马克思主义的主要代表霍洛维，都主张从“主体向度”来破解主体与结构之间的矛盾关系。因为在他们看来，正是人们的日常活动转变为

① 孙亮：《政治经济学批判与人的存在观念重构》，中央编译出版社 2021 年版，第 252 页。
② 孙亮：《政治经济学批判与人的存在观念重构》，中央编译出版社 2021 年版，第 254 页。

抽象劳动和剩余价值的生产劳动，以抽象劳动（社会劳动）强加到人类全部生活行为之中，资本与劳动的矛盾对立关系才得以产生，主体活动才得以转变为价值生产的劳动。也就是说，资本逻辑不能独立于劳动逻辑自主地存在。依循这个逻辑，著者提出劳动逻辑有直接摧毁资本逻辑的可能性。

> 要加大劳动逻辑的重塑，批判那种认为只有资本才能推动生产力提升的观念，真正认识到生产力的提升可以依靠劳动方式的重组而达成，从而进一步重塑劳动组织方式与提升劳动的生产能力，试图对人自身丰富性、创造性有所推进。①

在这一运思逻辑下，著者界分了“劳动的生产力”和“资本的生产力”两个概念，前者关注人与人之间的非异化的社会关系的合作，后者则是以物与物的异化了的社会关系作为社会建设的力量。著者认为，凸显劳动模式重塑的主体解放道路，虽然与传统那种瓦解资本逻辑的做法有所不同，但可以看作是对马克思批判资本逻辑进行的一种修补。

当然，著者上述两种关于突出“主体向度”的解放策略绝不意味着对马克思瓦解资本逻辑方案的背离，就像著者所强调的那样，只是对马克思资本逻辑批判的一种修补。也就是说，在当前商品交换普遍存在的历史条件下，面对价值形式单向度的强制逻辑，主体可以通过对丰富性生活的回归或劳动模式的重塑对资本逻辑进行策略性的自觉抵抗，而不是坐等资本主义生产方式的自我否定“客观独立地”发生。著者这一观点，实际上正是对第二国际一些马克思主义者们思想的纠偏，因为在他们看来，历史规律（包括资本主义

---

① 孙亮：《政治经济学批判与人的存在观念重构》，中央编译出版社2021年版，第258页。

社会产生、发展、消亡的规律）既然是客观必然的，那么无产阶级的斗争似乎也就没有那么重要了。然而，依据马克思的看法，客观的历史规律的发生运行离不开主体的实践活动，或者换个说法，社会历史客观规律不同于自然规律的一个重要特征就是，前者蕴含着人的活动的目的性、计划性、选择性。正是在这个意义上，马克思恩格斯才在《共产党宣言》中肯定了无产阶级和共产党的革命先锋作用。正如吴猛教授所分析的：

> 马克思一生的工作，……而是试图证明，组织起来的无产阶级通过“消灭现存状况”而建立一个新社会完全有可能的，……在对现实运动有了实质性把握之后，呈现与这一现实运动相适合的价值和改变世界的目标。[①]

也就是说，我们绝不能忘记马克思和恩格斯科学社会主义的理论形象。在当下资本逻辑呈现出的前所未有的深度、广度和复杂性的背景下，著者通过“事物化”和“物化”两个视角对以资本逻辑为根本原则构建的“四位一体”围城的存在论和认识论剖析，开出了回归生活的丰富性和重构劳动模式的药方两种解放策略，虽然与传统意义上瓦解资本逻辑的方案有所不同，但却具有十分重要的理论和现实意义。一方面，虽然资本对劳动的“同一化”和抽象的结构化进程在不断强化，但主体对资本的抵抗和对解放的追求也从未停止过，如科学社会主义运动、反对帝国主义的民族民主解放运动、后殖民主义等，这些运动确实极大地改变了世界格局，也极大地推进了主体解放的进程。尤其是 2008 年国际金融危机以来，以

① 吴猛：《对〈资本论〉进行政治哲学解读意味着什么？——回译〈资本论〉：21 世纪的“政治经济学批判”》，《马克思主义哲学评论》2020 年第 5 期。

美国为首的西方发达资本主义国家进入了明显的衰退期，总体力量有所减弱，对世界的统治和驾驭能力明显下降；反观世界社会主义一方，虽仍处于守势，但中国特色社会主义取得的巨大成就明显提升了社会主义的整体力量，“开始进入了世界社会主义发展长周期的上升期”①。另一方面，正如恩斯特·布洛赫所指出的，人类文明史是由无数乌托邦构成的，如果人类没有对未来美好社会的一种向往，人类社会不可能变得越来越公平正义，因此在资本逻辑看似势如破竹地将整个世界吸纳到价值形式运动中的今天，我们依然要坚守解放的信念。在我看来，在人的实践活动中保持一种乌托邦精神，对劳动逻辑的社会性重构，正是主体获得解放的希望。

三 评《重思资本逻辑的同一性》

中国改革开放后，随着市场经济的发展，资本逻辑逐渐渗透到经济、社会、文化等诸多领域。在资本建构的拜物教围城悄然展开和不断凸显的过程中，拜物教、异化、政治经济学批判等问题逐渐进入中国马克思主义学界的视野，一大批中国马克思主义学者开始关注国外马克思主义的研究。

在对国外马克思主义研究过程中，逐步形成了以复旦大学和南京大学为两大主要阵营，以中国社会科学院、北京大学、中国人民大学、吉林大学、北京师范大学、华东师范大学、南开大学和中山大学为研究重镇的研究格局。复旦大学当代国外马克思主义研究中心自 1999 年创建以来，逐渐形成了将国外马克思主义基础理论和国外马克思主义前沿问题结合起来阐发马克思主义学说的当代意义

---

① 《我们依然处在马克思主义所指明的历史时代——访中国社会科学院党组成员、当代中国研究所所长姜辉》，《马克思主义研究》2019 年第 1 期。

为特点的研究模式，其标志性成果主要有《20 世纪西方马克思主义哲学历程》（1—4 卷）和《世界马克思主义研究前沿理论追踪》等。南京大学主要以当代国外马克思主义为研究方向，注重整体把握西方马克思主义发展的历史与逻辑，其学术成就主要集中于对卢卡奇（György Lukács）、阿多诺（Theodor Wiesengrund Adorno）、阿尔都塞（Louis Pierre Althusser）、布洛赫（Ernst Bloch）、哈维（David Harvey）、齐泽克（Slavoj Žižek）等代表人物的个案介绍上，但在对整个流派的研究上还有提升空间。其他研究阵地各有所长，有的集中研究世界社会主义运动，有的专注于生态马克思主义研究，不一而足。在这些研究阵地中，杰出学者云集，孙亮教授就是其中最优秀的代表之一，其学术研究在中国马克思主义学界极具引领性和开创性，影响非常广泛。

在中国的国外马克思主义研究版图中，孙亮教授是第一个将开放马克思主义流派引入中国学界的，这对推动开放马克思主义流派在中国的传播与研究具有十分重大的意义。《重思资本逻辑的同一性——约翰·霍洛威的批判思想引论》正是其多年研究的重大成果之一。这本著作主要是对开放马克思主义重要代表约翰·霍洛维学术思想的介绍。

约翰·霍洛威作为开放马克思主义学派中最重要的代表之一，学术成果丰硕，其著作主要有《裂解资本主义》《无须掌权改变世界》《身在其中、反抗与超越资本主义》《约翰·霍洛威读本》等。他以卓越的才华和扎实的理论基础对马克思主义进行了深入的阐释，提出了许多闪耀着思想火花的观点。《重思资本逻辑的同一性》一书从理论主题、论证方法、核心观点和重要影响等多个维度再现了霍洛威的思想，内容丰富、逻辑清晰、评述得当，可谓是亮点纷呈，给我印象最深的有三个方面。

（一）拜物教与“抽象劳动危机”

在《重思资本逻辑的同一性》一书中，孙亮教授首先对约翰·霍洛威的理论主题产生的历史境遇和思想谱系进行了清晰的梳理辨识。在著作的开头，孙亮教授就准确地锚定了开放马克思主义思想流派产生的历史背景。

> 传统马克思主义阶级斗争运动在20世纪90年代之后处于低谷期，马克思主义在欧洲面临前所未有的困境，人们对马克思主义的认识停留在传统苏联马克思主义话语体系及其剧变的现实中。①

这一论断和霍洛威的论述不谋而合：

> 传统马克思是一种建立在抽象劳动基础上的劳工运动理论，对于拜物教和劳动二重性的问题则关注不足。②

显然，霍洛威的思想仍处于对传统马克思主义反思和重构的历史境遇之中。随着19世纪末20世纪初无产阶级革命在欧洲的失败，以卢卡奇和科尔施（Karl Korsch）为代表的西方马克思主义开始重新审视马克思主义与德国古典哲学之间的内在关联，以图激活辩证法中的革命的思想资源。前者认为，辩证法能够使无产阶级在资本的围城中形成的物化意识上升为能够把握资本主义辩证总体的无产阶级意识，从而使无产阶级变为自觉的历史主体；后者认为，

---

① 孙亮：《重思资本逻辑的同一性》，社会科学文献出版社2023年版，第7页。

② 转引自孙亮《重思资本逻辑的同一性》，社会科学文献出版社2023年版，第220—221页。

传统马克思主义之所以沦为与革命脱离的“意识形态”，主要是因为他们没有注意到马克思后来通过对政治经济学这一意识形态的批判而更好地达到了对资本主义社会总体的批判，从而陷入了对资本主义社会的对象性意识，脱离了理论与实践的辩证关系，只有通过实践辩证法才能撬开政治经济学中的资本社会主义社会整体，从而使无产阶级革命理论嵌入革命的实践之中。虽然二者侧重点不同，但二者都强调辩证法在克服物化意识（资产阶级意识形态）中的作用，即潜在地指向了辩证法与政治经济学批判方法之间的融合。这一思想遗产在法兰克福学派尤其是在阿多诺那里得到了发展，阿多诺虽然是以“否定性的辩证法”的姿态重新思考辩证法问题，但他从本体论批判的视角提出了用非同一性、存在物、事实性取代同一性、存在、概念的方案，他将经济范畴具化为社会范畴，将黑格尔概念辩证法中的同一性原则与资本的同一性（在商品交换中形成的同一化原则）勾连起来，进而将社会批判理论发展为一种对经济客体的批判。这一思想被阿多诺的学生汉斯－格奥尔格·巴克豪斯（Hans-Georg Backhaus）和海尔穆特·莱希尔特（Helmut Reichelt）等学者继承，他们在进一步吸收苏联哲学家鲁宾（Lsaak Rubin）的《马克思价值理论论集》中关于价值形式的讨论思想资源的基础上，创立了以“价值形式批判理论”为主要论纲的新马克思阅读学派。这一学派将辩证法与政治经济学批判相融合的方法重新激活了马克思主义的做法，受到了包括沃纳·博纳菲尔德（Werner Bonefeld）、西蒙·克拉克（Simon Clarke）、哈里·克利弗（Harry Cleaver）、莫伊舍·普殊同（Moishe Postone）、克里斯多夫·亚瑟（Christopher J. Arthur）等人的支持。在价值形式的分析框架下，新马克思主义阅读学派的支持者普遍认为，资本主义社会是一个抽象的社会结构，个体的行动建构了这一客观抽象结构并受其支配，这一抽象普遍的社会结构既是客观的又是主观的。

基于开放马克思主义政治经济学批判和价值形式分析的方法，现代国家也是在价值的同一性运动中衍生出来的一种政治形式。正如孙亮教授所指认的，霍洛威深受拉尔夫·密里本德（Ralph Miliband）和普兰查斯（Nicos Poulantzas）关于国家理论之争的影响。普兰查斯在《政治权力与社会阶级》一书中提出了“国家的相对自主性”，而密里本德在《资本主义社会中的国家》中提出了工具主义国家观念。借助德国新马克思阅读学派的思想资源，霍洛威和索尔·皮乔托（Sol Picciotto）参与了这一理论争论事件，二人合作出版了《国家与资本：马克思主义辩论》一书，该书明确提出：“这场辩论的目的是系统地将国家作为一种政治形式，其从资本主义生产关系的性质中‘衍生出来’，这是自20世纪60年代末以来，人们对马克思为分析现代资本主义而创设的科学范畴重新产生兴趣的一部分，作为建立资产阶级国家及其发展的唯物主义理论的第一步。”①

问题在于，如果国家也是由资本的同一性运动建构的，个体的行动又如何冲破纵横交错的客观社会结构呢？1968年五月风暴后，激发了特隆蒂（Tronti）、奈格里（Negri）和博罗格纳（Bologna）等自治主义马克思主义者（Autonomist Marxist）对“传统革命主体”的重新审视，提出了生命政治和“诸众”等概念。这一思想背景也构成了约翰·霍洛威的前见。

正如著者所指出的，上述关于价值形式、国家、主体等课题的探讨，都需要霍洛威在理论上进行回应。随着科学社会主义运动和社会民主运动趋于衰落，资本席卷全球，约翰霍洛威认为抽象劳动正面临着危机。“抽象劳动是马克思‘商品拜物教’的根源，将我

---

① John Holloway and Sol Picciotto, *State and Capital: A Marxist Debate*, London: Edward Arnold, 1978, p. 2.

们所创造的商品从创造过程中分离。被创造的商品，不是被视为创造过程中的一部分，而是被视为一系列支配我们行动和思考的事物。社会关系（人与人之间的关系）变得（受到）盲目崇拜或物化。我们行动和思考中的中心被‘事物’（具象化的社会创造物），如金钱、资本、国家、大学等所取代，劳工运动（作为抽象劳动的运动）通常将这些东西视为给定的。”①

在霍洛威看来，人类寻求解放的突破口就是抽象劳动，因为它是资本逻辑和拜物教世界的前提。然而，他认为，传统马克思主义在反资本的运动中之所以未能真正成功，是因为传统革命政治理论坚持以暴力革命变革生产资料所有制的方式改变抽象劳动构筑的世界，而不是从“资本逻辑”的内部瓦解它。因此，在他看来，我们要反对资本逻辑对人们生活的宰制，必须将自身置放到抽象劳动建构的社会关系之中去思考并做出行动。

（二）“非同一性”与“裂缝”

在《重思资本逻辑的同一性》一书中，著者为我们指出，“非同一性”和“裂缝”是理解霍洛威构想解放策略的关键概念。

霍洛威之所以认为阿多诺的“非同一性”概念具有革命性的意义，就是因为它可以冲破由抽象劳动构筑的概念拜物教牢笼。在他看来，我们日常生活中所使用的货币、国家和资本等范畴，是在资本不断吸纳抽象劳动的同一性运动中形成的，它们如同思想监狱一样，监禁着主体的思维方式，限制了主体对自己生活真实处境的思考，使生活变得平庸，破灭主体向往美好生活的希望。因此，霍洛威认为，设想人的解放必须以打破封闭的范畴围城为前提，而这恰

---

① John Holloway, “Cracks and the Crisis of Abstract Labour”, *Antipode*, Vol. 42, No. 4, September 2010.

恰是阿多诺在《否定的辩证法》一书中所做的工作。阿多诺在建构批判理论时对黑格尔的概念辩证法进行了批判性反思，他认为，概念本身和一个非概念的整体是纠缠在一起的。“概念中包含着这样一个事实：非概念性靠自己的意义而成为它的中介，这种意义反过来又奠定了它的概念性。”[①] 按照胡塞尔现象学的理解，概念只代现非概念的整体，而非概念的整体才是“事情本身”。在这个意义上，阿多诺认为，改变概念性的方向，使之趋向于非同一性，才是否定辩证法的关键。

概念是僵化的，这一点即便黑格尔也赞同，事情本身才是永恒流动的。我猜想，正是在这个意义上，霍洛威才特别强调非同一性相对于同一性的永恒流动性。然而，虽然阿多诺的否定辩证法或多或少在为劳动辩证法论证，但仍没有完全突破哲学思辨的范式，并没有指向历史唯物主义意义上的实践辩证法，也没有直接导向霍洛威意义上的行动辩证法。因而，我认为，霍洛威并不能全部赞同阿多诺。我猜想，《重思资本逻辑的同一性》的作者和我的想法应该一致，因为他不惜笔墨大段引用了霍洛威的观点：

> 阿多诺真的说过我们是非同一性吗？据我所知，目前还没有。也许我是在以一种非同一性的方式阅读他的书，反对或超越阿多诺。但是我们还能够如何理解非同一性呢？非同一性只能是一种改变自己的力量，它超越自己，创造自己。我们在哪里可以找到一种具有创造性和自我创造力的力量呢？不是动物，不是上帝，不是自然，只有人类，我们。我们不是同一性

① ［德］西奥多·阿多诺：《否定的辩证法》，张峰译，上海人民出版社 2020 年版，第 9 页。

的我们，而是脱节的、有创造力的我们。①

显然，在霍洛威这里，非同一性的力量存在于主体之中。要理解这一点，必须引入霍洛威的另外一个概念，即“裂缝”。什么是“裂缝”呢，我们借助霍洛威在《裂解资本主义》一书中的一段论述试着进行理解：

> 裂缝的方法是危机的方法：我们希望从墙壁的裂缝，而不是它的稳固层面来理解墙壁；我们希望从资本主义的危机、矛盾、弱点的角度来了解它，而不是从一种统治手段来了解它，并且我们想知道，为什么我们自己就是那些矛盾。这是危机理论、批判理论。危机和批判理论是不迎合的理论。②

显然，在这里，“墙壁”和“裂缝”都是一种隐喻。“墙壁”应该是意指由资本的同一性运动建构的世界，是由思想文化、经济、政治和社会各领域经纬交织构筑的封闭的围城；而“裂缝”则应该是指与同一性的资本世界相对应的“非同一性的世界”，因而也是开放的世界。在文中，霍洛威用资本主义的危机、矛盾、弱点来表达“裂缝”，实际上是指一切削弱资本逻辑同一化倾向和力量的因素或力量。这种因素和力量包括资本主义社会中爆发的经济危机、社会危机，但霍洛威认为更为重要的力量来源于劳动者的具体劳动。

我们可以借助马克思在《资本论》第一卷中对简单的、个别的价值形式的论述对霍洛威的观点进行解读。以“20 码麻布 =1 件上

---

① John Holloway, Fernando Matamoros and Sergio Tischler eds., *Negativity and Revolution: Adorno and Political Activism*, London: Pluto Press, 2009, p. 14.

② John Holloway, *Crack Capitalism*, London: Pluto Press, 2010, p. 9.

衣”这一价值形式为例，“1 件上衣”作为“20 码麻布”的等价物，并不意味着二者完全相等，而是表现为相等。马克思认为，“1 件上衣”只是反映“20 码麻布”价值的镜子。换句话说，抽象劳动生产“20 码麻布”的价值，是用生产“1 件上衣”的具体劳动表现的。这里的“＝”就蕴含着资本主义生产方式的秘密，因为表面上看相等，并不意味着完全等同，因为作为等价物一方的具体劳动的主体的丰富性被遮蔽了。因而，由价值形式建构的表现机制与社会存在并非真正的是“同一”性关系，而是“非同一”性关系，二者之间存在着“裂缝”。此外，马克思在《资本论》中引入价值形式旨在揭露资本主义生产方式是“颠倒的拜物教世界”，继而揭示价值形式的社会形式基础。著者在书中也注意到了霍洛威教授的精彩论断：价值形式的生成过程，即从“形式”（Form）向“形成”（Forming）的转变有资本主义社会形式这一前提条件，在这种条件下，具体劳动不断被抽象化、形式化；同时，不断地出现反同一性、“溢出”和“格格不入”[①]。概而言之，霍洛威认为，表现的形式与非形式之间是一种对抗关系。对于这一点，著者与霍洛威的观点是一致的。

（三）守护“行动时间”与自我解放

著者从多个角度向读者展示了霍洛威的主体解放构想。对于霍洛威来讲，在“裂缝”中寻求自我解放的关键是停止价值形式的生成和创造，依凭主体自我决定的“行动”抵抗资本逻辑。

> 我们说过，起点即呐喊。这是一种二维的呐喊：不只是愤

① John Holloway, “Read Capital: The First Sentence”, *Historical Materialism*, Volume 23, Issue 3, 2015, p. 13.

怒的呐喊，更是希望的呐喊。希望不是以神圣的干预手段来解救众生，而是积极主动改变事情，是主动拒绝的呐喊，指向“现在时的行动”的呐喊。背离这一行动的呐喊只是对其自身的呐喊，它仍旧是充满绝望的外在呐喊，或者更为常见的是无止境的抱怨，这种呐喊是背离自身的呐喊：它失去了否定的能力，进入一个无休止的自我肯定的循环。犬儒主义——我厌恶这个世界，但自己却无能为力——是一种变了味的呐喊，它压抑着自我的否定。[①]

著者强调，霍洛威这里的呐喊主要是指否定和抵抗资本逻辑的呐喊，是拒绝资本逻辑、向其喊“不”的怒吼，是一种主体抽离资本形成的力量。在霍洛威看来，资本主义世界是一个主体的“行动”（Doing）和其“行动结果”（Done）分离的世界，因为资本主义社会中的价值形式运动不断地将主体的“行动”抽象化为“劳动”（Labour），因而问题的关键是放弃以抽象劳动为主导的“劳动”从而转向积极的“行动”。霍洛威教授用非常具有才华和创造力的比喻来表明从“劳动”向“行动”的转变：

我们一直生活在同一部电影里，资本主义的电影，这是一部非常糟糕的电影，一部非常无聊的电影，一部让所有看它的人失去人性的电影。现在我们必须生活在一部不同的电影中，或者更确切地说，我们将在生活的过程中创造出多种多样的电影。我们通过创造资本主义的社会关系来创造资本主义：我们必须停止这样做，我们必须做别的事情，生活在不同的社会关

① John Holloway, *Change the World without Taking Power*, London: Pluto Press, 2010, pp. 22 - 23.

系中。革命很简单：停止制造资本主义，转而去做其他的事情。斗争不是为了生存而进行（这是抽象劳动的真正斗争），而是为了生活而进行。[①]

著者向我们表明，这段论述表达了霍洛威反抗资本逻辑的重要策略：反抗“时钟时间”和坚守“行动时间”。所谓“时钟时间”，是“用数量衡量、用国民生产总值的百分比增长来理解的发展的时间”[②]，因而也是制度化地制造价值形式的时间；而“行动时间”则是指与“时钟时间”抗争守护人的尊严的时间，霍洛威称为“自治空间”。前者掏空人的生活，后者使人的生活更为丰富。

通过著者的描述可知，霍洛威的主体解放构想与传统马克思主义的革命理念不同。按照霍洛威的指认，传统的马克思主义革命主体解放理论，是基于资本与劳动、资产阶级与无产阶级矛盾对立的理论，这一理论预制了工人阶级对资产阶级的从属，预先进行了身份定义，是一种同一性和名词性的思维方式。霍洛威认为，预先设定工人阶级身份说明已经发生了“行动”与“行动结果”、主体与客体的分离，由此，传统的马克思主义阶级斗争便陷入了定义与反定义、拜物教与去拜物教之间的无休止的重复对抗。因而，霍洛威的解放理念就是反对阶级被范畴化，反对被阶级化，因而是反对抽象劳动的斗争，而不是作为工人阶级进行斗争。因为在他看来，传统马克思主义的先锋理论和重构权力关系理论，仍是同一性的思维方式，容易受官僚主义组织形式和拜物教意识的统治。

著者认为霍洛威很多观点都有助于中国学术界，极具启发性。例如，霍洛威对“劳动的生产力”而不是“资本的生产力”的重

---

① John Holloway, *Crack Capitalism*, London: Pluto Press, 2010, p. 236.

② John Holloway, *Crack Capitalism*, London: Pluto Press, 2010, p. 240.

视，对将阿多诺的“非同一性”的否定辩证法融入价值形式批判中的政治经济学批判方法的创造性发展，以及对主体劳动尊严和日常生活的守护等。孙亮教授认为，这些观点不仅有助于中国学界对生产力和“劳动二重性”等概念的深入研究，而且更重要的是，深化了对马克思将辩证法融入政治经济学批判方法中的具体路径的理解。

当然，这并不意味着著者支持霍洛威教授的所有观点。这主要体现在著者对霍洛威的主体解放方案提出的三点质疑上。首先，作者认为，必须从资本主义社会生产方式内在的客观机制出发构想人类解放，单纯地诉诸主体的呐喊和反抗抽象劳动并不能成功。马克思对“原始积累”的阐述不仅表明资本主义生产方式的产生有其必然性，而且表明人类任何一种社会形式都是历史的、具体的和有限的，都有一个产生、发展和灭亡的过程。著者依据历史唯物主义，从资本主义生产方式“自我否定”的角度出发指出，霍洛威的“裂缝”概念虽然表明了资本主义社会形式内部存在着矛盾，但显然主体解放需要的是整个资本主义社会结构的“坍塌”“崩解”，而不仅仅是主体以“行动”的方式削弱资本主义生产方式的力量。其次，作者认为，废除资本的支配地位，又无需掌权，是一个悖论。他指出，不反抗资产阶级国家政权从而建立工人阶级自己的政权机构，是不可能获得最终解放的，因为在资本主义社会，国家是资本进行价值同一化运动的工具，与货币和资产阶级的意识形态一道构成系统集成的“围城”，主体单靠个体的“行动”无法撼动其稳固的统治，不仅如此，消散国家权力必然导致无政府主义。最后，作者强调，资本主义生产方式作为实存，资本逻辑已经启动，在生存的逼迫下，自我决定的抵抗是有限度的。正如作者所指出的，随着哈特穆特·罗萨（Hartmut Rosa）所描述的加速社会的到来，资本主义已经进入对劳动时间全面占有的时代，这一点在乔纳森·克拉里（Jonathan Crary）讨论的资本主义对主体睡眠时间的挤压的描述中可以得到证明。

就主体解放的策略而言，我是站在孙亮教授这一边的。一方面，马克思对价值形式的批判本质上是一种社会形式批判，就这一点而言，霍洛威教授也是认可的，但我想要强调的是，马克思的批判不仅是基于体系辩证法，而且基于历史辩证法，其批判中的确蕴含着对资产阶级生产方式的自我否定。

> 我们的方法表明历史考察必然开始之点，或者说，表明仅仅作为生产过程的历史形式的资产阶级，超越自身而追溯到早先的历史生产方式之点。……这些方程式将说明在这个制度以前存在的过去。……这样，这些启示连同对现代的正确理解，也给我们提供了一把理解过去的钥匙——这也是我们希望做的一项独立的工作。另一方面，这种正确的考察同样会得出预示着生产关系的现代形式被扬弃之点，从而预示着未来的先兆，变易的运动。①

另一方面，随着社会必要劳动时间的缩短，劳动者为了适应社会节奏，不得不提高工作强度。这种社会加速机制，在胡茨奈克（Arnold A. Hutschnecker）的“精神政治学”（Psychopolitics）中已经有所涉及。精神政治学以一种新自由主义提倡的绩效观念和自我价值实现的劳动伦理激励劳动者产生出更多优质劳动力。换言之，新自由主义打造了一种“自我剥削”“自我施虐”的机制，在这种功绩社会的氛围下，资本主义表现为对主体的肯定、关怀、激励，而主体自身表面上是自由的。在这种逻辑下，主体在资本增殖的过

① 《马克思恩格斯全集》第30卷，人民出版社1995年版，第452—453页。

程中感受到的不是强制性的压迫，而是自己如何才能运用自由时间让自己劳动得更多更好，因而坚守“行动时间”极为困难。

（四）结语：“非同一性”的对话

约翰·霍洛威作为开放马克思主义学派的重要代表人物和左翼批判理论家，其影响并非仅限于英语世界，其主要著作已经被翻译成德语、法语、日语、韩语等十多个语种，并且在相应的国家受到广泛关注。在中国，孙亮教授所著《重思资本逻辑的同一性》——虽未全面展现霍洛威教授的所有工作——第一次向中国学术界全面描述了霍洛威的学术思想，意义重大。其意义不仅在于向中国学界介绍了国外马克思主义的最新发展和最新观点，更重要的在于，孙亮教授以问题逻辑为线索阐明了霍洛威教授的观点是时代发展和思想发展的必然结果。

著者对霍洛威著述的介绍总体上看是全面的，对其核心观点的评析也是非常中肯的。然而，在我看来，虽然作者注意到，霍洛威没有真正将劳动置放到资本主义生产关系中去分析抽象劳动、分析价值形式产生的根由，但并没有阐明其方法论原因。诚然，著者深入细致地剖析了霍洛威“非同一性”地吸收了阿多诺的否定性辩证法和非同一性理论，但没有彻底剖析霍洛威对否定辩证法的误解之处。

阿多诺对黑格尔辩证法的批判，旨在批判概念与其意指客体之间的同一性，以期开放出事物自身的辩证法，因而他用“非同一性”指代事物的自我否定性。值得注意的是，阿多诺以“否定的辩证法”替代黑格尔的唯心主义辩证法，主要不在于黑格尔辩证法中没有革命性的维度，而在于其否定性的革命性维度被概念和“自我意识”等思维的同一性封闭了，因而阿多诺的目的在于将概念辩证法转变为事物辩证法、将同一性的思维辩证法转变为否定性的事物

（或社会）辩证法。关于这一点，从阿多诺将同一性原则还原为商品交换行为就可以得到证明。就这一点而言，开放马克思主义显然误读了阿多诺。对马克思来说，关键在于将黑格尔的辩证法转变为一定社会形式下的主体辩证法，因而比阿多诺还要高明一些。所以问题的关键，是将具有同一性特征的价值形式批判转换成社会形式批判。无论是在黑格尔那里，还是在阿多诺和马克思那里，同一性和非同一性，都不是彼此独立的。尤其是对于黑格尔和马克思来讲，同一性和非同一性是辩证统一的，同一性即非同一性，二者绝不可僵化分离。正—反—合的辩证转化，其中任何一个环节都不是绝对的，"合"不是普通意义上的"综合"或"和解"，而是辩证地否定或扬弃。据此可知，资本逻辑的同一性运动中蕴含着否定自身的同一性力量。从《资本论》中可知，资本主义生产方式自我否定的倾向，既源于生产自身内部固有的矛盾，生产和流通、分配和消费之间的矛盾，也源于经济结构、政治结构和精神结构之间的内在矛盾，而这些矛盾中都包含着主体自觉或不自觉的实践活动。

著者对霍洛威著述的阅读是否陷入了"同一性"的围城中？我不能确定。但我能确定的是，我对《重思资本逻辑的同一性》的阅读具有"同一性"的思维特征，这不仅在于我未能展现作者在书中表达的丰富性内容，而且也表现在我前面对一些观点的评述中，因而希望我的评述具有加达默尔意义上的对话辩证法的性质，因而是"非同一性"的和开放的。

参考文献

中文文献

《马克思恩格斯文集》第1—10卷，人民出版社2009年版。

《马克思恩格斯全集》第3卷，人民出版社1960年版。

《马克思恩格斯全集》第10卷，人民出版社1998年版。

《马克思恩格斯全集》第16卷，人民出版社1972年版。

《马克思恩格斯全集》第23卷，人民出版社1972年版。

《马克思恩格斯全集》（第一版）第44卷，人民出版社1982年版。

《马克思恩格斯全集》第30卷，人民出版社1995年版。

《马克思恩格斯全集》第31卷，人民出版社1998年版。

《马克思恩格斯全集》第32卷，人民出版社1998年版。

《马克思恩格斯全集》第33卷，人民出版社2004年版。

《马克思恩格斯全集》第34卷，人民出版社2008年版。

《马克思恩格斯全集》第35卷，人民出版社2013年版。

《马克思恩格斯全集》第38卷，人民出版社2019年版。

《马克思恩格斯全集》第44卷，人民出版社2001年版。

《马克思恩格斯全集》第45卷，人民出版社2003年版。

《马克思恩格斯全集》第46卷，人民出版社2003年版。

《马克思恩格斯全集》第48卷，人民出版社2007年版。

《马克思恩格斯全集》第49卷，人民出版社2016年版。

《马克思恩格斯全集》第 50 卷，人民出版社 2021 年版。
《马克思恩格斯选集》第 1 卷，人民出版社 1995 年版。
《马克思恩格斯选集》第 2 卷，人民出版社 1995 年版。
《列宁全集》第 38 卷，人民出版社 1986 年版。
《列宁全集》第 39 卷，人民出版社 1963 年版。
《列宁选集》第 2 卷，人民出版社 2012 年版。

李应志、罗钢：《后殖民主义：人物与思想》，北京师范大学出版社 2015 年版。
孙亮：《政治经济学批判与人的存在观念重构》，中央编译出版社 2021 年版。
孙亮：《重思资本逻辑的同一性》，社会科学文献出版社 2023 年版。
唐正东：《从斯密到马克思：经济哲学方法的历史性诠释》，江苏人民出版社 2009 年版。
张一兵：《回到马克思：经济学语境中的哲学话语》（第三版），江苏人民出版社 2014 年版。

[德] 阿尔弗雷德 · 索恩 – 雷特尔：《脑力劳动与体力劳动：西方历史的认识论》，谢永康、侯振武译，南京大学出版社 2015 年版。
[美] 爱德华 · W. 萨义德：《文化与帝国主义》，李琨译，生活 · 读书 · 新知三联书店 2003 年版。
[美] 阿里夫 · 德里克：《后革命氛围》，王宁等译，中国社会科学出版社 1999 年版。
[意] 奈格里：《〈大纲〉：超越马克思的马克思》，张梧等译，北京师范大学出版社 2011 年版。
[意] 安东尼奥 · 内格里：《超越帝国》，李琨等译，北京大学出版

社 2016 年版。

[美] 伯特尔·奥尔曼：《辩证法的舞蹈——马克思方法的步骤》，田世锭、何霜梅译，高等教育出版社 2006 年版。

[英] 巴特·穆尔－吉尔伯特等编撰：《后殖民批评》，杨乃乔等译，北京大学出版社 2001 年版。

[美] 大卫·哈维：《资本之谜》，陈静译，电子工业出版社 2011 年版。

[美] 大卫·哈维：《跟大卫·哈维读〈资本论〉》，刘英译，上海译文出版社 2013 年版。

[美] 大卫·哈维：《新自由主义简史》，王钦译，上海译文出版社 2010 年版。

[美] 戴维·哈维：《新帝国主义》，付克新译，中国人民大学出版社 2019 年版。

[德] 恩斯特·布洛赫：《希望的原理》第 1 卷，梦海译，上海译文出版社 2012 年版。

[德] 恩斯特·布洛赫：《希望的原理》第 2 卷，梦海译，上海译文出版社 2020 年版。

[法] 米歇尔·福柯：《规训与惩罚》，刘北成、杨远婴译，生活·读书·新知三联书店 2007 年版。

[法] 米歇尔·福柯：《疯癫与文明：理性时代的疯癫史》（修订译本），刘北成、杨远婴译，生活·读书·新知三联书店 2012 年版。

[法] 米歇尔·福柯：《生命政治的诞生》，莫伟民、赵伟译，上海人民出版社 2011 年版。

[德] 韩炳哲：《精神政治学：新自由主义与新权力技术》，关玉红译，中信出版社 2019 年版。

[印度] 佳亚特里·斯皮瓦克：《后殖民理性批判：正在消失的当

下的历史》，严蓓雯译，译林出版社 2014 年版。
［德］黑格尔：《小逻辑》，贺麟译，商务印书馆 1980 年版。
［德］黑格尔：《逻辑学》（上、下卷），杨一之译，商务印书馆 1977 年版。
［美］格奥尔格·G. 伊格尔斯：《德国的历史观》，彭刚等译，译林出版社 2006 年版。
［日］广松涉：《〈资本论〉的哲学》，邓习议译，南京大学出版社 2013 年版。
［日］广松涉：《唯物史观的原像》，邓习议译，南京大学出版社 2009 年版。
［英］克拉克：《经济危机理论：马克思的视角》，杨健生译，北京师范大学出版社 2011 年版。
［英］克里斯多夫·约翰·阿瑟：《新辩证法与马克思的〈资本论〉》，高飞等译，北京师范大学出版社 2018 年版。
［法］路易·阿尔都塞、艾蒂安·巴里巴尔：《读〈资本论〉》，李其庆、冯文光译，中央编译出版社 2001 年版。
［匈］卢卡奇：《历史与阶级意识》，杜章智等译，商务印书馆 1992 年版。
［加］莫伊舍·普殊同：《时间、劳动与社会统治：马克思的批判理论再阐释》，康凌译，北京大学出版社 2019 年版。
［美］马歇尔·伯曼：《一切坚固的东西都烟消云散了》，徐大建等译，商务印书馆 2013 年版。
［意］马塞罗·默斯托主编：《马克思的〈大纲〉——〈政治经济学批判大纲〉150 年》，闫月梅等译，中国人民大学出版社 2011 年版。
［英］马塞罗·默斯托：《另一个马克思：从早期手稿到国际工人协会》，孙亮译，中国人民大学出版社 2022 年版。

［法］蒲鲁东：《贫困的哲学》上卷，余叔通等译，商务印书馆1998年版。

［美］乔纳森·克拉里：《24/7：晚期资本主义与睡眠的终结》，许多、沈清译，中信出版集团2015年版。

［美］爱德华·W. 赛义德：《赛义德自选集》，谢少波、韩刚等译，中国社会科学出版社1999年版。

［苏］维·索·维戈茨基：《〈资本论〉创作史》，刘品大等译，福建人民出版社1983年版。

［德］阿多诺：《否定的辩证法》，张峰译，上海人民出版社2020年版。

［美］小埃·圣胡安：《超越后殖民理论》，孙亮、洪燕妮译，中国人民大学出版社2016年版。

［苏］伊利延科夫：《马克思〈资本论〉中抽象和具体的辩证法》，郭铁民、严正、林述舜译，福建人民出版社1986年版。

高建民、李菲菲：《正确理解马克思主义与自然法之间的关系——基于价值论和方法论的再思考》，《西南大学学报》（社会科学版）2020年第1期。

李佃来：《关于〈资本论〉创作方法的再探析》，《中国社会科学》2023年第11期。

李乾坤：《马克思价值形式理论研究的历史演进与当代展望》，《社会科学》2022年第11期。

刘召峰：《社会形态、经济的社会形态、社会形式——马克思社会形态理论的核心概念考辨》，《浙江大学学报》（人文社会科学版）2020年第4期。

孙乐强：《自动化生产与劳动价值论的“悖论”：马克思的解决路径》，《山东社会科学》2023年第11期。

孙亮：《“现实抽象”概念的“康德式结构”与政治经济学批判重审》，《学术研究》2022 年第 1 期。

孙亮：《抽象的统治与主体的位置——对莫伊舍·普殊同重构马克思批判理论的反思》，《马克思主义哲学研究》2020 年第 2 期。

孙亮：《〈资本论〉语境中“价值形式”分析的主体困境》，《内蒙古社会科学》2020 年第 4 期。

孙亮：《“货币图式”的非概念性与政治经济学批判》，《哲学研究》2020 年第 11 期。

郗戈：《走向“特定性哲学”——政治经济学批判对马克思哲学革命的深化》，《中国社会科学》2022 年第 5 期。

郗戈、荣鑫：《重新理解“逻辑与历史相统一”——以〈政治经济学批判〉导言为中心的分析》，《马克思主义研究》2015 年第 1 期。

仰海峰：《政治经济学批判中的历史唯物主义》，《中国社会科学》2010 年第 1 期。

叶险明：《马克思哲学革命与经济学革命的内在逻辑及其启示》，《中国社会科学》2010 年第 3 期。

吴猛：《对〈资本论〉进行政治哲学解读意味着什么？——回评〈资本论〉：21 世纪的“政治经济学批判”》，《马克思主义哲学评论》2020 年第 5 期。

吴猛：《价值形式：马克思商品拜物教批判的理论定位》，《中国社会科学》2020 年第 4 期。

吴猛：《马克思政治经济学批判中的认识论变革——兼论阿尔都塞对〈资本论〉的认识论建构》，《哲学研究》2021 年第 2 期。

翁寒冰：《马克思对“商品的社会形式”之内在危机特性的探讨——一种超越抽象同一性维度的思考》，《哲学研究》2020 年第 4 期。

杨耕、张其学：《后殖民主义：实质、特征及其局限——从马克思的观点看》，《社会科学战线》2005 年第 2 期。

于沫：《社会形式与物质生产 ——对〈大纲〉中马克思政治经济学批判思想的解读》，《华中科技大学学报》（社会科学版）2020 年第 6 期。

袁立国：《认识与社会形式：一种对历史唯物主义的社会认识论阐释》，《马克思主义与现实》2022 年第 3 期。

周嘉昕：《价值形式辩证法讨论的贡献与困境——从巴克豪斯〈价值形式的辩证法〉出发的批判性反思》，《中国高校社会科学》2020 年第 6 期。

周思成：《欧美学者近期关于当前危机与利润率下降趋势规律问题的争论》，《国外理论动态》2010 年第 10 期。

外文文献

Marx K. & Engels F., *Marx/Engels*: *Werke*, *Band* 1, Berlin: Dietz Verlag, 1981.

Marx K. & Engels F., *Marx/Engels*: *Werke*, *Band* 2, Berlin: Dietz Verlag, 1962.

Marx K. & Engels F., *Marx/Engels*: *Werke*, *Band* 3, Berlin: Dietz Verlag, 1978.

Marx K. & Engels F., *Marx/Engels*: *Werke*, *Band* 4, Berlin: Dietz Verlag, 1977.

Marx K. & Engels F., *Marx/Engels*: *Werke*, *Band* 5, Berlin: Dietz Verlag, 1959.

Marx K. & Engels F., *Marx/Engels*: *Werke*, *Band* 6, Berlin: Dietz Verlag, 1961.

Marx K. & Engels F., *Marx/Engels*: *Werke*, *Band* 7, Berlin: Dietz

Verlag, 1960.

Marx K. & Engels F., *Marx/Engels*: *Werke*, *Band* 8, Berlin: Dietz Verlag, 1960.

Marx K. & Engels F., *Marx/Engels*: *Werke*, *Band* 9, Berlin: Dietz Verlag, 1960.

Marx K. & Engels F., *Marx/Engels*: *Werke*, *Band* 10, Berlin: Dietz Verlag, 1977.

Marx K. & Engels F., *Marx/Engels*: *Werke*, *Band* 11, Berlin: Dietz Verlag, 1961.

Marx K. & Engels F., *Marx/Engels*: *Werke*, *Band* 12, Berlin: Dietz Verlag, 1984.

Marx K. & Engels F., *Marx/Engels*: *Werke*, *Band* 13, Berlin: Dietz Verlag, 1961.

Marx K. & Engels F., *Marx/Engels*: *Werke*, *Band* 14, Berlin: Dietz Verlag, 1987.

Marx K. & Engels F., *Marx/Engels*: *Werke*, *Band* 15, Berlin: Dietz Verlag, 1980.

Marx K. & Engels F., *Marx/Engels*: *Werke*, *Band* 16, Berlin: Dietz Verlag, 1962.

Marx K. & Engels F., *Marx/Engels*: *Werke*, *Band* 17, Berlin: Dietz Verlag, 1962.

Marx K. & Engels F., *Marx/Engels*: *Werke*, *Band* 18, Berlin: Dietz Verlag, 1972.

Marx K. & Engels F., *Marx/Engels*: *Werke*, *Band* 19, Berlin: Dietz Verlag, 1987.

Marx K. & Engels F., *Marx/Engels*: *Werke*, *Band* 20, Berlin: Dietz Verlag, 1975.

Marx K. & Engels F. , *Marx/Engels*: *Werke*, *Band* 21, Berlin: Dietz Verlag, 1962.

Marx K. & Engels F. , *Marx/Engels*: *Werke*, *Band* 22, Berlin: Dietz Verlag, 1977.

Marx K. & Engels F. , *Marx/Engels*: *Werke*, *Band* 23, Berlin: Dietz Verlag, 1962.

Marx K. & Engels F. , *Marx/Engels*: *Werke*, *Band* 24, Berlin: Dietz Verlag, 1963.

Marx K. & Engels F. , *Marx/Engels*: *Werke*, *Band* 25, Berlin: Dietz Verlag, 1964.

Marx K. & Engels F. , *Marx/Engels*: *Werke*, *Band* 42, Berlin: Dietz Verlag, 1983.

Marx K. & Engels F. , *Marx/Engels*: *Werke*, *Band* 43, Berlin: Dietz Verlag, 1990.

Marx-Engels-Gesamtausgabe (MEGA2), Ⅳ/7, Berlin: Dietz Verlag, 1983.

Marx-Engels-Gesamtausgabe (MEGA2), Ⅳ/8, Berlin: Dietz Verlag, 1986.

Marx-Engels-Gesamtausgabe (MEGA2), Ⅳ/9, Berlin: Dietz Verlag, 1991.

Alfred Sohn-Rehel, *Intellectual and Manual Labour*: *A Critique of Epistemology*, New Jersey: Humanities Press, 1978.

Antonio Oliva and Ángel Oliva, eds. , *Marx and Contemporary Critical Theory*: *The Philosophy of Real Abstraction*, London: Palgrave Macmillan, 2020.

Bill Ashcroft, Gareth Griffiths and Helen Tiffin, eds. , *Post-Colonial*

Studies: *The Key Concepts* (*Second edition*), London and New York: Routledge, 2007.

David Harvey, *Spaces of Capital*: *Towards a Critical Geography*, Edinburgh: Edinburgh University Press, 2001.

Dipesh Chakrabarty, *Provincialising Europe*: *Postcolonial Thought and Historical Difference*, Princeton, NJ: Princeton University Press, 2000.

Edward Said, *Culture and Imperialism*, London: Vintage, 1994.

Giorgio Agamben, *Means without End*: *Notes on Polities*, London: Minneapolis, 2000.

Guglielmo Carchedi and Michael Roberts, eds., *World in Crisis*: *A Global Analysis of Marx's Law of Profitability*, Haymarket Books Chicago, Illinois, 2018.

Guy Debord, *Society of the Spectacle*, Princeton: Zone Books, 1994.

Hartmut Rosa, *Alienation and Acceleration*, Malm: NSU Press, 2010.

Homi Bhabha, *The Location of Culture*, London: Routledge, 1994.

Isaak Illich Rubin, *Essays on Marx's Theory of Value*, Black Rose Books, 1972.

John Holloway and Sol Picciotto, *State and Capital*: *A Marxist Debate*, London: Edward Arnold, 1978.

John Holloway, Fernando Matamoros and Sergio Tischler, eds., *Negativity and Revolution*: *Adorno and Political Activism*, London: Pluto Press, 2009.

John Holloway, *Crack Capitalism*, London: Pluto Press, 2010.

John Holloway, *Change the World without Taking Power*, London: Pluto Press, 2010.

Lotz, Christian, *The Capitalist Schema*: *Time*, *Money*, *and the Cul-*

ture of Abstraction, London: Lexington Books, 2016.

Michael Hardt and Antonio Negri, *Multitude: War and Democracy in the Age of Empire*, New York: Penguin Books, 2005.

Neil Lazarus, *Nationalism and Cultural Practice in the Postcolonial World*, Cambridge University Press, 1999.

Patrick Williams and Chrisman Laura, eds., *Colonial Discourse and Post-Colonial Theory: A Reader*, New York: Columbia University Press, 1994.

Paul Philips, *Marx and Engels on Law and Laws*, Totowa New Jerser: Barnes & Noble Books Press, 1980.

Paul Wetherly, *Marxism and the State: An Analytical Approach*, London: Palgrave Macmillan, 2005.

Ranabir Samaddar, *Karl Marx and the Postcolonial Age*, Palgrave Macmillan, 2018.

Robrert J. C. Yong, *White Mythologies: Writing History and The West*, New York and London: Routledge, 1990.

Rosa, Hartmut, William E. Scheurman, *High-speed Society, Society, Social Acceleration, Power, and Modernity*, Pennsylvania: Pennsylvania State University Press, 2009.

Rosa, Hartmut, *Alienation and Acceleration: Towards a Gritical Theory*, Malm: NSU Press, 2012.

Sarah Harasym, ed., *The Post-colonial Critic: Interviews, Strategies, Dialogues*, New York: Routledge, 1990.

Spivak, Gayatri Chakravorty, *A Critique of Postcolonial Reason: Toward a History of the Vanishing Present*, Cambridge, Mass.: Harvard University Press, 1999.

Theodor W. Adorno, *Epistemology and Social Sciences*, Tra: Catedra,

2001.

Theodor W. Adorno, *Negative Dialektik*, Berlin: Suhrkamp Verlag, 2015.

Theodor W. Adorno, *An Introduction to Dialectics*, Cambridge: Polity, 2017.

Yann Moulier-Boutang, *Cognitive Capitalism*, Cambridge: Polity Press, 2012.

后　记

对马克思的“社会形式”概念的关注，肇始于为西南政法大学马克思主义学院思想政治教育专业的本科生教授“马克思主义哲学”课程时对“社会形态”概念的辨析。为了让学生准确把握“社会形态”这一概念，不得不将其与“社会形式”概念区分开来。

在考察“社会形式”概念在马克思的文本中的具体内涵时，我反复阅读了马克思的《1857—1858 年经济学手稿》中的政治经济学的方法部分。由此，我发现“社会形式”这一概念，不仅关乎马克思的政治经济学批判方法，而且关乎马克思主义哲学和政治经济学的融合，即历史唯物主义的证成。这一发现，促使我更为广泛地阅读马克思的手稿和学术界关于“社会形式”相关主题的研究。我原初打算写一篇关于“社会形式”概念的学术论文，但现实总是打破原有的计划。我先是写了一篇题为“何谓现实抽象”的论文，在其中初步表达了马克思的社会形式分析的一些观点，后来我申请了一个重庆市教委人文社科项目：人工智能和互联网背景下《马克思主义哲学》课程交互式课堂教学模式研究（项目编号：szkzy2023003）。因此，本书就是这一课题的结项成果。

本书的完成有赖于家人和朋友的帮助。我首先要感谢我的爱人刘娜老师。在撰写本书时，我爱人刚刚怀孕，正是需要我的陪伴和关照之时。为了尽快完成书稿，我们只好聚少离多。可以说，书稿的及时完成，离不开我爱人的鼓励和支持。其次，我要感谢华东师范大学哲学系孙亮教授。在关注马克思的“社会形式”概念之时，我与孙亮教授进行了多次的交流，他的文章和观点，对我的启发非常大。最后，我要特别感谢中国社会科学出版社责任编辑孙萍博士，没有她的帮助、耐心、严谨和督促，本书是不能顺利出版的，在此深表谢意。

本书的部分内容已经在《哲学动态》等期刊上发表，在此，一并表示感谢。

高建民

2024 年 10 月 31 日

于重庆北碚沿海赛洛城